A APLICAÇÃO DO CPC REFORMADO ÀS EXECUÇÕES TRABALHISTA E FISCAL

Um estudo dos três sistemas normativos
e uma proposta de unificação

O Autor é bacharel em Direito e especialista em Direito Processual na Universidade Federal da Bahia. Mestre e Doutor em Direito Processual na Pontifícia Universidade Católica de São Paulo. Advogado Sócio do escritório Lucon Advogados. Professor Convidado da Pós-Graduação da Fundação Faculdade de Direito da UFBA, UNAERP — Universidade de Ribeirão Preto, Universidade Presbiteriana Mackenzie, FGVlaw, FAAP — Fundação Armando Álvares Penteado e Escola Superior de Advocacia de São Paulo. Membro do Instituto Brasileiro de Direito Processual. É autor da obra *Ação Rescisória — Possibilidade e Forma de Suspensão da Execução da Decisão Rescindenda* (Curitiba: Juruá, 2005). Coordenador do livro *Reforma do Judiciário — Análise Interdisciplinar e Estrutural do 1º Ano de Vigência* (Curitiba: Juruá, 2005). E co-autor das seguintes obras: *Reflexos do Novo Código Civil no Direito Processual* (Salvador: JusPodivm, 2005), *Processo Civil Coletivo* (São Paulo: Quartier Latin, 2005), *Execução Civil e Cumprimento de Sentença* (São Paulo: Método, 2006), *Execução Civil e Cumprimento de Sentença*, v. 2 (São Paulo: Método, 2007), *Recurso Especial e Extraordinário: Repercussão Geral e Atualidades* (São Paulo: Método, 2007), *Aspectos Polêmicos e Atuais do Direito do Trabalho. Estudos em homenagem ao Prof. Renato Rua* (São Paulo: LTr, 2007), *Curso de Direito Previdenciário* (Salvador: Jus Podivm, 2007), *Curso de Direito Processual do Trabalho. Estudos em Homenagem ao Ministro Pedro Paulo Teixeira Manus* (São Paulo: LTr, 2008), *Impactos do Direito Processual Civil* (São Paulo: Saraiva, 2008), *Direito Civil e Processo. Estudos em Homenagem ao Professor Arruda Alvim* (São Paulo: Revista dos Tribunais, 2008), *Aspectos Processuais do Código de Defesa do Consumidor* (São Paulo: Revista dos Tribunais, 2008), *Prática Previdenciária. A Defesa do INSS em Juízo* (São Paulo: Quartier Latin, 2008) e *Os Poderes do Juiz e o Controle das Decisões Judiciais. Estudos em Homenagem à Profa. Teresa Arruda Alvim Wambier* (São Paulo: Revista dos Tribunais, 2008).

A Haga, Dione, Pati e o pequeno Pedro,
que os Orixás de nossa querida e mística Bahia guiem nossos caminhos;
e à grandiosa cidade de São Paulo, que abriu os braços e me acolheu,
proporcionando-me tantos amigos, alegrias, sonhos e oportunidades...

BRUNO FREIRE E SILVA

A APLICAÇÃO DO CPC REFORMADO ÀS EXECUÇÕES TRABALHISTA E FISCAL

Um estudo dos três sistemas normativos e
uma proposta de unificação

Editora LTr
SÃO PAULO

Dados Internacionais de Catalogação na Publicação (CIP)
(Câmara Brasileira do Livro, SP, Brasil)

Silva, Bruno Freire e

A aplicação do CPC reformado às execuções trabalhista e fiscal: um estudo dos três sistemas normativos e uma proposta de uniformização / Bruno Freire e Silva. – São Paulo : LTr, 2008.

Bibliografia.
ISBN 978-85-361-1220-6

1. Execução (Direito do trabalho) – Brasil 2. Execução fiscal (Direito civil) – Leis e legislação – Brasil 3. Processo civil – Legislação – Brasil I. Título.

08-06845 CDU-347.9(81)(094.4)

Índices para catálogo sistemático:

1. Brasil : Código de processo civil : Reforma : Direito   347.9(81)(094.4)
2. Código de processo civil : Reforma : Brasil : Direito   347.9(81)(094.4)

© Todos os direitos reservados

EDITORA LTDA.

Rua Apa, 165 — CEP 01201-904 — Fone (11) 3826-2788 — Fax (11) 3826-9180
São Paulo, SP — Brasil — www.ltr.com.br

LTr 3727.7   Setembro, 2008

NOTA DO AUTOR

Este livro é fruto da tese de doutorado defendida na Pontifícia Universidade Católica de São Paulo, cujo escopo foi dar uma contribuição à ciência processual. Propõe-se um modelo de unidade processual para os principais sistemas de execução, que possa ser utilizado de modo uniforme à satisfação do direito e entrega do bem da vida, independente da natureza deste.

Tal proposta partiu da análise da aplicação subsidiária do Código de Processo Civil ao processo do trabalho na fase de execução, que envolve também, obrigatoriamente, uma vez que antecedente àquela por determinação legal, a utilização das normas da execução fiscal tratada na Lei n. 6.830/80. Posteriormente, também é analisada a aplicação do Estatuto Processual Civil à execução fiscal, destacando-se, inclusive, o parecer elaborado pela Procuradoria-Geral da Fazenda Nacional, Parecer/PGFN/CRJ n. 1.732/07, que orienta os procuradores sobre como agir diante dos reflexos das reformas do processo comum nessa execução.

Antes, porém, de desenvolver o estudo heterointegrativo, é elaborada uma teoria geral da execução com o fim de analisar os pontos de convergência dos três sistemas e, assim, demonstrar a possibilidade de unificação.

Na análise da aplicação subsidiária do CPC e da Lei n. 6.830/80 ao processo do trabalho, detectamos uma série de dúvidas tanto na doutrina como na jurisprudência que ensejam clara insegurança jurídica, tão nociva à estabilidade das relações no Estado de Direito. O mesmo se diga em relação à subsidiariedade do CPC à execução fiscal.

Tal realidade foi confirmada, inclusive, por meio de uma pesquisa de campo que realizamos na Justiça do Trabalho e na Justiça Federal. Entrevistamos quarenta juízes de primeira e segunda instância dessas esferas do Poder Judiciário sobre as hipóteses de aplicação subsidiária do CPC na execução trabalhista e fiscal e, como será visto, as respostas foram bastante dissonantes.

Diante desse quadro de insegurança jurídica, nossa principal contribuição à ciência processual e aos operadores do direito consiste num inédito trabalho de sistematização da aplicação das normas do CPC à execução fiscal e trabalhista, incluídas as reformas trazidas pelas Leis ns. 11.232/05 e 11.382/06.

Na demonstração da insuficiência de normas processuais especiais e falta de homogeneidade tanto da doutrina como da jurisprudência na realização da heterointegração dos sistemas processuais civil, trabalhista e fiscal, o leitor também terá acesso à análise das recentes reformas propostas para a execução trabalhista e fiscal em tramitação no Congresso Nacional, que denotam a atualidade do trabalho.

Concluímos, outrossim, no estudo heterointegrativo da aplicação subsidiária da legislação processual civil à execução trabalhista e fiscal, que nenhum microssistema processual é completo e perfeito. Cada um tem aspectos positivos e negativos, o que nos levou a propor a unificação desses principais sistemas.

Tal proposta de unificação segue a moderna tendência de simplificar e racionalizar o processo, além de priorizar o consumidor dos serviços judiciários. É a chamada busca de um processo de resultados em detrimento de uma execução de conceitos e formalismos. Também tem fundamento no acesso à justiça, em sua concepção atual de direito a uma tutela célere e efetiva. Busca-se o melhor modelo de execução para entrega do bem da vida. E o objetivo desta, a despeito da espécie do direito material a ser tutelado, é apenas um, idêntico em qualquer sistema: satisfazer o credor.

Os princípios, idênticos em qualquer execução são estudados na elaboração de uma teoria geral, bastante útil aos operadores jurídicos e estudantes do direito processual. A experiência do Direito Comparado, em especial o Direito Europeu, também é abordada.

Enfim, a proposta de unificação da execução, que possa abarcar os pontos positivos de cada microssistema, de forma que o consumidor dos serviços judiciários tenha à sua disposição os melhores institutos que possam trazer efetividade à execução e, conseqüentemente, a melhor prestação jurisdicional possível é a resposta que damos ao atual estágio de insegurança jurídica vivenciada nas execuções trabalhistas e fiscais em trâmite nos foros competentes.

Tivemos a felicidade de ter a tese aprovada em banca formada pelos renomados Professores *João Batista Lopes, Teresa Arruda Alvim Wambier, Willis Santiago Guerra Filho, Flávio Luiz Yarshell* e *Olavo de Oliveira Neto*.

Enquanto nossa proposta *de lege ferenda* não se concretiza no plano legislativo, a melhor contribuição dada no presente livro consiste no estudo sistematizado da aplicação do CPC reformado às execuções trabalhista e fiscal, que poderá servir de um guia tanto para os magistrados, como para os advogados, procuradores, defensores públicos e promotores.

E essa sistematização é lastreada nos estudos que realizamos na seara do direito processual, desde a nossa graduação e especialização na tradicional Faculdade de Direito da Universidade Federal da Bahia, onde convivemos com os Professores *Wilson Alves de Souza, Paulo Furtado, Fredie Didier* (colega desde a graduação), *José Joaquim Calmon de Passos, José Augusto Rodrigues Pinto, Jairo Sento Sé, Rodolfo Pamplona* e *Edvaldo Brito*.

Os estudos desenvolvidos no Mestrado e Doutorado concluídos na Pontifícia Universidade Católica de São Paulo sob orientação do Professor *João Batista Lopes*, onde fomos acolhidos de forma muito carinhosa e tivemos oportunidade de conviver com os Professores *Arruda Alvim, Thereza Arruda Alvim, Teresa Arruda Alvim Wambier, Sérgio Seiji Shimura, Cassio Scarpinella Bueno, Luiz Manoel Gomes Junior, Renato Rua, Ivani Bramante* e *Pedro Paulo Manus,* também foram fundamentais para o nosso crescimento e amadurecimento no estudo interdisciplinar das matérias. Além das dúvidas e inquietudes divididas com os colegas das disciplinas que cursamos e que acabaram se tornando fraternos amigos: *Rodrigo Mazzei, Fabiano Carvalho, Rogério Licastro, Antônio Notariano, Paulo Hoffman, Leonardo Ferres, Luiz Otávio Sequeira, Rodrigo Barioni,* todos eminentes processualistas.

Essa dedicação ao estudo do direito processual também foi enriquecida pelas aulas que ministramos como Professor Convidado na Pós-Graduação *Lato Sensu* da FAAP — Fundação Armando Álvares Penteado, UNAERP — Universidade de Ribeirão Preto, UNINOVE — Centro Universitário Nove de Julho, Universidade Presbiteriana Mackenzie, Fundação Faculdade de Direito da Bahia e Fundação Getúlio Vargas.

Não podemos olvidar, entretanto, que, na elaboração do trabalho, muito contribuiu a experiência adquirida no exercício da advocacia durante uma década, tanto na área cível como na fiscal e trabalhista, tanto no Estado da Bahia como em São Paulo. No primeiro por meio de experiência adquirida com os advogados *Clóvis E. Mascarenhas, Luiz Gonzaga de Paula Vieira* e *Marcelle Maron.* No segundo, inicialmente nas empresas Construtora OAS Ltda. e Oxfort Construções S/A e, atualmente, a convite de *Paulo Henrique dos Santos Lucon,* no escritório Lucon Advogados, onde recebemos a missão de desenvolver a área trabalhista, mas também tivemos a oportunidade de atuar em importantes execuções civis, desfrutando da valiosa convivência do Professor da Universidade de São Paulo e da troca de experiências com o talentoso advogado *João Paulo Hecker* e *Ronaldo Vasconcelos.*

Em suma, tendo em vista o ineditismo do trabalho, como dissemos alhures, torcemos para que se torne um guia na aplicação do CPC reformado às execuções trabalhistas e fiscais, mas, também, aguardamos as críticas da comunidade jurídica para que possamos aperfeiçoá-lo na tentativa de alcançar a desejada segurança jurídica na aplicação subsidiária do direito processual comum aos procedimentos especiais.

SUMÁRIO

Apresentação — *Almir Pazzianotto Pinto* 13
Prefácio — *João Batista Lopes* 15
Introdução 17

I. Os Principais Sistemas de Execução 21
1. A tutela executiva 21
2. A tutela executiva civil 23
3. A tutela executiva fiscal 31
4. A tutela executiva trabalhista 34

II. Uma Teoria Geral da Execução 38
1. A existência de uma teoria geral da execução 38
2. Definição 39
3. Elementos 40
4. Pressupostos processuais 43
5. Condições da ação de execução 47
6. Título executivo e inadimplência do devedor 49
7. Atividade executiva e cognição 55
8. Mérito e coisa julgada 56
9. Espécies de execução 58
    9.1. Execução por sub-rogação e execução por coerção indireta 59
    9.2. Execução de título judicial e execução de título extrajudicial 60
    9.3. Execução provisória e execução definitiva 61
    9.4. Execução de pagar, de fazer, de não fazer e de entregar coisa 62
10. Princípios da execução 63
    10.1. Princípio da responsabilidade patrimonial ou real 64
    10.2. Princípio do título 65
    10.3. Princípio da adequação ou da utilidade 66

10.4. Princípio da primazia da tutela específica 68
10.5. Princípio do respeito à dignidade da pessoa humana 69
10.6. Princípios da proporcionalidade e razoabilidade 70
10.7. Princípio da disponibilidade 72
10.8. Princípio do contraditório 74

III. Heterointegração dos Principais Sistemas de Execução 76

1. Análise da aplicação do CPC à execução trabalhista 76
   1.1. Cumprimento de sentença 82
      1.1.1. Competência 84
      1.1.2. Constituição de capital na condenação por ato ilícito 85
      1.1.3. Liquidação de sentença 89
         1.1.3.1. Liquidação por cálculos 93
         1.1.3.2. Liquidação por arbitramento 96
         1.1.3.3. Liquidação por artigos 97
         1.1.3.4. Irrecorribilidade da decisão que julga a liquidação 97
      1.1.4. Requerimento e prescrição intercorrente 98
      1.1.5. Obrigações de fazer, não fazer e de entregar coisa 102
      1.1.6. Obrigação de pagar 104
         1.1.6.1. Intimação 105
         1.1.6.2. Multa 107
         1.1.6.3. Penhora 110
         1.1.6.4. Avaliação 120
         1.1.6.5. Hasta pública: arrematação e adjudicação 122
         1.1.6.6. Remição 128
         1.1.6.7. Extinção da execução 129
   1.2. Embargos à execução 134
   1.3. Execução provisória 137
2. Análise da aplicação do CPC à execução fiscal 139
   2.1. Início da execução 140
   2.2. Averbação do ajuizamento da ação 141
   2.3. Penhora 142
   2.4. Avaliação 150
   2.5. Parcelamento da dívida 151

2.6. Expropriação de bens 152

2.7. Embargos à execução 154

2.8. Extinção da execução 159

IV. Justificação da Proposta de Unificação dos Principais Sistemas de Execução 161

1. Acesso à justiça, efetividade e celeridade processual 161

2. Simplificação dos procedimentos e preocupação com o consumidor dos serviços judiciários 166

3. Insegurança jurídica e princípio da igualdade 169

4. Insuficiência das reformas propostas 175

4.1. Da Consolidação das Leis do Trabalho 176

4.2. Da lei de execução fiscal 179

5. Unidade de princípios, identidade de objetivos e tipicidade 189

6. Direito comparado 185

7. Ampliação da competência da Justiça do Trabalho 191

8. Exemplos de propostas de unificação 193

8.1. Código brasileiro de processos coletivos 193

8.2. Código modelo de processos coletivos para a ibero-américa 195

9. Exemplos históricos de unificação das execuções 196

10. Exemplo atual de unificação: execução da contribuição previdenciária na Justiça do Trabalho 198

V. Proposta de Unificação dos Principais Sistemas de Execução 201

Conclusão 209

Referências Bibliográficas 213

APRESENTAÇÃO

Recebi o honroso convite do Dr. *Bruno Freire e Silva* para apresentar a sua obra "A Aplicação do CPC Reformado às Execuções Trabalhista e Fiscal — Um Estudo dos Três Sistemas Normativos e uma Proposta de Unificação".

O processo, no sentido jurídico da expressão, ensinava *Frederico Marques*, "é um meio de composição de litígios ou conjunto de atos destinados à aplicação do direito objetivo a uma situação contenciosa", ou, como lecionava *Pontes de Miranda*, instrumento de "realização do direito objetivo".

Ao avançar pelo terreno da Teoria Geral, escrevia o saudoso desembargador paulista que, o processo, "como instrumento compositivo de litígios, é um só, quer quando tenha por pressuposto uma lide penal, quer quando focalize um lide não-penal", e isto porque, "em sua essência, é um só, tanto na jurisdição civil como na jurisdição penal".

Na esfera do direito não-penal, encontramos, em nosso país, estranha separação entre o processo civil e o denominado processo judiciário do trabalho, do qual trata o Título X da veneranda CLT.

Para entender-se a razão de ser da distinção devemos retroceder a 1934 quando a Constituição de 16 de julho preconizou, no até então inédito Título "Da Ordem Econômica e Social", a criação da Justiça do Trabalho, destinada a "dirimir questões entre empregadores e empregados", cujos membros, de livre nomeação do governo, seriam "escolhidos dentre pessoas de experiência e notória capacidade moral e intelectual". À nova "Justiça" não se aplicariam, contudo, as prescrições do Capítulo IV do Título I, que dispunham a respeito da organização e competências dos órgãos do Poder Judiciário.

A Carta Constitucional de 10 de novembro de 1937, obra pessoal de Getúlio Vargas, preservou idêntica orientação, razão pela qual a Justiça do Trabalho, disciplinada pela CLT, manteve-se à margem do Judiciário até 1946 quando a Constituição, promulgada em 18 de setembro, a ele a incorporou, com os caracteres que a diferenciavam, em termos de estrutura, processo e procedimentos.

Ao longo do tempo a Justiça do Trabalho vem perdendo alguns dos traços singulares: observou a extinção dos representantes classistas; pouco lhe resta do antigo poder normativo; sente contestada, à luz do art. 133 da Lei Maior, a desnecessidade do advogado, tolerada pelo art. 839 da CLT; e a reclamação verbal, reduzida a termo por escrivão ou chefe de secretaria, conforme prescreve o art. 840, aos poucos é abandonada, em virtude da crescente complexidade de que se revestem as pretensões.

A aproximação da Justiça do Trabalho com a Justiça comum ou estadual e a federal assume especial evidência quando os srs. Juízes dos Tribunais Regionais passam a ser denominados de Desembargadores.

Enfim, o Código Judiciário do Trabalho, descendente direto do Código de Processo Civil e dele tributário permanente e obrigatório, não obstante surgisse à margem do Poder Judiciário a ele veio a se integrar de maneira irreversível, tudo estando a indicar que acabarão por se fundir em uma só legislação processual, em benefício de todos.

É nesse contexto que se insere a inovadora obra do Dr. *Bruno Freire e Silva*. Registre-se, em abono à sua tese, que a Emenda Constitucional n. 45 transportou, do processo civil para a órbita trabalhista, quantidade considerável de competências.

Nada mais justifica o regime de convivência forçada, e nem sempre harmoniosa, em que foram involuntariamente colocados dois ramos de um único processo, se ambos perseguem as mesmas metas: a conciliação dos litigantes, ou, na impossibilidade de obtê-la, a aplicação da lei ao fato.

Vem a calhar o que nos disse *Jônatas Milhomens*: "A teoria do direito é indispensável, pois estabelece os princípios gerais dos sistemas jurídicos. Mas a prática é a concretização desses princípios, nos fatos da vida. O direito processual é essencialmente prático. Autores nacionais e estrangeiros teimam em classificá-lo como ciência ou arte. Não interessa aos fins desta obra dissertar a respeito. Certo, o direito processual tem os seus princípios científicos e pode ser tratado cientificamente, mas os seus fins são essencialmente práticos: a realização do direito objetivo", o que acaba por corroborar o trabalho ora apresentado.

Felicito o Dr. *Bruno Freire e Silva* pela coragem com que abraça a causa da unificação, e estou certo de que alcançará sucesso. O autor é um dos mais jovens e promissores inovadores do direito, no rico panorama jurídico nacional.

São Paulo, agosto de 2008.

Almir Pazzianotto Pinto
Ex-Presidente do Tribunal Superior do Trabalho
Ex-Ministro do Trabalho. Consultor Jurídico

PREFÁCIO

A Pontifícia Universidade Católica de São Paulo tem sido enriquecida, ao longo dos anos, com a presença de talentosos alunos vindos das várias regiões do País. São estudantes que, com sacrifício das atividades profissionais e prejuízo do convívio familiar, deixam seus Estados por prolongado período de tempo e vêm trazer sua experiência profissional e humana.

Os professores da PUC têm, assim, o privilégio do contato com esse "Brasil em miniatura" ou com "vários Brasis", a conferir ao curso de pós-graduação perfil ímpar e inconfundível.

Um desses alunos, *Bruno Freire e Silva*, deixou a "Boa Terra" e, mercê do incomum interesse revelado pela ciência processual, logrou percorrer as difíceis etapas da admissão ao Mestrado, conclusão dos créditos, defesa da dissertação para obtenção do título de Mestre e, finalmente, a tese de doutorado, em banca integrada pelos professores *Teresa Arruda Alvim Wambier, Willis Santiago Guerra Filho, Flávio Luiz Yarshell, Olavo de Oliveira Neto* e o autor deste prefácio.

Enfrentando o rigor de objeções levantadas contra a tese — que, em apertada síntese, propugna pela unificação dos sistemas de execução (civil, trabalhista e fiscal) — o candidato manteve-se firme em sua posição inicial, pondo em relevo a necessidade de sistematização na aplicação das recentes reformas às execuções trabalhistas e fiscais.

Importa ressaltar, também, a preocupação do autor com a simplificação e racionalização do processo para que ele possa cumprir seu principal escopo de servir aos jurisdicionados.

Independentemente de se acolher, ou não, a arrojada proposta de unificação, o certo é que ela provocou vivo debate entre os examinadores, a revelar a complexidade e relevância do tema.

Vale registrar, ainda, a criteriosa pesquisa a que procedeu o autor, professor convidado de várias universidades como a UNAERP (Guarujá), UFBA (Salvador), FGV (Santos), FAAP (Ribeirão Preto), UNINOVE (São Paulo), Mackenzie (São Paulo) e na Escola Superior de Advocacia de São Paulo.

Cumpre assinalar, por último, que, a par do espírito de investigação científica revelado pelo autor, ao longo de toda a obra sobressai a visão do profissional da advocacia, sócio do escritório LUCON Advogados.

Com o resultado obtido — nota máxima atribuída por todos os integrantes da banca — vê o agora doutor coroado de êxito seus esforços e, num passo adiante, recebe de importante editora o *placet* para publicação, que certamente ocupará lugar nas bibliotecas dos processualistas e dos operadores do Direito em geral.

João Batista Lopes
Doutor em Direito pela PUC-SP.
Professor dos cursos de Mestrado e Doutorado da PUC-SP.
Desembargador aposentado do Tribunal de Justiça de São Paulo.
Advogado e Consultor Jurídico.

INTRODUÇÃO

A presente obra tem o escopo de dar uma contribuição à ciência processual. Propõe-se um modelo de unidade processual para os principais sistemas de execução, que possa ser utilizado de modo uniforme à satisfação do direito e entrega do bem da vida, independente da natureza deste.

Tal proposta parte da análise da aplicação subsidiária do Código de Processo Civil ao processo do trabalho na fase de execução, que envolve também, obrigatoriamente, uma vez que antecedente àquela por determinação legal, a utilização das normas da execução fiscal tratada na Lei n. 6.830/80. Posteriormente, também é analisada a aplicação do Estatuto Processual Civil à execução fiscal, destacando-se, inclusive, o parecer elaborado pela Procuradoria-Geral da Fazenda Nacional, que orienta os procuradores a como agir diante dos reflexos das reformas do processo comum nessa execução.

Antes, porém, deste estudo heterointegrativo, será elaborada uma teoria geral da execução com o fim de analisar os pontos de convergência dos três sistemas e, assim, demonstrar a possibilidade de unificação.

Na análise da aplicação subsidiária do CPC e da Lei n. 6.830/80 ao processo do trabalho, detectamos uma série de dúvidas tanto na doutrina como na jurisprudência que enseja clara insegurança jurídica, tão nociva à estabilidade das relações no Estado de Direito. O mesmo se diga em relação à subsidiariedade do CPC à execução fiscal.

Tal realidade foi confirmada, inclusive, por meio de uma pesquisa de campo que realizamos na Justiça do Trabalho e na Justiça Federal. Entrevistamos quarenta juízes de primeira e segunda instância dessas esferas do Poder Judiciário sobre as hipóteses de aplicação subsidiária do CPC na execução trabalhista e fiscal e, como será visto, as respostas foram bastante dissonantes.

As reformas da execução trabalhista e fiscal em tramitação no Congresso Nacional não terão o condão de alterar essa realidade, decorrente da insuficiência de normas processuais especiais e falta de homogeneidade tanto da doutrina como da jurisprudência na realização da heterointegração dos sistemas processuais civil, trabalhista e fiscal.

Concluímos, outrossim, no estudo heterointegrativo da aplicação subsidiária da legislação processual civil na execução trabalhista e fiscal, que nenhum microssistema processual é completo e perfeito. Cada um tem aspectos positivos e negativos.

Ocorre que, diante das regras de complementação e subsidiariedade existentes, há limitação na utilização de institutos, ou seja, não é possível que em todas as situações se possa sempre utilizar os melhores instrumentos ou ferramentas de cada microssistema na busca e tentativa de satisfação do direito. Seja porque a aplicação das normas da execução civil à fiscal e trabalhista somente ocorre em hipótese de omissão destas últimas, seja porque não há possibilidade de aplicação das normas das duas últimas para a primeira.

E, diante desse quadro, quem fica prejudicado, ou seja, quem acaba por eventualmente restar privado de se valer da melhor forma de satisfação do direito? Lógico que o jurisdicionado.

Dentro desse contexto, não podemos olvidar a tendência moderna de se priorizar o consumidor dos serviços judiciários, mais do que a figura dos operadores do Direito. É a chamada busca de um processo de resultados em detrimento de uma execução de conceitos e formalismos.

Nesse diapasão, o acesso à justiça, em sua concepção atual de direito a uma tutela célere e efetiva, também deve ser levado em consideração no momento de se buscar o melhor modelo de execução para entrega do bem da vida. E o objetivo desta, a despeito da espécie do direito material a ser tutelado, é apenas um, idêntico em qualquer sistema: satisfazer o credor.

Diante desse objetivo único, voltamos a ressaltar a existência de uma teoria geral do processo de execução, inclusive com unidade de princípios a reger todos os sistemas. A experiência extraída do direito comparado, os Projetos do Código de Processos Coletivos brasileiro e ibero-americano, além da unificação já existente da execução das contribuições previdenciárias na Justiça do Trabalho também demonstram ser possível a concretização da proposta aqui desenvolvida.

Destarte, partindo das premissas colocadas e do contexto atual da ciência processual, propomos um modelo de execução uniforme, que possa abarcar os pontos positivos de cada microssistema, de forma que o consumidor dos serviços judiciários tenha à sua disposição os melhores institutos que possam trazer efetividade à execução e, conseqüentemente, a melhor prestação jurisdicional possível.

A ampliação da competência da Justiça do Trabalho realizada pela Emenda Constitucional 45 (Reforma do Judiciário), enfim, por meio da qual inúmeros processos que anteriormente tramitavam na Justiça Comum passaram a ser julgados pela Justiça Especializada, também corrobora a unificação aqui proposta, tendo em vista que a Justiça do Trabalho não é mais uma justiça só de empregados e empregadores, mas transformou-se numa justiça eclética.

Em suma, por todos os motivos aqui relacionados, que serão devidamente analisados no transcorrer do trabalho, em sintonia com a tendência atual de racionalização do processo, como forma de se atingir a efetividade da execução em todas as searas do

Direito, propomos uma simplificação dos procedimentos, por meio da unificação dos sistemas de execução civil, fiscal e trabalhista, a qual, inclusive, já existiu no passado.

É importante salientar que, tendo em vista o princípio da adequação da tutela jurisdicional, a referida unificação restringe-se a um procedimento ordinário de execução, nas obrigações de pagar, fazer, não fazer e entregar coisa, englobando os principais sistemas civil, fiscal e trabalhista, tratados respectivamente no CPC, na Lei n. 6.830/80 e na CLT.

Assim, restam de fora da proposta, continuando a ser regidas por seus procedimentos já existentes, a execução dos Juizados Especiais, a execução de alimentos, a execução contra a Fazenda Pública, a execução contra devedor insolvente e todas aquelas que tenham um procedimento cuja extrema especialidade não justifique integrar a unificação aqui proposta.

I

OS PRINCIPAIS SISTEMAS DE EXECUÇÃO

1. A tutela executiva

Diante da violação do direito material, surgem diferentes espécies de tutelas no direito processual para eliminá-la. Podemos falar em tutela declaratória, constitutiva, condenatória, executiva e inibitória.

Quando há uma incerteza sobre a existência e validade de determinada relação jurídica, como um vínculo de paternidade, por exemplo, o jurisdicionado pode se valer de uma tutela jurisdicional de natureza declaratória.

Na hipótese de se buscar alterar determinada relação jurídica, até mesmo extinguindo-a, o interessado deverá pleitear uma tutela constitutiva, como no caso de pretender anular determinado contrato ante a existência de um vício de consentimento.

Quando ocorre o inadimplemento de uma obrigação, a atividade cognitiva do juiz é direcionada a impor uma sanção àquele que descumpriu o seu dever, o que constitui a tutela condenatória.

Nas duas primeiras, as incertezas e modificações jurídicas são resolvidas apenas com a emissão de um juízo pelo magistrado. Já no tocante ao descumprimento de uma obrigação, há necessidade de atividades complementares para que o provimento jurisdicional possa atingir a efetividade desejada.

Conforme pondera *José Roberto dos Santos Bedaque*, "não há como dotar a sentença condenatória de efetividade, se não forem adotadas medidas destinadas a atuar praticamente o comando judicial"[1].

Assim, nos casos de tutela condenatória, em que há inadimplemento de obrigações, somente a cognição não é suficiente para a solução do problema. É necessário complementá-la com atos materiais destinados a concretizar a sanção nela contida[2].

---

(1) BEDAQUE, José Roberto dos Santos. Algumas considerações sobre o cumprimento da sentença condenatória. *Revista do Advogado da AASP*, São Paulo, n. 85, ano XXVI, maio 2006. p. 65.
(2) Como observa Proto Pisani (*Lezioni di diritto processuale civile*. Napoli: Jovene, 1999. p. 756), a tutela jurisdicional não pode se limitar à formulação de uma regra para solução do caso: "Ove si eccetui la sola ipotesi di pretese insoddisfatte a causa dell'inadimpiementeo di oblighi consistenti nell'emanazione di dichiarazioni di volontà [...], il processo di cognizione, in difetto della sucessiva spontanea cooperazione dell'obbligato, è insufficiente a garantire

Dessa necessidade de cumprimento da obrigação, tendo em vista que a regra fixada na sentença condenatória depende da vontade do destinatário, surge a tutela executiva[3]. Se o réu resistir, sua atividade será substituída por atos de sub-rogação[4], a serem praticados segundo modelo fixado pelo legislador processual.

Podemos falar, portanto, em dois momentos da jurisdição: a cognição e a execução. No primeiro, determina-se a norma que será aplicada ao caso concreto. Como pode ocorrer de essa atividade ser insuficiente para restabelecer o direito violado, inicia-se uma segunda etapa, consistente na efetivação do preceito fixado pelo magistrado.

Flávio Luiz Yarshell fala em tutela condenatória/executiva:

> Quando se pensa na tutela jurisdicional como "resultado em prol do vencedor", o provimento de natureza condenatória é, de fato, insuficiente para proporcionar ao credor (como tal reconhecido em provimento jurisdicional) o bem da vida por ele pretendido. De fato, excetuada a hipótese de cumprimento voluntário do comando judicial, a tutela — para que seja assim adequadamente qualificada — positiva-se por meio do binômio condenação/execução. Daí falar-se em tutela condenatória/executiva[5].

A atividade cognitiva, entretanto, pode, em alguns casos, ser dispensada. Em algumas situações da vida, o legislador considera suficientemente demonstradas a existência e a exigibilidade da obrigação, dispensando a referida atividade. Possibilita-se ao credor, de logo, postular a realização dos atos necessários à eliminação do inadimplemento. É a técnica dos títulos executivos extrajudiciais.

A tutela executiva, pois, pode ensejar um processo que vise coagir o devedor a cumprir a obrigação reconhecida num título judicial, ou extrajudicial, a que a lei tenha dado os mesmos efeitos[6]. Tal obrigação, outrossim, pode ser de pagar, de fazer, de não fazer ou de entregar coisa.

---

al titolare del diritto il godimento del bene, della utilità prevista dalla legge sostanziale. Da solo il processo di cognizione è incapace, per adoperare uma espressione di Carnelutti, di adequarei l diritto al fatto, di ridurre le parole ai fatti."
(3) Desde a antiguidade sempre existiu uma preocupação em buscar meios de alcançar, de forma efetiva, o cumprimento das obrigações reconhecidas nas decisões judiciais. Essa busca evoluiu de uma postura mais radical em relação ao devedor, que respondia inclusive com o seu corpo, para uma mais conservadora, em que somente o seu patrimônio responde por suas dívidas.
(4) Lógico que em algumas situações, tendo em vista a natureza da obrigação descumprida, os atos de sub-rogação serão inadmissíveis, como nas obrigações de fazer, não fazer e entregar coisa. Aqui serão utilizadas técnicas como a imposição de multas, para se alcançar o cumprimento da obrigação.
(5) YARSHELL, Flávio Luiz. *Tutela jurisdicional*. São Paulo: Atlas, 1998. p. 158.
(6) Art. 585 do CPC: "São títulos executivos extrajudiciais: "I — a letra de câmbio, a nota promissória, a duplicata, a debênture e o cheque; II — a escritura pública ou outro documento público assinado pelo devedor; o documento particular assinado pelo devedor e por duas testemunhas; o instrumento de transação referendado pelo Ministério Público, pela Defensoria Pública ou pelos advogados dos transatores; III — os contratos de hipoteca, de penhor, de anticrese e de caução, bem como de seguro de vida e de acidentes pessoais de que resulte morte ou incapacidade; IV — o crédito decorrente de foro, laudêmio, aluguel ou renda de imóvel, bem como encargo de condomínio desde que comprovado por contrato escrito; V — o crédito de serventuário de justiça, de perito, de intérprete, ou de tradutor, quando as custas, emolumentos ou honorários forem aprovados por decisão judicial; VI — a certidão de dívida ativa da Fazenda Pública da União, Estado, Distrito Federal, Território e Município, correspondente aos créditos inscritos na forma da lei; VII — todos os demais títulos, a que, por disposição expressa, a lei atribuir força executiva."

A forma para atingir a satisfação do credor, em qualquer dessas situações, pode variar de acordo com o direito material que será objeto da execução. Assim, podemos fazer referência a três grandes sistemas: a execução fiscal, tratada pela Lei n. 6.830/80; a execução civil, tratada no Código de Processo Civil e que recebeu novos contornos com o advento das Leis ns. 11.232/05 e 11.382/06; e a execução trabalhista, regulada na Consolidação das Leis do Trabalho.

A execução tratada na Lei dos Juizados Especiais (Lei n. 9.099/95), por sua limitação à alçada de 40 (quarenta) salários, será analisada apenas em algumas passagens do trabalho, uma vez que nossa proposta não a engloba, ou seja, ela continuará a existir ao lado de um procedimento ordinário de execução, construído com a unificação dos sistemas da execução civil, trabalhista e fiscal. O mesmo se diga em relação aos demais procedimentos, como a execução de alimentos, a execução contra a Fazenda Pública, a execução contra devedor insolvente que, pela inerente e acentuada especialidade, não podem ser integradas ao sistema unificado.

2. A tutela executiva civil

A agressão ao patrimônio do devedor, na tutela executiva civil, somente era possível através da existência de um título executivo judicial ou extrajudicial tal como, respectivamente, uma sentença condenatória ou um cheque, que expressariam um direito declarado.

Não se concebia a invasão da esfera jurídica do devedor antes da "certeza jurídica", em que o direito seria declarado de forma definitiva através de uma decisão transitada em julgado, após exaustiva participação das partes com realização do contraditório ou, como vimos, nas exceções expressamente previstas na lei, por meio de documentos com esse mesmo efeito (título executivo extrajudicial).

Com o surgimento da tutela antecipada, mitigou-se o princípio de que não há execução sem título judicial, *nulla executio sine titulo*, uma vez que uma decisão liminar que pode ser deferida inclusive *inaudita altera parte* não é classificada como título executivo, seja judicial ou extrajudicial. A busca da efetividade e celeridade processual, outrossim, justifica a limitação do contraditório[7].

Ovídio Baptista destacou que o fenômeno jurisdicional de separação do processo de conhecimento e processo de execução seguiu tendência da doutrina contemporânea:

---

(7) Luiz Guilherme Marinoni e Sérgio Cruz Arenhart (*Manual do processo de conhecimento*. São Paulo: Revista dos Tribunais, 2006. p. 75) destacam esse fenômeno: "Como está claro, a tutela definitiva exigia a 'certeza jurídica', ou seja, a possibilidade de ampla participação em contraditório dos interessados, evitando-se, principalmente, qualquer lesão à ampla defesa, que seria resquício de 'épocas obscuras', anteriores à Revolução Francesa. Como o passar dos anos, e o surgimento de novos direitos, muitas vezes de conteúdo não patrimonial, verificou-se que o tempo necessário à participação dos interessados era completamente incompatível com a adequada tutela dos direitos, que exigiam, cada vez mais, uma resposta jurisdicional célere."

O direito brasileiro, seguindo a tendência da doutrina contemporânea, acolheu a concepção que separa o fenômeno jurisdicional em processo de conhecimento e processo de execução. Este resultado, a que o direito processual civil chegou, é fruto de um longo e persistente trabalho doutrinário, que deita raízes nas doutrinas jurídicas e filosóficas formadoras do pensamento moderno, a partir do século XVII [...][8].

Atualmente, entretanto, não se pode olvidar a forte tendência de relativização da concepção que buscou separar o exercício da função jurisdicional em processo de conhecimento e execução, de forma radical a não misturar as referidas tutelas. Basta atinar para alguns procedimentos especiais e para a própria execução da tutela antecipada no processo de conhecimento.

Essa busca da tutela efetiva ainda justificou a opção legislativa de preferência à tutela jurisdicional específica da obrigação, com a obtenção do resultado prático equivalente ao do adimplemento voluntário, por meio da redação dada ao art. 461 do CPC, no tocante às obrigações de fazer e não fazer[9].

Nesse mesmo contexto, a recente Lei n. 10.444/04 acrescentou o art. 461-A ao Código de Processo Civil, que trata da ação que tenha por objeto o cumprimento da obrigação de entrega de coisa[10].

Essa tendência de deslocar procedimentos de efetivação da tutela cognitiva para o processo de conhecimento culminou com a edição da Lei n. 11.232/05, que revogou os dispositivos do Código de Processo Civil relativos ao processo de execução de título judicial, extinguindo essa modalidade de prestação jurisdicional em que, após longo processo para reconhecimento do direito do credor, ainda era necessária a propositura de outra ação para efetivação desse direito.

Apesar do avanço, não podemos nos iludir que essa nova modalidade de processo sincrético trazido pela reforma do CPC seja a solução e cura para todos os males da falta de celeridade e efetividade da execução[11], pois muitos problemas certamente ainda

---

(8) SILVA, Ovídio Baptista da. *Curso de processo civil*. São Paulo: Revista dos Tribunais, 2000. v. 1, p. 19.
(9) Art. 461 do CPC: "Na ação que tenha por objeto o cumprimento de obrigação de fazer ou não fazer, o juiz concederá a tutela específica da obrigação ou, se procedente o pedido, determinará providências que assegurem o resultado prático equivalente ao do adimplemento."
(10) Art. 461-A do CPC: "Na ação que tenha por objeto a entrega de coisa, o juiz, ao conceder a tutela específica, fixará o prazo para o cumprimento da obrigação."
(11) Nesse sentido também são as ponderações de José Carlos Barbosa Moreira (Observações sobre a estrutura e a terminologia do CPC após as reformas das Leis ns. 11.232/05 e 11.382/06. *Repro*, São Paulo, n. 154, ano 32, dez. 2007. p. 12): "Não sabemos — e provavelmente jamais saberemos como algo que se aproxime da exatidão — se e em que medida as reformas do Código de Processo Civil, operadas pelas Leis ns. 11.232, de 22.12.2005, e 11.382, de 6.12.2006, poderão influir no ritmo da prestação jurisdicional, e em particular no da efetivação das decisões. Para que pudéssemos formar a esse respeito opinião menos arbitrária, precisaríamos de elementos concretos, colhidos na realidade forense, acerca do que vinha ocorrendo antes das reformas e do que passou a ocorrer depois delas. Que nos conste, porém, nunca se cuidou — e pouca esperança existe de que se venha doravante a cuidar — de colher dados confiáveis a tal propósito. É extremamente improvável, para dizer o menos, que as avaliações deixem de ser, como sempre têm sido, eminentemente subjetivas, restando aos interessados consolar-se com o pirandelliano *cosi è se vi pare*."

persistirão (ainda há necessidade de intimação, penhora, hasta pública...)[12]. De qualquer sorte, há muitos pontos positivos e, assim, vejamos o que mudou na execução civil.

Na atual execução civil, pois, não há mais a necessidade de o credor ajuizar uma nova ação, deduzindo em juízo outra relação jurídica. Tal se dá no bojo do mesmo processo, com a sua continuação por meio do que se denominou de "cumprimento de sentença".

Conforme muito bem ressaltou *Evaristo Aragão Santos*:

Exigir-se que a parte vencedora da demanda tenha de dar início a um "novo processo", para efetivar a prestação que já lhe havia sido assegurada no desfecho do processo anterior, seria algo pragmaticamente injustificável e, desde a última década, até mesmo incompatível com a parcela do sistema que já autoriza a execução, no mesmo processo, das sentenças de condenação que fixam obrigações específicas (fazer, não fazer, entregar coisa[13].

A Lei n. 11.232/05 revogou dezenove artigos do Código de Processo Civil e inseriu nesse diploma legal oitenta dispositivos, entre artigos, parágrafos e incisos, especialmente no Livro I, que trata do processo de execução. Houve deslocamento da disciplina da execução por quantia certa contra devedor solvente fundada em título judicial e da liquidação de sentença do Livro II para o Livro I do Código.

A antiga execução por quantia certa contra devedor solvente, disciplinada entre os arts. 646 e 731 do Código de Processo Civil, continua a viger, limitada, porém, às execuções fundadas em título extrajudicial.

Para a introdução da nova forma de execução de quantia certa chamada "cumprimento de sentença" condenatória em obrigação de pagamento contra devedor solvente, tratada entre os arts. 475-I e 475-R, foi necessário alterar outros pontos do CPC.

Assim, entre outras modificações, foram alterados os conceitos de sentença e de extinção de processo, as disciplinas da sentença substitutiva da declaração de vontade, da liquidação da sentença, da execução provisória, da constituição de capital para a execução de alimentos, respectivamente nos arts. 162, 267, 269, 466-A, B e C, 475-A a H, 475-O e 475-Q.

A substancial modificação trazida pela Lei n. 11.232/05, que extinguiu a necessidade de ajuizamento de ação de execução nas demandas cujo objeto seja a obrigação

---

(12) Já tivemos oportunidade de opinar no texto Breve notícia e reflexão sobre as últimas reformas do Código de Processo Civil (*Revista Fórum Cesa*, Belo Horizonte, n. 2, ano 2, jan./mar. 2007. p. 48-56), que "as alterações na legislação processual são importantes, porém não são suficientes. A solução para o problema da falta de efetividade exige também uma mudança estrutural do Poder Judiciário."
(13) SANTOS, Evaristo Aragão. Breves notas sobre o "novo" regime de cumprimento da sentença. In: HOFFMAN, Paulo; RIBEIRO, Leonardo Ferres da Silva (coord.). *Processo de execução civil*: modificações da Lei n. 11.232/05. São Paulo: Quartier Latin, 2006. p. 19.

de pagar quantia certa, não poderia conviver com um conceito de sentença que tomou por base o efeito de pôr termo ao processo[14]. Assim, nova conceituação foi positivada no § 1º do art. 162, a reger que "sentença é o ato do juiz que implica alguma das situações previstas nos arts. 267 e 269 desta lei".

Da mesma forma e, como conseqüência das necessárias alterações para compatibilização da nova modalidade denominada "cumprimento de sentença", o art. 269 excluiu a menção à extinção do processo e passou a ter a seguinte redação: "Haverá resolução do mérito". Já o art. 267 do CPC, que trata dos provimentos jurisdicionais de solução da demanda sem apreciação do mérito, apenas substituiu o termo "julgamento" por "resolução".

Luiz Rodrigues Wambier, Teresa Arruda Alvim Wambier e *José Miguel Garcia Medina,* em comentários aos referidos artigos, explicam a necessidade de alteração da terminologia dos mesmos:

> As situações que podem gerar uma sentença que resolva o mérito nem sempre decorrem, propriamente, de um julgamento. É o que ocorre, por exemplo, no caso em que o juiz profere sentença homologatória de transação (art. 269, inc. III). Por tal razão, com a nova redação que foi dada pela Lei n. 11.232/05, o *caput* do art. 269 estabelece que, nos casos referidos nos incisos deste dispositivo legal, haverá *resolução de mérito,* e não apenas *julgamento de mérito.*

O art. 269, *caput,* do CPC foi alterado para deixar claro o que, a rigor, já ocorria nas ações executivas *lato sensu:* a sentença em tais ações proferida, mesmo que não impugnada, não marca necessariamente a fase derradeira do processo, mas abre espaço para que os atos de satisfação do direito reconhecido na sentença sejam realizados[15].

Os arts. 466-A, 466-B e 466-C, tutelas específicas que representam formas de tutela jurisdicional diferenciada, não são novidades no sistema processual, pois já se encontravam expressamente previstas no CPC sob a rubrica da execução das obrigações de fazer, nos arts. 639, 640 e 641. A redação dos dispositivos não foi alterada praticamente em nada, havendo a seguinte transposição: o art. 466-A representa o art. 641, o art. 466-B representa o art. 639 e o art. 466-C reproduz o art. 640[16].

Esses dispositivos processuais têm incidência nas hipóteses em que o devedor se recusa ao cumprimento de obrigação de emitir declaração de vontade, a exemplo do compromisso de compra e venda de imóvel. A sentença produz os efeitos da declara-

---

(14) Aliás, antes mesmo da vigência da nova lei, tal conceito já era objeto de severas críticas pela doutrina, seja em razão de havendo recurso da sentença o processo não se encerrar, seja pelo surgimento das ações de obrigações de fazer, não fazer e de entrega de coisa, cujo início da fase de satisfação também não se harmonizava com a antiga conceituação.
(15) WAMBIER, Luiz Rodrigues; WAMBIER, Teresa Arruda Alvim; MEDINA, José Miguel Garcia. *Breves comentários à nova sistemática processual civil 2.* São Paulo: Revista dos Tribunais, 2006. p. 59-60.
(16) Muito pertinentes as ponderações de Glauco Gumerato Ramos (In: RAMOS, Glauco Gumerato; NEVES, Daniel Amorim Assumpção; FREIRE, Rodrigo da Cunha Lima; MAZZEI, Rodrigo Reis. *Reforma do CPC — Leis ns. 11.187/05, 11.232/05, 11.276/06, 11.277/06 e 11.280/06.* São Paulo: Revista dos Tribunais, 2006. p. 130): "O poder jurisdicional não exerce qualquer pressão sobre a vontade do réu inadimplente, não se trata de execução indireta. A tutela específica, nesses casos, inclusive colabora para que reste intacto o posicionamento do devedor em não cumprir aquilo a que se comprometeu, havendo efetiva substituição de sua vontade, e não coação."

ção de vontade não emitida. Trata-se de uma tendência de consagrar a tutela específica da obrigação, restando a conversão da obrigação em perdas e danos como exceção.

Flávio Luiz Yarshell, em obra específica sobre a matéria, destaca que, apesar de não se tratar de uma "execução forçada", a eventual consideração dessas sentenças de substituição de declaração de vontade como uma modalidade de "execução específica" ressalta a sua finalidade:

> Observe-se, por último, que a posição ora adotada, no sentido de que a sentença substitutiva dos efeitos de declaração de vontade se situa fora do conceito mais restrito de execução forçada, não impede o reconhecimento de que a eventual inserção dessa modalidade de providência no âmbito da "execução específica" — como por exemplo no nosso direito positivo — põe em relevo a finalidade que aquela primeira tutela persegue, em muito assimilável aos objetivos que inspiram as normas ditadas em matéria de execução forçada em forma específica[17].

Ainda no que tange à compatibilização das normas para a nova modalidade do cumprimento de sentença, a liquidação de sentença foi retirada do livro que trata do processo de execução e inserida no livro que trata do processo de conhecimento, sendo agora tratada entre os arts. 475-A e H.

A nova liquidação de sentença, de acordo com o tratamento legislativo dispensado pela Lei n. 11.232/05, perdeu a antiga natureza de ação[18]. A redação do art. 475-A, § 1º, que não fala em petição inicial, mas em "requerimento de liquidação", bem como do art. 475-H, que dispõe que da decisão que encerra a liquidação cabe agravo e, portanto, tem natureza de decisão interlocutória, demonstra que sua atual feição é de incidente processual[19].

---

(17) YARSHELL, Flávio Luiz. *Tutela jurisdicional específica nas obrigações de declaração de vontade*. São Paulo: Malheiros, 1993. p. 38-39.

(18) A perda dessa natureza de ação buscada pelo legislador não foi aceita pacificamente pela doutrina. O capixaba Rodrigo Mazzei, por exemplo, contesta-a veementemente: "Assim, é de certa maneira ingênua a idéia de que será possível tratar em todos os casos a liquidação de sentença com a simplicidade de um incidente processual, dada a sua natureza própria. A lei não tem o condão de, ao impor simples alteração redacional em alguns dispositivos, mudar a própria estrutura de instituto jurídico, dotando-o, inclusive, de força para formar a coisa julgada" (In: RAMOS, Glauco Gumerato; NEVES, Daniel Amorim Assumpção; RAMOS, Glauco Gumerato; FREIRE, Rodrigo da Cunha Lima. *Reforma do CPC — Leis ns. 11.187/05, 11.232/05, 11.276/06, 11.277/06 e 11.280/06*. São Paulo: Revista dos Tribunais, 2006. p. 154).

(19) Quanto à possibilidade de confusão trazida pelo art. 475-A que fala em observação, no que couber, do procedimento comum, concordamos com a conclusão de Olavo de Oliveira Neto, no artigo O novo perfil da liquidação de sentença (In: HOFFMAN, Paulo; RIBEIRO, Leonardo Ferres da Silva (coord.). *Processo de execução civil*: modificações da Lei n. 11.232/05. São Paulo: Quartier Latin, 2006. p. 194: "Todavia, o art. 475-F aduz que na liquidação por artigos será observado, no que couber, o procedimento comum, fazendo expressa referência ao art. 272, do CPC; o que pode levar a duas conclusões distintas: a) que o termo *no que couber* quer indicar que a liquidação por artigos deve assumir a natureza de incidente processual, mas com a adoção do procedimento comum; ou, b) que a liquidação por artigos, diferente das demais, continua a ter a natureza jurídica de ação de conhecimento declaratória, já que a estrutura dos procedimentos comuns exige seu início por meio de petição inicial e a seu encerramento prolação de sentença. Cremos que a adoção da primeira posição apresenta-se como a solução mais acertada, já que coincide com uma interpretação originária da lei, na medida em que sua exposição de motivos indicou como um dos principais pontos da reforma a transformação da liquidação de ação incidental em procedimento incidental. Daí a dificuldade de adotar o segundo posicionamento."

A última modificação trazida pela Lei n. 11.232/05 foi a do art. 475-Q, o qual substituiu, em suas linhas gerais, o art. 602 e seus respectivos parágrafos, cuja finalidade foi viabilizar nas hipóteses de condenação a prestação de alimentos decorrente de ato ilícito, a constituição de capital com renda para assegurar o pagamento do valor mensal da pensão. Tal garantia é determinada pelo juiz na sentença condenatória. Entre os seus parágrafos, destaque para a inovação trazida no segundo, que prevê a possibilidade de o juiz substituir a constituição do capital pela inclusão do credor em folha de pagamento de empresa de direito privado de notória capacidade econômica ou direito público.

Inicialmente, o anteprojeto de modificação do processo de execução era único, mas, para uma melhor apreciação do Congresso Nacional, foi posteriormente cindido em dois, com a promulgação da Lei n. 11.382/06[20]. Tal fragmentação foi severamente criticada por *José Carlos Barbosa Moreira*:

> São evidentes os riscos e fora bem melhor — sem embargo das temidas dificuldades na tramitação de projeto mais extenso no Congresso Nacional — englobar toda a matéria numa única lei, em vez de dar-lhe tratamento fragmentário, para não dizer assistemático[21].

Assim, além da Lei n. 11.232/05, surgiu, pois, mais uma lei com vastas reformas no texto do CPC, especificamente da execução de título executivo extrajudicial, mas com projeção também sobre o cumprimento de sentença, na fase de alienação dos bens penhorados e seqüência de atos executivos tendentes à satisfação do credor. Conforme chama atenção *José Carlos Barbosa Moreira*:

> O próprio texto reformado, *expressis verbis*, manda aplicar "subsidiariamente ao cumprimento de sentença, no que couber, as normas que regem o processo de execução de título extrajudicial" (art. 475-R). Para usar, sem quebra do devido respeito, expressão popular, os operadores do direito precisarão trabalhar com um olho no padre, outra na missa[22].

Quais foram, então, as principais modificações trazidas pela novíssima lei que, por conta de veto presidencial, teve sua *vacatio legis* diminuída de seis meses para 45 dias?

A primeira novidade aparece com a inclusão do parágrafo único no art. 238 do CPC: "Presumem-se válidas as comunicações e intimações dirigidas ao endereço residencial ou profissional declinado na inicial, contestação ou embargos, cumprindo às partes atualizar o respectivo endereço sempre que houver modificação temporária ou

---

(20) Sobre a Lei n. 11.382/06 foi publicada valiosa obra pelos colegas e amigos do mestrado e doutorado da PUC/SP, Fernando Sacco Neto, Leonardo Ferres da Silva Ribeiro, Luís Otávio Sequeira de Cerqueira, Paulo Hoffman, Rogério Licastro Torres de Mello e Sidney Palharini Júnior, que muito nos orgulhou, intitulada *Nova execução de título extrajudicial — Lei n. 11.382/06*. São Paulo: Método, 2007.
(21) MOREIRA, José Carlos Barbosa. Observações sobre a estrutura e a terminologia do CPC após as reformas das Leis ns. 11.232/05 e 11.382/06. *Repro*, São Paulo, n. 154, ano 32, dez. 2007. p. 13.
(22) MOREIRA, José Carlos Barbosa. Observações sobre a estrutura e a terminologia do CPC após as reformas das Leis ns. 11.232/05 e 11.382/06. *Repro*, São Paulo, n. 154, ano 32, dez. 2007. p. 13.

definitiva." Tal procedimento é similar ao que ocorre na Justiça do Trabalho. Agora, portanto, deve-se mais do que nunca ter a preocupação em informar ao Juízo a mudança de endereço que consta dos autos, sob pena de a parte sofrer irremediáveis prejuízos processuais.

O rol dos títulos executivos extrajudiciais, positivados no art. 585 do estatuto processual, também foi alterado. No inciso III, todas as obrigações decorrentes de contratos de hipoteca, penhor, anticrese e caução, bem como seguro de vida, poderão ser objeto de execução direta, sem qualquer limitação, neste último, ao evento "morte ou incapacidade", como condicionava o artigo alterado. O antigo inciso IV, outrossim, foi desdobrado em dois, com ampliação no atual inciso V dos títulos, ao prever a possibilidade de execução de créditos decorrentes de aluguel de imóveis, documentalmente comprovados. Não se exige mais, nesses casos, um contrato formal, mas qualquer documento que possa provar a dívida. O que anteriormente ensejaria a propositura de uma ação monitória, agora pode ser objeto de execução.

O legislador incluiu um novo dispositivo no CPC, o art. 615-A, que enseja a possibilidade de o exeqüente, no ato da distribuição, obter certidão comprobatória do ajuizamento da demanda, para fins de averbação no registro de imóveis, registro de veículos ou de outros bens sujeitos à penhora ou arresto, presumindo-se fraude à execução a alienação ou oneração de bens após a referida averbação. A realização de averbação manifestamente indevida, porém, origina obrigação de indenizar a parte contrária.

A lista dos bens impenhoráveis do art. 649 foi alterada em sete dos dez incisos, com a inclusão de dois parágrafos, tornado-a mais longa, uma vez que ampliou as hipóteses de impenhorabilidade, quando o ideal era tê-las reduzido. Destaque para os incisos II[23], IX[24] e os §§ 1º[25] e 2º[26]; críticas da doutrina ao veto do § 3º que previa a penhorabilidade de salários quando superiores a vinte salários mínimos, limitado ao percentual de 40%[27].

A modificação do art. 652 também trouxe significativas novidades. Anteriormente, o devedor era citado para, no prazo de 24 horas, pagar ou nomear bens à penhora. Com

---

(23) "Os móveis, pertences e utilidades domésticas que guarneçam a residência do executado, salvo os de elevado valor ou que ultrapassem as necessidades comuns correspondentes a um médio padrão de vida."
(24) "Os recursos públicos recebidos por instituições privadas para aplicação compulsória em educação, saúde ou assistência social."
(25) "A impenhorabilidade não é oponível ao crédito concedido para a aquisição do próprio bem."
(26) "O disposto no inciso IV (impenhorabilidade de vencimentos, subsídios, soldos, salários, remunerações...) não se aplica no caso de penhora para pagamento de prestação alimentícia."
(27) Luís Otávio Sequeira de Cerqueira (In: RAMOS, Glauco Gumerato; SACCO NETO, Fernando; RIBEIRO, Leonardo Ferres da Silva; HOFFMAN, Paulo; MELLO, Rogério Licastro Torres de; PALHARINI JÚNIOR, Sidney. *Nova execução de título extrajudicial — Lei n. 11.382/06*. São Paulo: Método, 2007. p. 79) lamenta o veto da penhorabilidade relativa de salário: "Tomando-se o próprio texto do veto, quando se afirma que 'é difícil defender que um rendimento líquido de vinte vezes o salário mínimo vigente no País seja considerado como integralmente de natureza alimentar', verifica-se a sua evidente inconsistência. E o que é pior, o veto propicia a continuidade da tradição de se proteger excessivamente o devedor, principalmente de classes mais abastadas, já que a quase-totalidade da população ativa do País não recebe vinte salários líquidos mensais. Ao estabelecer limites elevados de impenhorabilidade, o projeto de lei foi generoso, mas indiscutivelmente corajoso e inovador; pena que o dispositivo foi vetado."

a nova redação do dispositivo, o executado será citado para, no prazo de três dias, "efetuar o pagamento da dívida". Não ocorrendo o pagamento nesse prazo, o oficial procede à imediata penhora e avaliação dos bens. Veja-se que o devedor perde a faculdade de indicação dos bens, podendo o credor já na petição inicial indicá-los. O oficial de justiça pode avaliar os bens, evitando-se perda de tempo com eventuais perícias. Conforme o § 4º, incluído nesse dispositivo, a intimação do executado poderá ser feita através de seu advogado.

É digno de registro, outrossim, a inclusão do art. 652-A no Código de Processo Civil, através do qual o juiz deverá fixar de plano, quando despachar a petição inicial, os honorários do advogado a serem pagos pelo executado. No caso de pagamento no prazo supramencionado de três dias, a verba honorária é reduzida pela metade.

A gradação legal de preferência para penhora, prevista no art. 655 do CPC, também sofreu profunda alteração, cuja nova redação traz a seguinte ordem:

I — dinheiro, em espécie ou em depósito ou aplicação em instituição financeira; II — veículo de via terrestre; III — bens móveis em geral; IV — bens imóveis; V — navios e aeronaves; VI — ações e quotas de sociedades empresárias; VII — percentual do faturamento de empresa devedora; VIII — pedras e metais preciosos; IX — títulos da dívida pública da União, Estados e Distrito Federal com cotação em mercado; X — títulos e valores mobiliários com cotação em mercado; XI — outros direitos[28].

O novo art. 655-A nada mais é do que uma regulamentação da já existente penhora *on line*, decorrente do sistema denominado *Bacen Jud*, convênio firmado entre o Superior Tribunal de Justiça, Conselho da Justiça Federal e Tribunal Superior do Trabalho com o Banco Central. O novo § 6º, incluído no art. 659, trata da possibilidade não somente da penhora de numerário, mas também de as averbações de penhoras de bens imóveis e móveis poderem ser realizadas por meios eletrônicos.

O § 3º, incluído no art. 666, certamente vai gerar muita polêmica no mundo jurídico, uma vez que possibilita a decretação da prisão do depositário judicial infiel no próprio processo, independentemente de ação de depósito. Tal norma é importante para alertar os depositários sobre sua responsabilidade na guarda do bem e, assim, evitar inconvenientes que possam atravancar a execução.

O novo art. 685-C incluído no texto do CPC traz novidade ao processo de execução para, na hipótese de não ocorrer adjudicação dos bens penhorados, o exeqüente ter a faculdade de promover a alienação do bem por iniciativa própria ou por intermédio de corretor credenciado perante a autoridade judiciária. Essa busca da efetividade na alienação dos bens penhorados também poderá contar agora com a utilização da Internet, uma vez que o art. 689-A fala em "alienação realizada por meio da rede mun-

---

(28) Conforme nova redação do art. 668 do CPC, o executado pode requerer a substituição do bem penhorado, desde que não traga prejuízo ao exeqüente. Pela antiga redação do artigo, a substituição era limitada a depósito em dinheiro.

dial de computadores, com uso de páginas virtuais, criadas pelos Tribunais ou por entidades públicas ou privadas em convênio com eles firmado".

O art. 738 aumentou o prazo dos embargos à execução[29], que anteriormente era de dez dias, para quinze dias. Diante do texto do art. 739-A, os embargos agora não têm mais efeito suspensivo, podendo o juiz conceder tal efeito desde que "o prosseguimento da execução manifestamente possa causar grave dano de difícil e incerta reparação" e "a execução esteja garantida por penhora, depósito ou caução suficientes"[30]. Conforme os termos do art. 739, tal ação será liminarmente rejeitada quando for intempestiva, inepta a petição inicial ou manifestamente protelatória.

Ainda sobre os embargos, o seu procedimento inserido no art. 740 prevê, após a resposta do exeqüente no prazo de quinze dias, o julgamento imediato do pedido ou designação de audiência de conciliação, instrução e julgamento, com posterior proferimento de sentença no prazo de dez dias. Há possibilidade, conforme parágrafo único deste dispositivo, de imposição de multa de até 20% do valor da execução, na hipótese de os embargos serem manifestamente protelatórios[31].

Outra novidade foi inserida por meio do art. 745-A, uma vez que o devedor, reconhecendo o crédito do exeqüente e comprovando o depósito de 30% do valor, além de custas e honorários de advogado, poderá requerer seja admitido o pagamento do restante em até seis parcelas mensais, acrescidas, logicamente, de juros e correção monetária.

Enfim, as novidades no Código de Processo Civil foram muitas e, conseqüentemente, ensejaram demasiadas repercussões nos sistemas em que há sua aplicação subsidiária, como o fiscal e trabalhista. Vejamos, pois, o sistema da tutela executiva fiscal e, posteriormente, a trabalhista.

3. A tutela executiva fiscal

Entre as diversas competências atribuídas aos entes estatais está a arrecadação de tributos, necessários a viabilizar os serviços públicos essenciais à sociedade e à organização e manutenção do Estado.

A administração pública promove essa atividade vinculada, exigindo do obrigado o cumprimento da prestação. Na hipótese de o obrigado não cumprir com a prestação enunciada na norma tributária ou de outra natureza, como em qualquer outra

---

(29) A matéria que poderá ser objeto dos embargos está inserida no art. 745, *in verbis*: "I — nulidade da execução, por não ser executivo o título apresentado; II — penhora incorreta ou avaliação errônea; III — excesso de execução, ou cumulação indevida de execuções; IV — retenção por benfeitorias necessárias ou úteis, nos casos de título para entrega de coisa certa; V — qualquer matéria que lhe seria lícito deduzir como defesa em processo de conhecimento".
(30) Digno de registro que, de acordo com o § 6º do art. 739-A, a concessão do efeito suspensivo não obsta a efetivação de atos de constrição e avaliação dos bens.
(31) Também há previsão de multa no mesmo valor para os casos de embargos à adjudicação, alienação ou arrematação, manifestamente protelatórios nos termos do § 3º do art. 746 do CPC.

situação de inadimplência, surge a necessidade de atuação coativa do Estado (Jurisdição), por meio de atos que sujeitam o patrimônio do devedor à satisfação do crédito tributário ou não tributário da entidade estatal.

Antes da realização dessa execução forçada, o crédito da Fazenda Pública, para efeito de certeza e liquidez, deve ser apurado por meio de um processo administrativo, em que será assegurada a participação do devedor e chamado de lançamento.

O lançamento, conforme o art. 142 do Código Tributário Nacional[32], é o ato da repartição competente que verifica a procedência do crédito fiscal e a pessoa que lhe é devedora. De acordo com o parágrafo único[33] desse dispositivo legal, esse ato, imprescindível para apuração do crédito, é vinculado.

Américo Luís Martins da Silva enumera os motivos e a finalidade do lançamento:

a) constatar a existência do fato que deu origem à obrigação tributária ou não tributária; b) determinar a natureza dessa obrigação; c) apurar o montante devido; d) identificar o sujeito passivo da obrigação; e e) aplicar as penalidades se cabível no caso[34].

Após o lançamento, o devedor é intimado a cumprir com a obrigação agora já líquida e certa. De acordo com o art. 160 do Código Tributário Nacional, "quando a legislação tributária não fixar o tempo de pagamento, o vencimento do crédito ocorre trinta dias depois da data em que se considera o sujeito passivo notificado do lançamento".

A inadimplência do contribuinte ou responsável autoriza a provocação da tutela jurisdicional executiva para promover a satisfação forçada do crédito inadimplido espontaneamente, mediante inscrição do débito na chamada dívida ativa[35].

A certidão da inscrição do crédito da Fazenda Pública como dívida ativa é o título executivo extrajudicial que aquela necessita para a propositura da execução fiscal. Esta, portanto, é a ação que dispõe a Fazenda Pública para a cobrança de seus créditos, tributários ou não, desde que inscritos como dívida ativa.

Conforme destaca *Leonardo Rizo Salomão*, "constituem dívida ativa e, conseqüentemente, podem ser objeto da execução fiscal as seguintes dívidas de natureza tributária: impostos (art. 145, I, da CF), taxas (art. 145, II, da CF), contribuições de melhoria (art. 145, III, da CF), empréstimos compulsórios (art. 148, *caput*, da CF) e contribuições

---

(32) "Compete privativamente à autoridade administrativa constituir o crédito tributário pelo lançamento, assim entendido o procedimento administrativo tendente a verificar a ocorrência do fato gerador da obrigação correspondente, determinar a matéria tributável, calcular o montante do tributo devido, identificar o sujeito passivo e, sendo o caso, propor a aplicação da penalidade cabível."
(33) "A atividade administrativa de lançamento é vinculada e obrigatória, sob pena de responsabilidade funcional."
(34) SILVA, Américo Luís Martins da. *A execução da dívida ativa da Fazenda Pública*. São Paulo: Revista dos Tribunais, 2001. p. 54.
(35) O art. 2º da Lei n. 6.830/80 define-a com a seguinte redação: "Constitui Dívida Ativa da Fazenda Pública aquela definida como tributária ou não-tributária na Lei n. 4.320, de 7 de março de 1964, com as alterações posteriores, que estatui normas gerais de direito financeiro para elaboração e controle dos orçamentos e balanços da União, dos Estados, dos Municípios e do Distrito Federal."

especiais (art. 149 da CF); bem como dívidas de natureza não tributária: multa de qualquer origem ou natureza, exceto as tributárias, aluguéis ou taxas de ocupação, custas processuais, preços de serviços prestados por estabelecimentos públicos, indenizações, restituições, alcances dos responsáveis definitivamente julgados, bem assim os créditos decorrentes de obrigações em moeda estrangeira, de sub-rogação de hipoteca, fiança, aval ou outra garantia, de contratos em geral ou de outras obrigações legais"[36].

Após o lançamento do débito e inscrição na dívida ativa, a Fazenda Pública poderá se valer de um procedimento especial para a execução forçada, prevista na Lei n. 6.830/80. Não há como negar que tal processo é um daqueles de maior incidência no foro, seja federal ou estadual.

Ocorre, porém, que a despeito de o argumento de ser o bem da vida pretendido em juízo indisponível, uma vez que a Fazenda Pública representa o interesse público e, pois, digna de tutela especial, não vemos na prática diferença que justifique a existência dessa "especialidade".

A especialidade e a diferença existem na apuração do crédito que, conforme já dito, se dá por meio de um processo administrativo de lançamento, com posterior inscrição em dívida ativa para propositura da execução.

Além dessa forma especial de apuração do crédito, também podemos destacar como aspectos distintivos da execução fiscal a iniciativa da avaliação feita por oficial de justiça (art. 13), a intimação do procurador (art. 25, parágrafo único), o cancelamento de inscrição e extinção do processo (art. 26), as publicações resumidas (art. 27), os privilégios do crédito (arts. 29 e 31), os recursos (arts. 34 e 35) e a isenção de custas e emolumentos (art. 39).

O objeto da execução fiscal, entretanto, como em qualquer espécie de tutela executiva, não é a constituição nem a declaração do direito, mas a efetivação deste, após a presunção de liquidez e certeza por meio da inscrição do débito em dívida ativa.

Digno de registro que tal presunção é relativa e, conseqüentemente, pode ser afastada por meio de prova a ser produzida nos embargos à execução previstos nos arts. 16 e 17 da Lei n. 6.830/80.

O acolhimento parcial dos embargos, entretanto, não tem o condão de autorizar o juiz a fazer um lançamento tributário em substituição àquele feito incorretamente pela autoridade competente. Não pode, assim, dar prosseguimento à execução pela diferença do montante que entende devido[37].

É nesse sentido que o § 8º, art. 2º, da Lei de Execuções Fiscais estabelece que, "até a decisão de primeira instância, a Certidão de Dívida Ativa poderá ser emendada ou substituída, assegurada ao executado a devolução do prazo para embargos".

---

(36) SALOMÃO, Leonardo Rizo. *Elementos do processo de execução fiscal*. Disponível em: <http://www.uel.br> Acesso em: 24 jul. 2007.
(37) MACHADO, Hugo de Brito. *Curso de direito tributário*. São Paulo: Malheiros, 2002. p. 380.

Assim, não sendo efetuada substituição ou emenda da inscrição na dívida ativa, conforme possibilita a lei que trata a matéria, não há possibilidade de prosseguimento da execução fiscal.

Afora essas peculiaridades, as regras para efetivação de um direito líquido e certo, por meio do sistema da execução fiscal, não são muito diferentes da execução de créditos de outra natureza, como o trabalhista e o civil. Mesmo porque a Lei n. 6.830/80 faz menção à necessidade de subsidiariedade do direito processual comum já no seu art. 1º[38] e a CLT determina a sua supletividade à execução trabalhista. Vejamos este último sistema de execução.

4. A tutela executiva trabalhista

A preocupação do legislador com a efetividade da tutela executiva trabalhista resta demonstrada por meio de dispositivos da CLT, que buscam evitar que eventuais alterações na estrutura e propriedade das empresas, eventualmente executadas por não cumprir com suas obrigações trabalhistas, tenham o condão de prejudicar os seus empregados credores[39].

A autonomia do direito processual do trabalho, pois, somente é justificada pela possibilidade de se instituir um processo mais dinâmico, célere e efetivo do que o previsto para reger as relações do direito comum. Conforme ressalta *Guillermo Cabanellas*:

> "La lentitud de la justicia ordinaria y lo costoso de los procesos seguidos ante ella son argumentos de plena eficacia para un poder judicial laboral distinto, que resulve con la urgencia precisa los problemas de caracter alimentario que se plantean en los más de los pleitos del trabajo para el trabajador, que se vêm diminuidos arbitrariamente sus derechos salariales o se encuentra privado en absoluto de su fuente de ingresos, por un despido sin causa"[40].

A maioria das execuções que atualmente tramitam na Justiça do Trabalho, por sua natureza econômica, consiste em obrigações de pagar, representadas por dívidas não quitadas após a extinção das relações de emprego.

É provável que esse panorama não se altere em função da ampliação da competência da justiça do trabalho realizada pela Emenda Constitucional n. 45. Agora, não são somente as lides oriundas das relações de emprego que deságuam nessa justiça espe-

---

(38) "A execução judicial para cobrança da Dívida Ativa da União, dos Estados, do Distrito Federal, dos Municípios e respectivas autarquias será regida por esta Lei e, subsidiariamente, pelo Código de Processo Civil."
(39) Os arts. 10 e 448 da CLT regem respectivamente que: "Qualquer alteração na estrutura jurídica da empresa não afetará os direitos adquiridos por seus empregados" e "A mudança na propriedade ou na estrutura jurídica da empresa não afetará os contratos de trabalho dos respectivos empregados."
(40) CABANELLAS, Guillermo. *Compendio de derecho laboral*. 4. ed. Buenos Aires: Heliasta, 2001. Tomo II, p. 762.

cializada, mas todas decorrentes de relações de trabalho, expressão bem mais abrangente que a anterior[41].

Assim, afora o cumprimento forçado de algumas obrigações de fazer, não fazer ou entregar[42], a execução trabalhista compõe-se basicamente de atos de liquidação para dar liquidez à sentença, atos de constrição necessários à penhora de bens e atos de alienação, para tornar efetiva a expropriação do patrimônio do devedor e, com o produto da alienação, satisfazer a obrigação objeto da execução.

Tal obrigação, oriunda de uma relação de trabalho, não está necessariamente consignada numa decisão judicial. A partir da Lei n. 9.958, de 2000, foi inserida no ordenamento jurídico trabalhista a possibilidade de ação autônoma de execução de título extrajudicial[43], como os termos de ajustamento de conduta e conciliação prévia[44], hipóteses em que inexiste a dependência de um processo prévio de cognição.

É importante, entretanto, de logo ressaltar que a execução dos títulos extrajudiciais na seara trabalhista processa-se da mesma forma que a dos judiciais, conforme rege o art. 876 da CLT[45]. Como o procedimento é o mesmo, não realizaremos divisão na análise de seus institutos.

Um dos pontos que torna a execução trabalhista singular é a faculdade atribuída por lei ao magistrado para, diante da inércia do credor, promovê-la *ex officio*, isto é, por impulso oficial[46].

Trata-se de uma peculiaridade da execução trabalhista sem disposição similar na execução fiscal e na execução civil e sem previsão para aplicação nesses sistemas[47]. Não há previsão legal de aplicação de dispositivos da CLT ao CPC, muito menos à Lei de Execuções Fiscais, o que priva os jurisdicionados, consumidores desses serviços judiciários, da possibilidade de se beneficiarem dessa norma.

---

(41) Sobre a ampliação da competência da Justiça do Trabalho, ver os textos de Rodolfo Pamplona Filho, A nova competência da justiça do trabalho (uma contribuição para a compreensão dos limites do novo art. 114 da Constituição Federal); e de Eduardo Arruda Alvim e Fernando C. Queiroz Neves, A competência da justiça do trabalho e as ações indenizatórias por acidente de trabalho, à luz da Emenda Constitucional n. 45/04. In: SILVA, Bruno Freire e MAZZEI, Rodrigo Reis (coord.). *Reforma do Judiciário — análise estrutural e interdisciplinar do 1º ano de vigência.* Curitiba: Juruá, 2006.
(42) Exemplos: reintegrar empregado com estabilidade (obrigação de fazer), cumprir sentença que determina a não-transferência de empregado (obrigação de não fazer) ou que determina a devolução de um instrumento de trabalho (obrigação de entregar).
(43) O art. 877-A da CLT dispõe que: "É competente para a execução de título executivo extrajudicial o juiz que teria competência para o processo de conhecimento relativo à matéria."
(44) A conciliação prévia é o termo de transação assinado nas Comissões de Conciliação Prévia e o termo de ajustamento de conduta é aquele firmado perante o Ministério Público do Trabalho.
(45) Art. 876 da CLT: "As decisões passadas em julgado ou das quais não tenha havido recurso com efeito suspensivo; os acordos, quando não cumpridos; os termos de ajuste de conduta firmados perante o Ministério Público do Trabalho e os termos de conciliação firmados perante as Comissões de Conciliação Prévia serão executados pela forma estabelecida neste Capítulo."
(46) Art. 878 da CLT: "A execução poderá ser promovida por qualquer interessado, ou *ex officio*, pelo próprio juiz ou presidente ou tribunal competente, nos termos do artigo anterior."
(47) Não se pode olvidar, entretanto, que não é, como muitos pensam, uma exclusividade do processo do trabalho, uma vez que também há essa previsão no processo penal, quando o CPP trata do processo sumário contravencional no seu art. 531: "O processo das contravenções terá forma sumária, iniciando-se pelo auto de prisão em flagrante ou mediante portaria expedida pela autoridade policial ou pelo juiz, de ofício ou a requerimento do Ministério Público."

Essa execução *ex officio*, outrossim, em que a execução segue nos mesmos autos do processo de conhecimento, sem necessidade de instauração de uma nova relação processual, demonstra que o processo do trabalho antecipou-se ao processo civil nessa simplificação de procedimento.

Nesse diapasão, *Manoel Antonio Teixeira Filho* leciona que

[...] a execução trabalhista, de acordo com as disposições legais que a estruturam, foi projetada para servir como simples fase subseqüente ao processo de conhecimento, destituída, por isso, de autonomia ontológica (exceto quando calcada em título executivo extrajudicial, como previsto pelo art. 876 da CLT), embora não se lhe possa negar independência finalística[48].

Outro ponto que diferencia o sistema da execução trabalhista da execução civil e fiscal é a que adveio com a Emenda Constitucional n. 20/98, que atribuiu competência à Justiça do Trabalho para executar, de ofício, as contribuições previdenciárias decorrentes das sentenças que proferir[49]. Trata-se de aspecto *sui generis* dessa execução, que em muito contribuiu para a arrecadação do órgão previdenciário.

Pode-se afirmar, entretanto, que o ponto de destaque na execução trabalhista, que serviu de parâmetro para os outros dois grandes sistemas de execução, o civil e o fiscal, foi o convênio firmado entre o Tribunal Superior do Trabalho e o Banco Central que implantou o sistema *Bacen Jud*. Tal sistema disciplinou a possibilidade de ordem eletrônica de bloqueio de ativos financeiros, a denominada penhora *on line*.

A estrutura legal da execução trabalhista está tratada entre os arts. 876 e 892 da Consolidação das Leis do Trabalho[50]. Dos 922 artigos desse diploma legal, portanto, apenas 17 foram dedicados à execução. A filosofia de celeridade e concentração dos atos processuais desse diploma legal acabou por ensejar uma escassez de regras para o tratamento da matéria.

Tal pode ser constatado com a remissão que faz no art. 889[51] à legislação de cobrança de dívida ativa da União para, conforme frisa *José Augusto Rodrigues Pinto*, "suprir as omissões decorrentes de sua falta de fôlego legislativo"[52].

---

(48) TEIXEIRA FILHO, Manoel Antonio. *Execução no processo do trabalho*. São Paulo: LTr, 2004. p. 105.
(49) A Reforma do Judiciário, instituída pela Emenda Constitucional 45, não alterou essa competência. Ela apenas foi deslocada topicamente para o art. 114, VIII: "Compete à Justiça do Trabalho processar e julgar: [...] a execução, de ofício, das contribuições sociais previstas no art. 195, I, *a*, e II, e seus acréscimos legais, decorrentes das sentenças que proferir."
(50) A Consolidação das Leis do Trabalho foi instituída pelo Decreto-lei n. 5.452, de 1º de maio de 1943. Antes desse diploma legal, o único texto legal que praticamente tratou de forma específica do processo do trabalho foi o Decreto-Lei n. 1.237, de 2 de maio de 1939.
(51) Art. 889: "Aos trâmites e incidentes do processo da execução são aplicáveis, naquilo em que não contravierem ao presente Título, os preceitos que regem o processo dos executivos fiscais para a cobrança judicial da dívida ativa da Fazenda Pública Federal."
(52) PINTO, José Augusto Rodrigues. *Execução trabalhista*. São Paulo: LTr, 1998. p. 37.

O fato que levou o legislador a equiparar juridicamente o crédito do trabalho à dívida ativa da Fazenda Pública da União não foi somente o seu significado social, mas, também, razões de ordem histórica.

Conforme lembra *José Augusto Rodrigues Pinto*[53], na época da promulgação da Consolidação das Leis do Trabalho, o Decreto-lei n. 960, de 17 de dezembro de 1938, era um texto de concepção bastante avançada, em comparação aos Códigos de Processo estaduais. Daí a remissão ser feita a essa lei especial e não ao processo comum.

Enfim, a despeito de sua intenção, atualmente na execução trabalhista deve-se recorrer de forma subsidiária às normas da Lei n. 6.830/80 que regula o processo executivo fiscal, para somente após se recorrer ao processo comum.

Mas, na prática, o que ocorre na execução trabalhista, como no processo de conhecimento, é a aplicação pelos juízes do trabalho das normas do direito processual comum, diante da autorização do art. 769 da Consolidação das Leis do Trabalho[54].

Como já dito, a própria legislação que trata da execução fiscal, atualmente a Lei n. 6.830, de 22 de setembro de 1980, realiza uma segunda remissão ao processo comum para completar as lacunas existentes, a exemplo daquela relativa à liquidação de sentença.

---

(53) PINTO, José Augusto Rodrigues. *Op. cit.*, p. 37.
(54) Art. 769 da CLT: "Nos casos omissos, o direito processual comum será fonte subsidiária do direito processual do trabalho, exceto naquilo em que for incompatível com as normas deste Título."

II

UMA TEORIA GERAL DA EXECUÇÃO

1. A existência de uma teoria geral da execução

A despeito de algumas peculiaridades dos sistemas vistos no capítulo anterior, não há como negar que o objetivo de qualquer tutela executiva é o mesmo: alcançar a efetivação do direito violado, seja reconhecido numa decisão judicial, seja num documento a que a lei confira os mesmos efeitos desta, de modo que satisfaça o seu titular.

Enrico Tullio Liebman, em clássica obra sobre o tema, já ressaltava que a falta de cumprimento de uma obrigação, qualquer que seja a sua natureza, torna necessária a execução:

> O processo em geral, e muito especialmente o processo de execução, considera as relações jurídicas no momento em que ocorreu algum ato contrário ao direito; e nesta fase toda relação jurídica, qualquer que seja a sua natureza, se apresenta como sendo relação entre duas pessoas exatamente determinadas, uma delas obrigada a fazer alguma coisa em benefício da outra. A falta de cumprimento desta obrigação é que torna necessária a execução[1].

Diante desse contexto, é possível formularmos uma teoria geral da execução a englobar os seus principais sistemas, que poderá corroborar a nossa proposta de unificação, haja vista a existência, como já dito, de convergências entre aqueles.

Nessa proposta é importante ressaltar que a simples reunião de disposições legais não constitui um sistema. Conforme muito bem enfatiza *Maria Elizabeth de Castro Lope*s: "Entre os atributos do sistema apontam-se geralmente a unidade, a organização e a interação, no sentido de que a simples soma ou agrupamento de elementos não é suficiente para qualificá-lo"[2].

---

(1) LIEBMAN, Enrico Tullio. *Processo de execução*. São Paulo: Saraiva, 1963. p. 6.
(2) LOPES, Maria Elizabeth de Castro. Execução civil e harmonia do sistema processual. In: CIANCI, Mirna; QUARTIERI, Rita (coords.). *Temas atuais da execução civil — estudos em homenagem ao professor Donaldo Armelin*. São Paulo: Saraiva, 2007. p. 479.

A harmonia não é um elemento essencial para a existência do sistema, embora, como chama atenção *Maria Elisabeth de Castro Lopes*, "seja imprescindível para que ele tenha efetividade"[3].

Como veremos no estudo integrativo dos sistemas em capítulo próprio, o que mais falta na heterointegração deles por meio da aplicação subsidiária de normas é a imprescindível harmonia para a almejada efetividade, o que nos leva a ter a certeza de que o melhor caminho é a unificação.

De toda sorte, antes de construirmos uma proposta de sistema único, é mister a elaboração de uma teoria geral da execução que possa corroborá-lo. São poucos estudiosos do processo que se propõem a elaborar tal teoria, limitando-se a focá-la no processo de conhecimento. Porém, como ressalta *Liebman*: "O conceito moderno de função jurisdicional abrange necessariamente também a execução como atividade não simplesmente complementar da cognição e sim como parificada com esta em importância prática e interesse científico."[4]

Então, aqui nos propomos analisar a definição, os elementos, condições e pressupostos processuais, a cognição exercida nessa atividade, o mérito, coisa julgada e espécies de execução, além dos princípios que, logicamente, são únicos para qualquer sistema. Não somente os princípios, mas os próprios institutos são os mesmos, o que denota a possibilidade de unificação. Senão vejamos.

2. Definição

Conforme já visto, da necessidade de cumprimento forçado da obrigação, tendo em vista que a regra fixada na sentença condenatória depende da vontade do destinatário, surge a tutela executiva. Na hipótese de o réu resistir, sua atividade é substituída por atos de sub-rogação, a serem praticados conforme modelo fixado pelo legislador.

A atividade cognitiva, entretanto, pode em alguns casos ser dispensada. Conforme já aduzimos, em algumas situações da vida o legislador considera suficientemente demonstrado a existência e exigibilidade da obrigação, dispensando a referida atividade. Possibilita-se ao credor, de logo, postular a realização dos atos necessários à eliminação do inadimplemento, por meio da técnica dos títulos executivos extrajudiciais.

A tutela executiva, pois, pode ensejar um processo que vise coagir o devedor a cumprir a obrigação reconhecida num título judicial, ou extrajudicial a que a lei tenha dado os mesmos efeitos. Tal obrigação, outrossim, pode ser de pagar, de fazer, de não fazer ou de entregar coisa.

A forma para atingir a satisfação do credor, em qualquer dessas situações, pode variar de acordo com o direito material que será objeto da execução, conforme os sis-

---

(3) LOPES, Maria Elizabeth de Castro. *Ibidem*, p. 479.
(4) LIEBMAN, Enrico Tullio. *Processo de execução*. São Paulo: Saraiva, 1963. p. 5.

temas da execução civil, fiscal e trabalhista, que serão objeto de estudo integrativo aqui, visando uma proposta de unificação. Porém, até como forma de corroborar a tese, é possível a elaboração de uma definição única da tutela jurisdicional executiva.

E, aqui, socorremo-nos das lições de *Olavo de Oliveira Neto*, cuja amplitude do conceito pode ser adotada para os fins propostos. Segundo o referido autor, a execução forçada pode ser definida como "a atividade jurisdicional fundada em um título executivo, que tem por finalidade recompor o equilíbrio quebrado pelo descumprimento de uma obrigação, sujeitando o executado a atos de constrição que recaem sobre os seus bens"[5].

No tocante às outras modalidades de execução, completa o autor que a sujeição do executado "na execução para entrega de coisa consiste na devolução do bem; na execução de obrigação de fazer e não fazer, a prática ou não de determinado ato"[6].

Pergunta-se: tal definição, elaborada por um estudioso do direito processual civil, é diferente daquela elaborada por um processualista trabalhista ou por um especialista em direito processual tributário? Lógico que não. A definição da execução é a mesma, seja na esfera processual civil, fiscal ou trabalhista. Isto porque o objetivo de todas é o mesmo: a satisfação do credor. O que, conseqüentemente, autoriza a elaboração de um sistema único e simplificado de execução. Seguiremos com a análise dos elementos, na elaboração de uma teoria geral da execução a corroborar essa proposta.

3. Elementos

Antes de analisarmos os pressupostos processuais e as condições da ação executiva, é mister uma abordagem de seus elementos, usualmente definidos somente no tocante à ação de conhecimento.

A definição e identificação dos elementos da ação são importantes para solução de inúmeras questões relacionadas a institutos básicos do processo civil, como litisconsórcio, litispendência, conexão, entre outros. Admite-se a existência de três elementos: partes, pedido e causa de pedir.

Parte da doutrina afirma que tais elementos devem ser perquiridos por meio da análise do título executivo. Entretanto, o título representa a relação jurídica de direito material e, atualmente, já está pacificada a premissa de que a relação jurídica de direito processual é autônoma e independente daquela. Assim, os elementos da ação executiva não podem ser aferidos apenas e tão-somente do título executivo.

A tentativa, por exemplo, de definir a parte como o titular do direito material objeto da ação já está superada. Conforme já ressaltou *Enrico Tullio Liebman*:

---

(5) OLIVEIRA NETO, Olavo de. *A defesa do executado e dos terceiros na execução forçada*. São Paulo: Revista dos Tribunais, 2000. p. 24.
(6) OLIVEIRA NETO, Olavo de. *Op. cit.*, p. 40.

A noção de parte em sentido substancial, que seria o sujeito da lide ou da relação controvertida (e que um setor da doutrina contrapõe à parte em sentido processual), é estranha à lei e ao sistema de direito processual. A chamada parte em sentido substancial, quando não coincide com a parte em sentido processual, é apenas um terceiro[7].

Atualmente, portanto, a noção de parte é estritamente processual, relacionada à prestação jurisdicional pleiteada em juízo. Define-se parte simplesmente como aquele que pede e contra quem se pede a referida prestação, que pode ou não estar relacionado com a parte substancial, ou seja, aquela titular da relação jurídica de direito material. Nesse sentido, clássicas as lições de *Goldschmidt*:

> "Las partes son los sujetos de los derechos y de las cargas procesuales. En todo proceso civil han de intervenir dos; no se concibe una demanda contra si mismo, ni siquiera en calidad de representante de otra persona. Se llama actor al que solicita la tutela jurídica (*is qui rem in judicium deuit*), y demandado aquél contra quien si pide esta tutela (*is contra quem res in judicium*). No es preciso que las partes sean necesariamente los sujetos del derecho o de la obligación controvertidos (es decir, de la *res in judicium deducta*). El concepto de parte es, por consiguiente, de caracter formal"[8].

Daí a pertinência das críticas feitas ao Código de Processo Civil por não adotar sempre os termos "exeqüente" e "executado" e utilizar "credor" e "devedor"[9], que vincula as partes à relação jurídica obrigacional de direito material, quando tais posições são exclusivamente processuais, o que tem o condão de gerar problemas de conceituação e confusão terminológica.

É digno de registro que a Consolidação das Leis do Trabalho, com exceção do art. 878-A, incluído posteriormente pela Lei n. 10.035/2000, bem como a Lei de Execuções Fiscais, não incidiram nesse erro, que poderá ser corrigido mediante a elaboração de um modelo unificado de execução.

Na verdade, a noção substancial de parte, ou seja, aquela pertinente à relação jurídica de direito material, será apreciada oportunamente quando da análise das condições da ação, uma vez que pertinente à legitimidade para a demanda. Até porque, quando o juiz reconhece a carência da ação e a extingue por falta de legitimidade da parte, aquele que pediu ou contra quem se pediu a tutela jurisdicional, mesmo sendo parte ilegítima, não deixa de ter sido efetivamente parte na ação proposta. E isso não é diferente na execução civil, fiscal ou trabalhista.

---

(7) LIEBMAN, Enrico Tullio. *Manual de direito processual civil*. Rio de Janeiro: Forense, 1984. p. 90.
(8) GOLDSCHMIDT, James. *Derecho procesal civil*. Barcelona: Labor, 1936. p. 191.
(9) Entre tantas críticas, destacamos a realizada por Vicente Greco Filho (*Direito processual civil brasileiro*. São Paulo: Saraiva, 2000. p. 15): "preferiu o Código a terminologia adotada no direito italiano, que deseja ressaltar a condição já definida de titular do crédito e o sujeito à obrigação. Seria, contudo, preferível, que tivessem sido mantidos, quando a referência fosse a posição processual e não a posição como sujeitos da obrigação, os termos 'exeqüente' e 'executado'. Nem sempre, como se verá, os pólos da relação processual executiva corresponde à situação de direito material, de modo que nem sempre o credor é exeqüente e o devedor, executado."

É mister chamar atenção, outrossim, para que nem sempre o autor da ação de conhecimento será autor ou parte no pólo ativo da execução. Conforme exemplifica *Daniel Carnio Costa:*

> Imagine-se a hipótese de uma ação movida pelo autor para obter a declaração de inexistência de uma dívida. A sentença julga parcialmente procedente o pedido para declarar a existência de parte da dívida em favor do réu. Nesse caso, o réu é credor e poderá requerer o cumprimento dessa sentença, sendo o autor na fase executiva[10].

Às vezes, outrossim, a parte no pólo ativo da execução nem é o autor, nem o réu da ação de conhecimento, conforme também ressalva *Daniel Carnio Costa:*

> Imagine-se o caso em que o juiz julga improcedente o pedido do autor, condenando o réu ao pagamento de verbas honorárias. Essa condenação em honorários advocatícios pertence ao advogado. Portanto, poderá o advogado, em nome próprio, requerer o cumprimento dessa sentença, assumindo a posição de exeqüente na fase de cumprimento da sentença[11].

Quanto ao pedido, segundo elemento da ação, seja de conhecimento ou de execução, é o seu objeto, ou seja, o que o autor pretende conseguir com a sua demanda, seja de conhecimento ou de execução, na esfera civil, trabalhista ou fiscal. Divide-se em imediato, tutela jurisdicional pleiteada e mediato, bem da vida que se pretende auferir.

Na execução, em qualquer de suas modalidades, o que o exeqüente pede é a realização de atos executivos de modo que coaja o executado a cumprir a obrigação inadimplida, seja na seara fiscal, civil ou trabalhista. Portanto, o pedido imediato é o conjunto dos atos praticados para satisfação do crédito do exeqüente, independente da natureza do direito material. O pedido mediato varia conforme a espécie de ação executiva. Na hipótese de execução para pagamento de quantia certa, a expropriação de bens do executado e a satisfação da dívida, no caso de execução de obrigação de fazer ou não fazer, a prática ou não de determinado ato e, na execução de entrega de coisa, o efetivo recebimento do bem.

Embora o título executivo sirva para delimitação do pedido mediato, como visto, nem sempre o pedido imediato deve ser aferido em função daquele, como ocorre, por exemplo, na execução para pagamento de quantia certa, o que denota a impossibilidade de atrelar os elementos da ação ao título executivo.

Quanto à causa de pedir, nada mais é do que o fato ou conjunto de fatos previstos no ordenamento jurídico como capazes de produzir os efeitos legais pretendidos pelo autor de uma demanda. No caso da execução, o concebemos como o inadimplemento de uma obrigação que, por ser uma condição especial, será analisada em item específico.

---

(10) COSTA, Daniel Carnio. *Execução no processo civil brasileiro.* Curitiba: Juruá, 2007. p. 32.
(11) COSTA, Daniel Carnio. *Op. cit.*, p. 32.

É questão simplista, mas não custa destacar que a inadimplência pode ser total ou parcial e cabe ao exeqüente provar o inadimplemento do executado no momento da propositura da demanda, uma vez que esta é fundamento para o exercício legítimo da ação e, conforme exige o art. 282 do Código de Processo Civil, aplicado subsidiariamente à Consolidação das Leis do Trabalho e à execução fiscal, "a petição inicial indicará: III — os fatos e os fundamentos jurídicos do pedido".

4. Pressupostos processuais

A tutela jurisdicional executiva pode realizar-se de duas formas: por meio de um processo já instaurado, como fase complementar de uma relação jurídica processual já formada ou operar-se por uma relação jurídica processual especificamente formada com esse objetivo.

Em ambos os casos é necessário estarem presentes os pressupostos processuais para a existência e desenvolvimento válido da relação processual. Isso porque a ação executória, nascida do inadimplemento e do efeito executivo da condenação ou de documento a ela equiparado, cria relação processual autônoma e distinta da que produziu o título[12].

Os pressupostos processuais podem, pois, ser definidos como os requisitos de existência e validade da relação processual. Ou seja, os pressupostos processuais são os elementos necessários para que a relação processual exista e, em existindo, possa se desenvolver validamente.

A exigência dos referidos pressupostos não se aplica exclusivamente à execução extrajudicial, tendo em vista que mesmo no cumprimento de sentença podem advir fatos supervenientes como a morte do advogado ou a mudança do juiz a caracterizar posterior ausência de pressupostos relacionados a essas pessoas.

Assim, de logo, podemos classificar os pressupostos processuais como relacionados às partes da relação processual (subjetivos), à demanda (objetivos) e a fatos extrínsecos à relação processual. Também podem ser de existência e de validade.

Podemos dizer que é existente o processo de execução que se desenvolve fora de um órgão estatal apto ao exercício da jurisdição, por alguém que não esteja investido dos poderes jurisdicionais, após regular ingresso na carreira mediante concurso público de provas e títulos? O processo poderá até existir fisicamente, mas, juridicamente, é ele inexistente. A jurisdição, pois, constitui pressuposto de existência da relação jurídica processual, seja ela uma execução fiscal, trabalhista ou civil.

Os pressupostos de validade do processo somente são perquiridos logicamente se juridicamente existente a relação processual. Os pressupostos de validade do pro-

---

(12) Não podemos negar que tal proposição é oriunda da posição revolucionária de Oskar von Bülow na sua conhecida obra *Die lehre von den prozesseinreden und die prozessvoraussetzungen*. Aalen: Scientia, 1968, em que distinguiu a relação jurídica de direito material da relação jurídica processual.

cesso podem, conforme já dito, serem relativos às partes da relação processual, à demanda e a fatos extrínsecos. Vejamos cada um deles.

Além de regularmente investido na jurisdição (pressuposto de existência), para que a relação processual desenvolva-se validamente é preciso que o juiz seja competente. Tenha competência absoluta, uma vez que a relativa pode ser prorrogada. Não sendo absolutamente competente, a relação processual será atingida por vício insanável. Nesse sentido, o juiz pode, ou melhor, deve até se declarar incompetente de ofício.

A competência em razão da matéria, diferente nos sistemas aqui estudados e comparados, que enseja a tramitação da execução em diferentes órgãos do Poder Judiciário (Justiça Federal, Justiça Comum e Justiça do Trabalho), não é empecilho para a formulação de um sistema único de execução. Atualmente, por exemplo, com a ampliação da competência da Justiça do Trabalho, vemos algumas ações tramitando nessa justiça, mas por meio de procedimento previsto no Código de Processo Civil e que anteriormente tramitou na Justiça Comum. Até mesmo antes da ampliação da competência, isto já acontecia com alguns procedimentos especiais, a exemplo da consignação em pagamento.

Como a finalidade da execução é a mesma em qualquer sistema (fiscal, trabalhista ou civil), atingir a satisfação do credor com o cumprimento forçado da obrigação, a criação de um procedimento único, simplificado, célere e efetivo que possa alcançar esse objetivo nas três esferas da Jurisdição deve ser devidamente pensado e acolhido.

Além da competência que está relacionada ao juízo, há pressuposto processual relacionado à figura do juiz, o qual deve ser imparcial para que a relação processual executiva desenvolva-se validamente. O impedimento e suspeição que ensejam a presunção de parcialidade do magistrado estão previstos nos arts. 134 e 135 do CPC, que se aplica tanto à execução civil, como subsidiariamente à execução fiscal e trabalhista. O impedimento e a suspeição também devem ser reconhecidos pelo juiz de ofício, podendo, entretanto, a parte suscitar tal incidente por meio de exceção no prazo da defesa.

Os pressupostos processuais relacionados às partes na execução, seja civil, trabalhista ou fiscal são a capacidade de ser parte, de estar em juízo e a postulatória.

Todo homem é capaz de ser parte, ou seja, ser sujeito da relação processual. As pessoas jurídicas também têm essa capacidade. Ao lado das pessoas físicas e jurídicas, o direito processual reconhece a capacidade de ser parte a certas massas patrimoniais — a massa falida, a herança jacente ou vacante, o espólio, o condomínio, dando-lhes o caráter e a denominação de pessoas formais (art. 12 do CPC).

A capacidade de ser parte não implica necessariamente a capacidade de exercício dos atos processuais, isto é, capacidade de estar em juízo. O absolutamente incapaz, por exemplo, conquanto tenha capacidade de ser parte, não tem capacidade de exercício de fato, ou seja, não pode ser sujeito de direito e deveres processuais, senão mediante representação. Ele não pode exercer sozinho os atos da vida civil, senão por meio de seu representante legal.

A capacidade de estar em juízo é a capacidade de praticar validamente os atos processuais, diz respeito àqueles que têm capacidade para agir e aqui não há qualquer distinção no tocante à execução civil, fiscal ou trabalhista. Aplica-se, tratando-se de pessoas físicas, em qualquer desses sistemas, o art. 8º do Código de Processo Civil: "os incapazes serão representados ou assistidos por seus pais, tutores ou curadores, na forma da lei civil". Os absolutamente incapazes são representados, enquanto os relativamente incapazes são assistidos.

É importante frisar que toda vez que houver interesse de incapaz em processo de execução, deverá obrigatoriamente existir o acompanhamento do Ministério Público. Como fiscal da lei, esse órgão deve suprir as omissões dos representantes ou assistentes. A ausência do Ministério Público enseja nulidade do processo.

Conforme o art. 12 do Código de Processo Civil, outrossim, a União, os Estados, o Distrito Federal e os Territórios serão representados por seus procuradores; a massa falida pelo síndico; a herança jacente ou vacante, por seu curador; o espólio por seu inventariante; as pessoas jurídicas por seus diretores ou por quem seus respectivos estatutos designarem; as pessoas sem personalidade jurídica por aquele que administrar os seus bens; a pessoa jurídica estrangeira pelo gerente, representante ou administrador de sua filial, agência ou sucursal aberta ou instalada no Brasil; o condomínio pelo administrador ou pelo síndico.

Em qualquer execução, verificada incapacidade processual ou irregularidade de representação, o juiz deve suspender o processo e marcar prazo razoável para que seja sanado o defeito (art. 13 do CPC).

Além da capacidade de ser parte e de estar em juízo, não se pode olvidar a capacidade postulatória. A parte, mesmo tendo capacidade processual, deverá participar da relação processual por meio de quem tenha direito de postular em juízo, ou seja, o direito de falar em nome das partes do processo.

A capacidade postulatória, pois, é a capacidade de poder tratar diretamente com o magistrado, de dirigir petições ao Estado-Juiz, e tal privilégio pertence aos advogados. A capacidade postulatória das partes, portanto, se expressa e se exterioriza pela representação atribuída ao advogado de agir e falar em seu nome no processo.

Exceção a essa regra ocorre na Justiça do Trabalho, haja vista o disposto no art. 839 da Consolidação das Leis do Trabalho[13]. Tal dispositivo, exceção à regra da capacidade postulatória, foi inserido com a finalidade de proteger o trabalhador, porém, atualmente é patente que na verdade acaba os prejudicando nos litígios e, na prática, todos ajuízam suas ações, seja de conhecimento ou de execução, por meio de advogados.

---

(13) Art. 839 da Consolidação das Leis do Trabalho: "A reclamação poderá ser apresentada: a) pelos empregados e empregadores, pessoalmente, ou por seus representantes, e pelos sindicatos de classe; b) por intermédio das Procuradorias Regionais da Justiça do Trabalho."

Ao lado dos pressupostos subjetivos, relacionados às partes da relação processual, também devem estar presentes para que a relação processual desenvolva-se validamente os pressupostos objetivos, ou seja, aqueles relacionados à demanda executiva, tanto no que tange à sua regularidade formal como procedimental.

É necessário que o ato jurídico que promove a demanda, nesse caso a petição inicial que instaura a execução extrajudicial, atenda aos requisitos legais previstos nos arts. 282 e 283 do CPC, a fim de que haja regularidade formal. A petição deve estar apta, pois, a possibilitar a admissibilidade do pedido da execução. A chamada inépcia da petição inicial, não sendo sanada no prazo estipulado pelo juiz, ensejará a extinção do processo.

Aliado à regularidade formal, também deve estar presente a regularidade procedimental. O procedimento não é uma faculdade da parte, mas uma exigência da lei. A escolha errada do procedimento também enseja a extinção do processo sem exame do mérito. Não é possível, numa obrigação inadimplida de entrega de coisa, o exeqüente ajuizar o pedido por meio do procedimento de execução de obrigação de fazer. Aqui, também, a conseqüência será o indeferimento da petição inicial, na hipótese da impossibilidade de adaptação ao tipo de procedimento legal, conforme rege o art. 295, V, do CPC[14]. Tais conseqüências, outrossim, se aplicam tanto à execução civil, como fiscal ou trabalhista.

Um pressuposto relacionado à demanda que gera bastante polêmica é o relativo à existência e validade da citação (aqui também restrito à execução extrajudicial). Para uma parcela da doutrina, a citação nula ou inexistente é pressuposto processual de existência, pois sem a sua regular efetivação a relação triangular não se forma e, conseqüentemente, o processo nem sequer chega a existir.

Discordamos dessa corrente, pois entendemos que o processo judicial existe mesmo antes da citação do demandado, bastando para sua existência que o autor já tenha ajuizado a demanda. A relação processual não vai estar completa ante a ausência do réu, porém, ela já vai existir e, assim, a classificamos não como um pressuposto de existência, mas de desenvolvimento válido e regular do processo.

Por fim, não podemos olvidar os pressupostos processuais relativos a fatos extrínsecos à demanda executiva, na realidade, verdadeiros impedimentos para que a relação processual possa se formar e desenvolver validamente. O art. 267, V, do Código de Processo Civil estabelece que "extingue-se o processo, sem resolução do mérito: [...] quando o juiz acolher a alegação de perempção, litispendência ou de coisa julgada". Portanto, os chamados pressupostos negativos são a perempção, litispendência e coisa julgada.

A perempção ocorre quando o exeqüente dá ensejo a três extinções do processo de execução, sobre a mesma lide, por abandono de causa. O parágrafo único do art.

---

(14) Inc. V do art. 295 do CPC: "quando o tipo de procedimento, escolhido pelo autor, não corresponder à natureza da causa, ou ao valor da ação; caso em que só não será indeferida, se puder adaptar-se ao tipo de procedimento legal".

268 do Código de Processo Civil, aplicado como o anterior, subsidiariamente tanto à execução fiscal como trabalhista, rege que, "se o autor der causa, por três vezes, à extinção do processo pelo fundamento previsto no n. III do artigo anterior [abandono de causa], não poderá intentar nova ação contra o réu com mesmo objeto, ficando-lhe ressalvada, entretanto, a possibilidade de alegar em defesa o seu direito".

A litispendência consiste na propositura de ação idêntica, isto é, com as mesmas partes, pedido e causa de pedir e visa evitar decisões contraditórias. O § 1º do art. 301 do Código de Processo Civil dispõe que "verifica-se a litispendência ou coisa julgada, quando se reproduz ação anteriormente ajuizada". E o § 3º faz a distinção entre os institutos: "Há litispendência, quando se repete ação, que está em curso; há coisa julgada, quando se repete ação que já foi decidida por sentença, de que não caiba recurso."

Vislumbramos, de logo, o último pressuposto processual para formação e desenvolvimento válido e regular da relação processual, no caso a coisa julgada. E, em virtude das peculiaridades da execução, preferimos tratar desse instituto em momento próprio, no item número 8, que será posteriormente desenvolvido.

Em suma, seja na execução civil, fiscal ou trabalhista, podemos resumir os pressupostos processuais de existência e desenvolvimento regular do processo executivo se ocorrer uma correta propositura da ação, perante uma autoridade jurisdicional, por uma entidade capaz de ser parte em juízo. Vejamos agora as condições da ação executiva.

5. Condições da ação de execução

A realização do direito material por meio dos atos de coação é exclusiva do Estado e, portanto, cabe ao interessado pedir a sua atuação. Assim, como a execução forçada é uma ação, o seu legítimo exercício está condicionado às chamadas condições da ação: legitimidade processual, possibilidade jurídica do pedido e interesse de agir.

A legitimidade ativa e passiva em regra para qualquer execução é do credor e do devedor da obrigação não cumprida espontaneamente, seja na execução civil, seja na execução fiscal com a Fazenda Pública no pólo ativo, seja na execução trabalhista, numa relação entre empregado e empregador ou entre quaisquer partes que tenham realizado uma relação de trabalho inadimplida.

As regras esculpidas nos três sistemas, entretanto, trazem normas específicas que ampliam tal legitimidade. A execução civil traz normas de legitimidade nos arts. 566[15], 567[16]

---

(15) Art. 566 do CPC: "Podem promover a execução forçada: I — o credor a quem a lei confere título executivo; II — o Ministério Público, nos casos prescritos em lei."
(16) Art. 567 do CPC: "Podem também promover a execução, ou nela prosseguir: I — o espólio, os herdeiros ou os sucessores do credor, sempre que, por morte deste, lhes for transmitido o direito resultante do título executivo; II — o cessionário, quando o direito resultante do título executivo lhe foi transferido por ato entre vivos; III — o sub-rogado, nos casos de sub-rogação legal ou convencional."

e 568⁽¹⁷⁾ do CPC. Além do credor, também têm legitimidade ativa o Ministério Público em casos prescritos em lei, bem como o espólio, herdeiros ou sucessores do credor, o cessionário e o sub-rogado. No pólo passivo podem figurar não somente o devedor reconhecido no título, mas um novo que tenha assumido a dívida com consentimento do credor, além do fiador judicial e responsável tributário.

Na execução fiscal sempre teremos a Fazenda Pública federal, estadual ou municipal no pólo ativo da ação executiva. Já no pólo passivo, conforme o art. 4º da Lei n. 6.830/80[18], poderão figurar, além do devedor, o fiador, o espólio, a massa, qualquer responsável nos termos de lei e os sucessores a qualquer título.

Na execução trabalhista, os legitimados em tese seriam sempre empregados e empregadores, além de logicamente seus sucessores. Porém, com a ampliação e reforma trazida pela Emenda Constitucional n. 45 (Reforma do Judiciário), atualmente qualquer relação de trabalho é objeto da competência da Justiça do Trabalho e, assim, podemos ter, por exemplo, um advogado executando seus honorários nessa Justiça especializada. Regra específica existe em relação aos julgamentos dos Tribunais Regionais do Trabalho. Conforme rege o parágrafo único do art. 878 da CLT[19], a execução poderá ser promovida pela Procuradoria da Justiça do Trabalho.

A elaboração de um modelo de execução uniforme independeria das partes que dela se beneficiariam. O importante, na verdade, é a formação de um procedimento simplificado, que seja célere e efetivo para todos, seja Fazenda Pública, particulares ou trabalhadores. De qualquer sorte, os pontos de convergência entre os sistemas seriam a ampliação da legitimidade sempre para alcançar os sucessores (e, aqui, leiam-se o espólio, as sucessões empresariais, decorrentes de fusões, aquisições e cisões, além, é claro, da massa falida), os fiadores e os responsáveis previstos em lei, além do Ministério Público federal, estadual ou do trabalho, conforme o caso.

E tal se justifica pela diferença entre dívida e responsabilidade, como desdobramentos de uma obrigação. A dívida consiste no direito do credor a uma prestação jurisdicional do devedor. Já a responsabilidade advém de um direito de garantia para obtenção de resultado idêntico ou o mais próximo possível do cumprimento voluntário da obrigação. A responsabilidade é conceito mais amplo que o de dívida e, assim, a legitimidade para a execução deve ser perquirida por meio dela. Nesse sentido conclui *Rogério Licastro Torres de Mello*:

---

(17) Art. 568 do CPC: "São sujeitos passivos na execução: I — o devedor, reconhecido como tal no título executivo; II — o espólio, os herdeiros ou os sucessores do devedor; III — o novo devedor que assumiu, com o consentimento do credor, a obrigação resultante do título executivo; IV — o fiador judicial; V — o responsável tributário, assim definido na legislação própria."
(18) O art. 4º da Lei n. 6.830/80: "A execução fiscal poderá ser promovida contra: I — o devedor; II — o fiador; III — o espólio; IV — a massa; V — o responsável, nos termos da lei, por dívidas, tributárias ou não, de pessoas físicas ou pessoas jurídicas de direito privado; e VI — os sucessores a qualquer título."
(19) Parágrafo único do art. 878: "Quando se tratar de decisão dos Tribunais Regionais, a execução poderá ser promovida pela Procuradoria da Justiça do Trabalho." Não se pode olvidar a peculiaridade do *caput* desse artigo, o qual será apreciado em capítulo específico: "a execução poderá ser promovida por qualquer interessado, ou *ex officio* pelo próprio juiz ou presidente ou Tribunal competente, nos termos do artigo anterior".

Após tais ponderações, é permissível consignar que, se dívida distingue-se de responsabilidade, e esta última é que revela para fins processuais executivos, os sujeitos dela participantes igualmente podem ser distintos. Dessarte, assim como podem ser distintos credor e devedor, podem ser distintos devedor e responsável e, via de conseqüência, devedor e executado. A responsabilidade e não a dívida, portanto, consiste no elemento definidor da legitimação passiva executiva, responsabilidade esta que pode, ou não, coincidir com a pessoa do devedor[20].

Além da legitimidade, como para qualquer outra ação, exige-se a possibilidade jurídica do pedido, que nada mais é do que a previsão legal para a tutela pleiteada, até mesmo como limite ao procedimento judicial forçado exercido pelo magistrado. Assim, não é possível a imposição de coerções de ordem física ao executado, a prisão civil na execução de um contrato (o ordenamento jurídico somente autoriza a prisão no caso de execução de alimentos), ou a execução de uma dívida de jogo. A elaboração de um sistema único de execução teria o condão de facilitar a apuração dessa condição.

Ainda no rol das condições da ação de execução, não podemos olvidar o interesse processual, consistente no binômio necessidade-adequação. E aqui surgem condições especiais para a execução, distintas daquelas pertinentes ao processo de conhecimento, quais sejam, o título executivo e o inadimplemento do devedor.

Em qualquer execução, seja fiscal, civil ou trabalhista, essas condições são exigidas. *Humberto Theodoro Jr.* resume-as com muita propriedade:

> Quanto aos requisitos específicos da execução forçada são dois: 1º) um formal ou legal, que é a existência do título executivo, que lhe serve de base, atestando a certeza e liquidez da dívida; 2º) um outro prático ou substancial, que é a atitude ilícita do devedor, ou seja, o inadimplemento da obrigação, que comprova a exigibilidade da dívida[21].

Apesar das mitigações ao princípio *nulla executio sine titulo*, não há como ignorar a importância deste, uma vez que é o título, seja judicial ou extrajudicial, que autoriza o credor a se valer do processo de execução, além de fixar os limites e definir o objeto desta. Vejamos, pois, essas condições especiais da execução.

6. Título executivo e inadimplência do devedor

Inicialmente, cumpre ressaltar que, conforme já exposto, concebemos o título executivo como uma condição da execução, relacionada ao interesse de agir, especificamente no que tange ao aspecto da adequação. Parte da doutrina assim não entende, a exemplo de *Fredie Didier Jr.*, contemporâneo dos bancos acadêmicos da Faculdade de Direito da Universidade Federal da Bahia, que já asseverou:

---

(20) MELLO, Rogério Licastro Torres de. *O responsável executivo secundário*. São Paulo: Quartier Latin, 2006. p. 134.
(21) THEODORO JÚNIOR, Humberto. *Processo de execução e cumprimento de sentença*. 24. ed. São Paulo: Universitária de Direito, 2007. p. 61-62.

Muitos autores consideram o título executivo uma condição da ação executiva. O título executivo é, na verdade, documento indispensável à propositura da demanda; é requisito da petição inicial da ação executiva. É o documento que a lei exige para que se possa instaurar o procedimento executivo. É um requisito de admissibilidade específico do procedimento executivo[22].

Data maxima venia ao brilhantismo dos argumentos do colega que tanto enobrece a nossa querida Faculdade de Direito da Universidade Federal da Bahia, não há razões relevantes para não enquadrar o título executivo como uma condição específica da ação de execução. Trata-se apenas de uma classificação, passível de distintos enquadramentos doutrinários[23]. Ao referir-se a "indispensável à propositura da demanda", "requisito da petição inicial da ação executiva" e "requisito de admissibilidade específico", não vislumbramos impedimento para caracterizá-lo como uma condição da ação de execução. E, nesse ponto, preferimos a doutrina de *Cândido Rangel Dinamarco*:

> Falta o título executivo quando o exeqüente simplesmente propõe a demanda executiva sem exibir documento algum com a intenção de afirmar que representa um título, ou quando ele se fundamenta em algo que afirma ser título executivo, mas não está tipificado na lei como tal. Isso acontecerá, por exemplo, se o exeqüente pretender executar com fundamento em uma sentença meramente declaratória ou constitutiva, ou ainda pendente de recurso recebido em ambos os efeitos (devolutivo e suspensivo); ou se ele se valer de uma cambial emitida no estrangeiro, sem a indicação de uma praça de pagamento situada no Brasil (art. 585, § 2º). Faltando o título executivo, o exeqüente carecerá de ação, por falta do requisito interesse-adequação[24].

O título executivo, pois, é uma condição da qual depende a adequação da tutela executiva pleiteada e sem a qual será indispensável passar anteriormente pelo processo de conhecimento, para que o jurisdicionado possa obter o bem da vida a que afirma ter direito.

Nesse diapasão invocamos novamente as lições de *Cândido Rangel Dinamarco*: "À falta do título executivo, o exeqüente carece do interesse de agir e, portanto, da ação executiva, por ausência do requisito adequação da tutela jurisdicional; o título é o elemento que confere adequação a essa tutela"[25].

Ultrapassada essa primeira questão, outra que gera bastante polêmica refere-se à natureza essencial desse título, sendo célebre a discussão entre *Liebman*[26] e *Carnelutti*[27].

---

(22) DIDIER JUNIOR, Fredie. O título executivo é uma condição da ação executiva? In: DIDIER JUNIOR, Fredie. *Execução civil — estudos em homenagem ao professor Paulo Furtado*. Rio de Janeiro: Lumen Juris, 2006. p. 114.
(23) Olavo de Oliveira Neto (*A defesa do executado e dos terceiros na execução forçada*. São Paulo: Revista dos Tribunais, 2000. p. 43), por exemplo, enquadra-o como causa de pedir próxima: "Destarte, a causa de pedir próxima da execução é o próprio título executivo, em seu aspecto documental, que traz, em seu bojo, uma presunção *juris tantum* do *an debeatur*."
(24) DINAMARCO, Cândido Rangel. *Instituições de direito processual civil*. São Paulo: Malheiros, 2004. p. 671-672.
(25) DINAMARCO, Cândido Rangel. *Op. cit.*, p. 40.
(26) LIEBMAN, Enrico Tullio. *Processo de execução*. 4. ed. São Paulo: Saraiva, 1980.
(27) CARNELUTTI, Francesco. *Istituzioni del processo civile italiano*. 5. ed. Roma: Il Foro Italiano, 1956.

Este ensinava ter o título a função de fornecer a prova legal do crédito, enquanto aquele doutrinava que título consistiria num ato jurídico incorporador da sanção, que exprime a vontade concreta do Estado de que se proceda a uma determinada execução.

Humberto Theodoro Jr. destaca a superioridade da doutrina de *Liebman*, com os seguintes argumentos:

> É sensível a superioridade da lição de *Liebman*, adotada, entre outros, por *Alberto dos Reis, Micheli* e *Garbagnati*, pois a teoria de *Carnelutti*, atribuindo ao título apenas a força de prova, desloca a fonte de ação executiva para o ato de vontade do devedor, situando-a, portanto, no âmbito do direito material, em contradição com as teorias modernas da autonomia do direito de ação, particularmente no que toca ao processo de execução. Na verdade, se, como quer *Carnelutti*, a função do título fosse apenas a de documentar o ato jurídico, seria este e não a cártula que ensejaria o direito à ação executiva. Basta, porém, lembrar que o mesmo negócio jurídico, como um mútuo, pode, ou não, dar lugar à execução forçada, conforme o credor disponha, ou não, de título com força executiva. Não é o fato jurídico material, portanto, que enseja a oportunidade da execução, mas a sua incorporação formal em um documento com as feições específicas determinadas pelo direito processual[28].

Alcides de Mendonça Lima chamou atenção para o fato de as duas teses não se contraporem, mas, na verdade, se completarem:

> Não nos parece que as duas teses se repilam, mas, ao contrário, até se completam, se for adotado certo ecletismo, procurando conciliar as duas idéias. Qualquer das doutrinas se apresenta com falhas, e torna-se dogmática e hermética. Realmente, nem o título é só documento, nem é só ato jurídico. A mistura de ambas cria teoria mais racional, se for afastado o absolutismo de conceitos de cada uma daquelas correntes. Não se pode afirmar, assim, que, de modo peremptório, o título sirva de 'prova legal', como defendia *Carnelutti*. Se assim fosse, a execução (como ação que é) deixaria de ter também caráter abstrato, pois somente teria direito à sua instauração quem já pudesse provar que era, realmente, credor. Haveria como que um prejulgamento da pretensão. Mas não se pode afiançar, por outro lado, que o título executivo seja apenas um ato jurídico conforme *Liebman*. O documento, que é o próprio título executivo, serve de continente do ato jurídico, que é o conteúdo[29].

Nesse diapasão *Sérgio Shimura*, em valioso estudo sobre o tema, destaca os dois aspectos do título, o interno e o externo, isto é, o material e o processual:

> No conceito de título executivo, refletem-se as duas idéias, podendo distinguir-se um título executivo processual, como documento, e um título executivo substancial, como negócio jurídico documentado. Na verdade, o título que se

---

(28) THEODORO JÚNIOR, Humberto. *Op. cit.*, p. 63-64.
(29) LIMA, Alcides de Mendonça. *Comentários ao Código de Processo Civil*. Rio de Janeiro: Forense, 1990. p. 231.

reclama como pressuposto da execução forçada é tanto o título-documento como título-direito. Isso porque há de se considerar os requisitos formais e os requisitos substanciais: quer dizer, o título há de satisfazer a uma certa forma e ter certo conteúdo. Não é só prova, nem só documento, mas um fato complexo[30].

Seguindo as posições dos dois últimos, definimos o título executivo como o documento revestido dos requisitos e formalidades exigidos pela lei, cujo conteúdo represente a obrigação que, não sendo cumprida, propicia àquele beneficiário do crédito, e que o detém, a possibilidade de recorrer ao Poder Judiciário para, por meio do processo de execução, obter a satisfação de seu direito.

Na execução fiscal, o título é a certidão de inscrição do débito na dívida ativa. Conforme o art. 3º da Lei n. 6.830/80, "a dívida ativa regularmente inscrita goza de presunção de certeza e liquidez".

Na execução trabalhista, conforme os termos do art. 876 da Consolidação das Leis do Trabalho, além das decisões transitadas em julgado, também podem ser executados os acordos quando não cumpridos, os termos de ajustamento de conduta firmados perante o Ministério Público do Trabalho e os termos de conciliação firmados perante as comissões de conciliação prévia.

Na execução civil, o Código de Processo Civil especifica as decisões que são títulos executivos judiciais no art. 475-N:

I — a sentença proferida no processo civil que reconheça a existência de obrigação de fazer, não fazer, entregar coisa ou pagar quantia;

II — a sentença penal condenatória transitada em julgado;

III — a sentença homologatória de conciliação ou de transação, ainda que inclua matéria não posta em juízo;

IV — a sentença arbitral;

V — o acordo extrajudicial, de qualquer natureza, homologado judicialmente;

VI — a sentença estrangeira, homologada pelo Superior Tribunal de Justiça;

VII — o formal e a certidão de partilha, exclusivamente em relação ao inventariante, aos herdeiros e aos sucessores a título singular ou universal.

E, no art. 585, os títulos executivos extrajudiciais:

I — a letra de câmbio, a nota promissória, a duplicada, a debênture e o cheque;

II — a escritura pública ou outro documento público assinado pelo devedor; o documento particular assinado pelo devedor e por duas testemunhas; o instrumento de transação referendado pelo Ministério Público, pela Defensoria Pública ou pelos advogados dos transatores;

---

(30) SHIMURA, Sérgio. *Título executivo*. São Paulo: Saraiva, 1997. p. 112.

III — os contratos garantidos por hipoteca, penhor, anticrese e caução, bem como os de seguro de vida;

IV — o crédito decorrente de foro e laudêmio;

V — o crédito documentalmente comprovado, decorrente de aluguel de móvel, bem como de encargos acessórios, tais como taxas e despesas de condomínio;

VI — o crédito de serventuário de justiça, de perito, de intérprete, ou de tradutor, quando as custas, emolumentos ou honorários forem aprovados por decisão judicial;

VII — a certidão de dívida ativa da Fazenda Pública da União, dos Estados, do Distrito Federal e dos Municípios, correspondentes aos créditos inscritos na forma da lei;

VIII — todos os demais títulos a que, por disposição expressa, a lei atribuir força executiva.

Apesar dos diferentes títulos, não vemos diferença quanto à finalidade destes nos sistemas aqui comparados. A finalidade do título é a mesma para aquele que dele recorre na hipótese de inadimplência, seja um contrato de prestação de serviço inadimplido, seja um termo de acordo realizado pelo empregador no âmbito de um sindicato, seja um débito fiscal inscrito na dívida ativa. Em qualquer situação, a obrigação estará documentada e o seu não-cumprimento ensejará a execução do título.

A exigência legal para todos os casos é que estejam presentes os atributos da certeza, liquidez e exigibilidade. O título é certo quando não há dúvida sobre sua existência; líquido quando inexiste suspeita relacionada ao seu objeto; e exigível quando sua atualidade não é contestada[31]. Exceção quanto ao título judicial, uma vez que será possível que a liquidez não esteja presente na sua formação, ocasião em que será necessária a instauração posterior do incidente de liquidação para apuração do *quantum debeatur* objeto da execução[32].

Aliada ao título executivo, outra condição especial para a ação de execução é a inadimplência, que classificamos como a causa de pedir da execução, por se tratar de estado de fato. Assim como em relação ao título executivo, inexistindo o descumprimento da obrigação consignada neste, a execução não poderá prosseguir, pois faltará fundamento fático para a sua propositura, bem como carecerá o título do atributo da exigibilidade.

A inadimplência é uma situação fática que revela a necessidade de se recorrer ao Poder Judiciário para alcançar o efeito legal do cumprimento forçado da obrigação. Ela surge quando não é realizada a prestação devida, ou seja, quando o devedor não cumpre a obrigação consignada no título.

---

(31) Nesse sentido são as lições de Carnelutti (*Istituzioni del processo civile italiano*. 5. ed. Roma: Il Foro Italiano, 1956).

(32) É digno de registro que há vedação à sentença ilíquida no âmbito dos Juizados Especiais, tendo em vista a proibição do art. 38, parágrafo único, da Lei n. 9.099/95, ainda que genérico o pedido. O art. 52 desta Lei estipula, outrossim, que todas "as sentenças serão necessariamente líquidas". Aplicam-se as referidas disposições ao Juizado Especial Federal (art. 1º, *in fine*, da Lei n. 10.259/01). Nesse sentido também é a opção legislativa do art. 475-A, § 3º, do Código de Processo Civil, que será oportunamente comentada.

É importante definir se há diferença entre o não-cumprimento voluntário e involuntário. É necessária a existência de conduta culposa na violação do dever jurídico? Ou a inadimplência é um estado objetivo, independente de culpa, apenas caracterizada pela insatisfação do credor que não teve o seu direito cumprido?

Apesar de as legislações processuais nada disporem a respeito, a exemplo do art. 580 do Código de Processo Civil[33], entendemos que a configuração do inadimplemento independe da culpabilidade do devedor. E, nesse sentido, discordamos do magistério de *Araken de Assis,* que fundamenta sua opinião na lei material:

> Apesar do texto vigente do art. 580 nada dispor a respeito, empregando fórmula neutra ("... caso o devedor não satisfaça a obrigação..."), requer-se a imputabilidade do inadimplemento. E isso porque a impossibilidade fortuita, ademais de não gerar dever indenizativo (art. 393, *caput,* do CC-02), provoca efeitos de índole diversa na relação obrigacional. Exemplo disto decorre do regime das obrigações de entrega de coisa certa. Se a coisa se perdeu sem culpa do devedor, reza o art. 234 do CC-02, antes da tradição, ou pendente condição suspensiva, a obrigação se resolve. Na hipótese de deterioração, asserta o art. 235 do CC-02, se dissolve o vínculo ou o credor aceita a coisa e abate no preço o valor, que perdeu. Entretanto, se houver culpa do obrigado (art. 236 do CC-02), ou se a impossibilidade da prestação ocorreu quando já houver demora, responderá pelo equivalente e perdas e danos, ainda que a impossibilidade resulte de força maior ou de caso fortuito, salvo provando isenção de culpa e a inevitabilidade do dano, ainda que oportunamente cumprida a obrigação (art. 399 do CC)[34].

A inadimplência é um estado de fato, que deve ser objetivamente considerada. O credor que não teve satisfeita a obrigação não estará impedido de ajuizar uma ação de execução ou requerer o cumprimento de sentença por questões relativas à impossibilidade de o devedor cumprir com o seu dever jurídico. O fundamento para o ajuizamento da ação executiva ou cumprimento forçado da sentença estará presente. Em especial no que tange à execução trabalhista, em face da natureza alimentar do crédito, ou da execução fiscal, tendo em vista a natureza pública da parte presente ao pólo ativo da demanda.

Importante destacar por fim que, proposta a execução, a questão do pagamento ou não do débito pelo devedor, existência ou não do título executivo, bem como a presença das condições da ação e pressupostos processuais, deverão ser objeto de atividade cognitiva do magistrado. Assim, passamos a analisar a existência da cognição na execução.

---

(33) Art. 580 do CPC: "A execução pode ser instaurada caso o devedor não satisfaça a obrigação certa, líquida e exigível, consubstanciada em título executivo."
(34) ASSIS, Araken de. *Manual da execução.* 11. ed. São Paulo: Revista dos Tribunais, 2007. p. 187.

7. Atividade executiva e cognição

A existência ou não de atividade cognitiva no processo de execução é questão que já gerou calorosas discussões. Doutrinadores de peso como *Liebman* e *Alfredo Buzaid* defendem a sua inexistência, sob o argumento de que ao executado não é permitido obstar a efetivação da norma sancionadora, muito menos contestar o direito do exeqüente.

Outros como *Giuseppe Tarzia, Cândido Rangel Dinamarco* e *Leonardo Greco* entendem que apesar de o contraditório ser restringido, ele existe para controle dos atos executórios e apuração da existência das condições da ação e pressupostos processuais.

Não há como não conceber a existência de contraditório na execução, seja ela fiscal, trabalhista ou civil e, assim, filiamo-nos à segunda corrente que prega que, mesmo sendo mitigado ou reduzido, o contraditório se faz presente.

Nesse diapasão, muito pertinente a colocação de *Flávio Cheim Jorge*, ao concluir que:

> De fato, o que se pode observar é que no próprio processo de execução não existe espaço para o executado discutir a sanção que lhe foi imposta. No entanto, quanto aos aspectos relacionados aos atos executórios e ao processo em si, nada há de comprometedor. Assim, quanto aos atos executórios, o executado tem direito de oferecer bens à penhora, recorrer da decisão que não aceita a sua nomeação, tem direito de discutir a avaliação, tem ciência da designação da praça, atualização do cálculo, enfim, tem conhecimento e pode controlar a correta aplicação da lei processual. Já quanto ao processo em si, também entendemos que não deve existir restrição ao executado quanto ao seu controle, podendo alegar matérias relacionadas à incompetência do juízo, legitimidade, interesse, etc.[35]

O que não se admite no âmbito do processo de execução é a discussão a respeito do direito material controvertido, até porque ao executado já foi dado oportunidade de contestá-lo no processo de conhecimento. A matéria de defesa nas execuções de títulos judiciais, portanto, geralmente é taxativa[36].

Tal não ocorre no caso de a execução ser extrajudicial, na qual não foi assegurado ao executado um prévio contraditório. Nessa espécie de execução, ele pode suscitar qualquer discussão a respeito do direito material[37].

---

(35) JORGE, Flávio Cheim. Relação processual e contraditório nas diversas espécies de execução. *Repro*, São Paulo, n. 114, ano 29, mar./abr. 2004. p. 307.
(36) O § 1º do art. 884 da CLT, por exemplo, é nesse sentido: "A matéria de defesa será restrita às alegações de cumprimento da decisão ou do acordo, quitação ou prescrição da dívida."
(37) Na execução fiscal, que não é precedida por um processo de conhecimento, o § 2º do art. 16 da Lei n. 6.830/80 denota a existência de um contraditório pleno: "No prazo dos embargos, o executado deverá alegar toda matéria útil à defesa, requerer provas e juntar aos autos os documentos e rol de testemunhas, até três, ou, a critério do juiz, até o dobro desse limite."

Enfim, seja realizado de forma restrita, seja de forma mais ampla em algumas situações, a verdade é que o contraditório sempre vai existir na execução, como em qualquer atividade jurisdicional. Nesse sentido, sábias as conclusões de *Fredie Didier Jr.*:

> Ousamos dizer que não há atividade jurisdicional que prescinda da cognição. O que se tem de fazer é adequar o grau de cognição à tarefa que se espera ver cumprida pelo Poder Judiciário. Se se busca a certeza, a cognição tem de ser exauriente, exaustiva; se se busca segurança, uma medida que atenue os riscos da demora do processo, a cognição não pode ser exaustiva, sob pena de comprometer a própria utilidade da medida; se se pretende a execução, a cognição judicial não deve abarcar, ao menos inicialmente, questões que disserem respeito à formação do título, mas, necessariamente, envolverá as questões que se referem à efetivação da obrigação, ou seja, os pressupostos de admissibilidade e a sobrevivência da obrigação executada[38].

Diante do exercício de atividade cognitiva, podemos conceber a existência de mérito na execução? E de coisa julgada?

8. Mérito e coisa julgada

A execução, apesar das intensas reformas legislativas, não recebe a devida atenção da doutrina no tocante ao estudo dos principais institutos que compõem uma teoria geral. Isto lógico por meio de uma comparação com o processo de conhecimento.

Assim como no processo de conhecimento busca-se a sentença de mérito, sendo suas atividades preparatórias desta, o processo de execução estrutura-se para preparar a entrega do bem ao exeqüente, e os atos nele praticados têm o objetivo de consumar o resultado desejado.

Na seara da execução, em nossa tentativa de elaboração de uma teoria geral, estudamos os requisitos necessários para aquilo postulado em juízo ser examinado, no caso as condições da ação e pressupostos processuais. Trata-se do juízo de admissibilidade da demanda.

Na hipótese de esse juízo de admissibilidade ser positivo, passa-se ao exame daquilo que foi postulado, com o fito de se apurar se pode ou não ser acolhido. Aqui, estamos diante do juízo de mérito.

Como podemos afirmar que mérito é pedido ou postulação, o objeto sobre o qual recairá a atuação do Estado-Juiz por meio da prestação jurisdicional, é possível não conceber sua existência na execução?

É evidente que não! Na execução, como já visto, o exeqüente pede a realização de atos executivos de modo que coaja o executado a cumprir a obrigação inadimplida. O

---

(38) DIDIER JÚNIOR, Fredie. Esboço de uma teoria da execução civil. *Repro*, São Paulo, n. 118, ano 29, nov./dez. 2004. p. 15.

pedido imediato é o conjunto dos atos praticados para satisfação do exeqüente, independente da natureza do direito material. O pedido mediato varia conforme a espécie de ação executiva. Na hipótese de execução para pagamento de quantia certa, a expropriação de bens do executado e recebimento do crédito, no caso de execução de obrigação de fazer ou não fazer, a prática ou não de determinado ato, na execução de entrega de coisa, o efetivo recebimento do bem.

Toda a atividade do magistrado voltada à apreciação dos pedidos elaborados para satisfação do credor na execução constitui o juízo de mérito desta. Lógico que o mérito aqui é diferente do mérito no processo de conhecimento, pois neste é necessário resolver a incerteza sobre algum aspecto da relação jurídica de direito material deduzida em juízo, enquanto na execução a certeza está presente, porém a relação jurídica de direito material encontra-se insatisfeita. Então nesse caso não existirá julgamento, apenas, como exposto acima, a prática de atos para alcançar o cumprimento da obrigação inadimplida e a satisfação do credor.

Tal peculiaridade não impede a formação da coisa julgada no processo de execução, como equivocadamente entendem alguns doutrinadores, talvez induzidos pela errônea concepção de inexistência de atividade cognitiva.

O fenômeno jurídico da coisa julgada surge com o trânsito em julgado da decisão de mérito, após o exaurimento da atividade cognitiva. A despeito de esta atividade ser mais limitada na execução, não há razão para privá-la de tal instituto, essencial para a segurança das relações jurídicas. Não podemos olvidar as suas duas funções: definir vinculativamente a situação jurídica das partes e impedir que se restabeleça a mesma controvérsia em outro processo.

Todas as hipóteses de extinção da execução positivadas no art. 794 do Código de Processo Civil[39], de aplicação subsidiária à execução trabalhista e fiscal, dizem respeito à relação jurídica de direito material objeto da tutela executiva. Por que a sentença prevista no art. 795 desse diploma legal[40], que declara a extinção da execução nas hipóteses previstas naquele artigo, não pode ser acobertada pelo instituto da coisa julgada?

Se assim não for, poderemos imaginar uma situação em que, após o pagamento da dívida e a extinção do processo, o exeqüente poderá demandar novamente o executado. Essa esdrúxula situação somente poderá ser evitada concebendo-se a existência e formação da coisa julgada na execução.

Há, outrossim, alguma diferença entre a sentença do juiz que homologa uma transação no processo de conhecimento e extingue a ação com fundamento no art. 269, III, do CPC, e a sentença que homologa um acordo no processo de execução e a extingue com fulcro no art. 794, II, desse mesmo diploma legal? Lógico que não! Tanto a primeira como a segunda estão aptas a fazer a coisa julgada material.

---

(39) Art. 794 do CPC: "Extingue-se a execução quando: I — o devedor satisfaz a obrigação; II — o devedor obtém, por transação ou qualquer outro meio, a remissão total da dívida; III — o credor renunciar ao crédito."
(40) Art. 795 do CPC: "A extinção só produz efeito quando declarada por sentença."

Cabe aqui apenas ressaltarmos que a sentença que pronuncia a entrega do bem da vida é que está apta a fazer a coisa julgada e não o ato do auxiliar da Jurisdição que o operacionaliza. Nesse sentido, ratificamos a advertência de *Cândido Rangel Dinamarco:*

> O ato de entrega, no processo de execução, é materialmente realizado por um auxiliar da Justiça, mas resulta sempre de uma ordem emitida pelo juiz. Esse ato autorizador é o provimento jurisdicional executivo, mas não é uma sentença porque não põe fim ao processo: depois dele, ainda terá lugar a efetiva entrega do bem e só então o processo será extinto mediante a sentença que será pronunciada (CPC, art. 795)[41].

A Consolidação das Leis do Trabalho, em virtude da escassez de normas, nada dispõe sobre a sentença que extingue a execução pela satisfação do credor ou outra causa análoga. Já a Lei de Execução Fiscal traz inúmeros dispositivos nesse sentido.

O art. 26 da referida Lei dispõe que: "Se, antes da decisão de primeira instância, a inscrição de dívida ativa for, a qualquer título, cancelada, a execução fiscal será extinta, sem qualquer ônus para as partes." O art. 34 refere-se à sentença proferida na execução: "Das sentenças de primeira instância proferidas em execuções de valor igual ou inferior a 50 (cinqüenta) Obrigações Reajustáveis do Tesouro Nacional — ORTNs, só se admitirão embargos infringentes e de declaração."

E, por fim, o § 2º do art. 32 e o art. 33 da Lei n. 6.830/80 referem-se expressamente ao trânsito em julgado da decisão na execução, respectivamente nos seguintes termos: "Após o trânsito em julgado da decisão, o depósito, monetariamente atualizado, será devolvido ao depositante ou entregue à Fazenda Pública, mediante ordem do juízo competente"; "O juízo, do Ofício, comunicará a repartição competente da Fazenda Pública, para fins de averbação no Registro da dívida ativa, a decisão final, transitada em julgado, que der por improcedente a execução, total ou imparcialmente." Ora, se há trânsito em julgado da decisão, por que não conceber o instituto da coisa julgada?

Diante da certeza de existência de mérito na execução, bem como de coisa julgada material, cuja realidade existe seja na execução fiscal, trabalhista ou civil, passamos a elaborar uma sumária classificação de suas espécies.

9. *Espécies de execução*

No esboço de uma teoria geral da execução, como forma de corroborar uma proposta de unificação dos sistemas existentes, é necessário tecer algumas considerações também sobre as espécies de execução. E aqui nos limitaremos a tratar da execução por sub-rogação e execução por coerção indireta, execução de título judicial e execução de título extrajudicial, execução definitiva e provisória, além das modalidades de execução de pagar, de fazer, de não fazer e de entregar coisa. Vejamos cada uma delas.

---

(41) DINAMARCO, Cândido Rangel. *Instituições de direito processual civil IV*. São Paulo: Malheiros, 2004. p. 69-70.

9.1. Execução por sub-rogação e execução por coerção indireta

Na execução é possível falar-se em duas técnicas para se conseguir propiciar ao credor o bem a que tem direito: os meios de sub-rogação e os meios de coerção, daí as duas espécies de execução que nos propomos fazer a distinção.

A execução por sub-rogação ou direta é a tradicional, aquela que prescinde da colaboração do executado para atingir seus objetivos. Chama-se execução por sub-rogação porque o Poder Judiciário toma as providências que deveriam ter sido tomadas por aquele e, assim, sub-roga-se na sua posição.

A execução direta consiste numa autêntica substituição de atividade no plano empírico, uma vez que o magistrado realiza atos de penhora ou busca e apreensão para obtenção dos bens pertencentes ao executado e, posteriormente, pratica providências, como a avaliação e alienação dos referidos bens em hasta pública para conseguir aquilo que antes do processo o devedor deveria ter feito, com o fim de satisfazer a obrigação existente em favor do credor.

Conforme conclui *Dinamarco*, "daí serem medidas de sub-rogação, o que significa medidas realizadas por um sujeito, o juiz, em substituição à conduta de outro sujeito, que é o obrigado inadimplente (sub-rogar, em direito, é pôr no lugar de)"[42].

Já a execução indireta constitui-se nas modalidades de pressão sobre a vontade do executado para que cumpra a obrigação. A execução é realizada pelo próprio devedor, por meio de coerção de ordem psicológica. O Estado-Juiz busca por essa espécie de execução persuadir o inadimplente, impondo-lhe situações de incentivo ou de inconveniente para o executado, a fim de que seja mais vantajoso para este cumprir sua obrigação do que permanecer inadimplente.

Fredie Didier Jr. explica tal espécie de execução:

> Os meios executivos de coerção indireta atuam na vontade do executado, servindo como uma espécie de contramotivo, "estímulo" ao cumprimento da prestação. Esta coerção pode se dar por medo (temor), como é o caso da prisão civil e da multa coercitiva, como também pelo incentivo, as chamadas sanções premiais, de que serve de exemplo a isenção de custas e honorários para o réu que cumpra o mandado monitório[43].

Apesar de inicialmente ter sido vista com um pouco de desconfiança, preconceito e má vontade, a ponto de muitos doutrinadores somente conceberem a possibilidade de execução direta[44], os meios de coerção indireta são uma realidade do processo contemporâneo por serem menos onerosos e mais eficazes.

---

(42) DINAMARCO, Cândido Rangel. *Instituições de direito processual civil IV*. São Paulo: Malheiros, 2004. p. 47.
(43) DIDIER JÚNIOR, Fredie. Esboço de uma teoria da execução civil. *Repro*, São Paulo, n. 118, ano 29, nov./dez. 2004 p. 18.
(44) Enrico Tullio Liebman (*Processo de Execução*. São Paulo: Saraiva, 1963. p. 5), por exemplo, contesta sua natureza de execução: "Apesar de seu caráter coativo, essas medidas visam conseguir a satisfação do credor com a colaboração do devedor, constrangido a cumprir sua obrigação para evitar males maiores. Faltam-lhes, contudo, os

Prefere-se a terminologia coerção e não coação, apesar de o mestre italiano *Chiovenda* falar em *mezzi di coazione* (coação), uma vez que o sentido desta última geralmente está atrelado a uma conotação de ilicitude, por tradicionalmente denotar algum vício de consentimento.

No processo civil, os principais exemplos da execução indireta estão positivados nos arts. 461 e 461-A e seus respectivos parágrafos. A Lei n. 11.382/06 também trouxe norma nesse sentido ao reduzir os honorários advocatícios na hipótese de pagamento da dívida ao invés de oposição de embargos. No processo do trabalho, a CLT também confere ao juiz do trabalho poderes para fazer com que a suas decisões sejam cumpridas, no art. 652, *d* [45]. Na execução fiscal, o jurisdicionado pode obter administrativamente descontos no pagamento à vista da dívida.

Enfim, a execução indireta é uma realidade nos principais sistemas de execução que não podemos olvidar. Por que não reunir as melhores formas de coerção num sistema único?

9.2. Execução de título judicial e execução de título extrajudicial

A execução também pode ser classificada em função do título executivo que a legitima, conforme seja lastreada num título judicial ou extrajudicial, seja na execução civil, fiscal ou trabalhista.

Os títulos executivos judiciais civis foram positivados no art. 584 do CPC, porém de forma exemplificativa e não exaustiva, uma vez que existem situações em que se tem execução fora desse rol, como é o caso da execução da decisão interlocutória de antecipação de tutela jurisdicional.

É digno de registro que a nova modalidade de execução consistente no denominado "cumprimento de sentença" foi a principal alteração trazida pela Lei n. 11.232/05, uma vez que não há mais que se falar na execução de título judicial como um processo autônomo, mas em mera continuação ou fase do processo de conhecimento.

Como já dito, tal simplificação já existia no processo do trabalho. Na execução trabalhista, os títulos executivos judiciais são as sentenças e acórdãos proferidos pelos órgãos dessa Justiça especializada: Varas do Trabalho, Tribunais Regionais do Trabalho ou Tribunal Superior do Trabalho. Além das sentenças e acórdãos, as decisões interlocutórias, a exemplo das que determinam reintegração de empregado estável, também são objeto de execução.

---

caracteres próprios da execução estritamente entendida. Será verdadeira execução só a atividade eventualmente desenvolvida pelos órgãos judiciários para cobrar, por exemplo, as multas aplicadas."
(45) Alínea *d* do art. 652 da CLT: "Compete às Juntas de Conciliação e Julgamento: [...] impor multas e demais penalidades relativas aos atos de sua competência." É digno de registro que o texto da CLT necessita de atualização terminológica, uma vez que as Juntas de Conciliação e Julgamento foram extintas pela Emenda Constitucional n. 24/99, sendo substituídas pelas Varas do Trabalho compostas por juízes singulares.

Na execução fiscal, o procedimento foi todo moldado para a espécie de execução de título extrajudicial, uma vez que esta sempre será lastreada numa certidão de inscrição do débito fiscal na dívida ativa, seja na esfera municipal, estadual ou federal. A execução por título extrajudicial contra a Fazenda Pública já é autorizada pela Súmula n. 279 do Superior Tribunal de Justiça.

No tocante à execução de título extrajudicial trabalhista, o art. 876 da Consolidação das Leis do Trabalho, conforme já visto, prevê o termo de ajustamento de conduta firmado perante o Ministério Público do Trabalho e os termos de conciliação firmados perante as Comissões de Conciliação Prévia como documentos aptos a ensejar o procedimento executório.

E na execução civil tal se dá no art. 585 do Código de Processo Civil, cujo rol dos títulos extrajudiciais foi ampliado pela Lei n. 11.382/06, conforme já visto no item 2 do capítulo I. Eles se justificam uma vez que são produzidos com a participação do próprio executado.

É digno de registro que, conforme estabelece o § 1º do art. 585 do CPC, aplicado subsidiariamente à execução fiscal e trabalhista, a execução de título extrajudicial não pode ser inibida nem obstada pela propositura de qualquer ação que vise discutir a validade do título, como ações declaratórias de inexistência de dívida ou nulidade do título, consignações em pagamento ou revisões contratuais.

Em suma, a execução pode ser judicial ou extrajudicial. A principal diferença consistirá na limitação ou amplitude da matéria objeto da defesa, conforme respectivamente seja a primeira ou segunda espécie, seja na esfera civil, fiscal ou trabalhista.

9.3. Execução provisória e execução definitiva

Além de por sub-rogação ou coerção indireta, judicial ou extrajudicial, a execução também pode ser classificada em definitiva ou provisória, levando-se em consideração a sua extensão e eficácia. Nesta última classificação, alguns falam também em execução completa ou incompleta, ao invés de definitiva ou provisória.

Tal classificação dependerá da existência ou não de recurso contra a decisão que se executa, bem como dos efeitos em que ele é recebido. Na inexistência de recurso, a execução é definitiva e, assim, poderão ser praticados todos os atos processuais para a sua efetivação, inclusive expropriação de bens.

Na hipótese de interposição de recurso contra decisão que se pretende executar, é mister perquirir se tal recurso tem somente efeito devolutivo ou, além deste, também o suspensivo. O art. 520 do CPC traz as hipóteses em que os recursos somente têm efeito devolutivo. Nesses casos, será possível iniciar a execução que, entretanto, poderá tramitar somente até a penhora[46], daí a classificação de provisória. Na verdade, a terminologia mais correta seria execução incompleta.

---

(46) O inciso III do art. 475-O do CPC, incluído pelas últimas reformas desse diploma legal, possibilita o levantamento de depósito em dinheiro e à prática de atos que importem em alienação de propriedade, desde que seja dada

A execução fiscal será sempre definitiva por ser obrigatoriamente extrajudicial. Já a execução civil ou trabalhista pode ser definitiva ou provisória, conforme as situações supramencionadas. Como será visto em capítulo próprio, as reformas do Código de Processo Civil trouxeram mudanças nesse sistema, a possibilitar a alienação de bens na execução provisória e, assim, a necessidade de serem acompanhadas pela execução trabalhista, ainda com óbice para alienação de bens. A unificação dos sistemas poderá ter o condão de corrigir tal incongruência, tendo em vista a natureza alimentar desta última.

Não se pode olvidar, outrossim, que as multas aplicadas na execução, em qualquer dos sistemas estudados, impõem uma obrigação de pagar e, conseqüentemente, constituem título executivo judicial análogo às sentenças, embora tenham natureza de decisão interlocutória. Na hipótese de inexistência de impugnação recursal, poderão ser executadas de forma definitiva.

Voltaremos ao tema no capítulo da heterointegração dos sistemas, quando da análise da aplicação subsidiária do Código de Processo Civil à execução trabalhista e à execução fiscal. Vejamos agora as espécies de execução, quanto à modalidade da obrigação objeto da tutela jurisdicional.

9.4. Execução de pagar, de fazer, de não fazer e de entregar coisa

A execução também pode variar de acordo com o tipo de obrigação inadimplida que será objeto da tutela jurisdicional. Pode o jurisdicionado pleitear o cumprimento forçado de uma obrigação de pagar, de fazer, de não fazer ou de entregar coisa certa ou incerta.

Para cada tipo de obrigação, teremos uma espécie de execução. Com exceção da execução fiscal, que se limita a cumprimento de obrigação de pagar, na civil ou trabalhista podem ocorrer as modalidades de pagar, de fazer ou não fazer e de entregar coisa.

A execução de pagar sempre consistirá na constrição e alienação de bens em hasta pública para com o saldo da venda satisfazer o credor, seja na esfera fiscal, civil ou trabalhista.

Já as obrigações de fazer, não fazer e entregar coisa têm tratamento diverso daquele que é dispensado às obrigações de pagar quantia certa, com normas específicas. Não se aplica, como já exposto, à execução fiscal e, quanto à execução trabalhista, a CLT é omissa, sendo, pois, necessário recorrer aos dispositivos do CPC.

O Código de Processo Civil dispõe sobre a execução das obrigações de fazer e de não fazer entre os arts. 632 e 645, no Capítulo III do Título II, que trata "das diversas espécies de execução", sendo possível, como dito, a aplicação subsidiária à execução trabalhista ante a total omissão da Consolidação das Leis do Trabalho.

---

caução suficiente e idônea. Veremos a possibilidade ou não de aplicação desse dispositivo na execução trabalhista e fiscal no capítulo III do trabalho.

A principal peculiaridade dessas espécies de execução, que as faz ter um tratamento diferenciado daquele relativo à obrigação de pagamento de quantia certa, é a possibilidade de o juiz aplicar as chamadas *astreintes*, conforme dispõe o § 4º[47] do art. 461. Relega-se as perdas e danos a segundo plano, privilegiando-se a tutela específica.

No mesmo diapasão, a execução para entrega de coisa, que também autoriza imposição de multa para tutela célere e efetiva da obrigação inadimplida. A peculiaridade aqui é a possibilidade de expedição de mandado de busca e apreensão ou de imissão na posse em favor do credor, conforme se trate de bem móvel ou imóvel.

Enfim, conforme a espécie de obrigação inadimplida, teremos normas específicas para cada tipo de tutela jurisdicional, o que não impede uma uniformização de tais normas num único sistema a ser aplicado à execução civil, fiscal e trabalhista.

Nessa proposta de unificação dos sistemas de execução, vejamos a identidade dos princípios como um dos principais argumentos a justificar nossa tese.

10. Princípios da execução

A execução forçada, seja na seara civil, trabalhista ou fiscal, é regida por princípios, ou seja, linhas gerais ou diretrizes que caracterizam e dão unidade ao procedimento e, conforme doutrina *Araken de Assis*, "expressam os valores historicamente preponderantes, originados de prévio consenso e estabelecidos em dado sistema"[48].

José Joaquim Gomes Canotilho, especialista na matéria, sustenta que princípios são:

[...] normas que exigem a realização de algo, da melhor forma possível, de acordo com as possibilidades fáticas e jurídicas. Os princípios não proíbem, permitem ou exigem algo em termos de "tudo ou nada"; impõem a optimização de um direito ou de um bem jurídico, tendo em conta a "reserva do possível", fática ou jurídica[49].

Percebe-se, de logo, que os princípios, assim como as regras, são espécies do gênero norma jurídica, mas, enquanto as regras ou são aplicáveis por completo de modo absoluto ou não o são, os princípios atuam de modo diverso, aplicando-se quando as condições suficientes para sua utilização manifestam-se. Enquanto aquelas estão sempre previstas no ordenamento jurídico, estes nem sempre estão positivados.

Não se pode olvidar, outrossim, a superioridade valorativa e hierárquica dos princípios em relação às regras. *Juarez de Freitas* destaca com propriedade que:

---

(47) § 4º do art. 461 do CPC :"O juiz poderá, na hipótese do parágrafo anterior ou na sentença, impor multa diária ao réu, independentemente de pedido do autor, se for suficiente ou compatível com a obrigação, fixando-lhe prazo razoável para o cumprimento do preceito."
(48) ASSIS, Araken de. *Manual da execução*. 11. ed. São Paulo: Revista dos Tribunais, 2007. p. 96.
(49) CANOTILHO, José Joaquim Gomes. *Direito constitucional e teoria da constituição*. 4. ed. Coimbra: Almedina, 2000. p. 64.

[...] por princípio ou objetivo fundamental, entende-se o critério ou a diretriz basilar de um sistema jurídico, que se traduz numa disposição hierarquicamente superior, do ponto de vista axiológico, em relação às normas e aos próprios valores, sendo linhas mestras de acordo com as quais se deverá guiar o intérprete quando se defrontar com antinomias jurídicas[50].

Não existe uma identidade ou sintonia doutrinária na classificação ou sistematização dos princípios. Aqui, traremos uma apresentação que reputamos a mais didática, levando em consideração a relevância prática ou histórica do princípio. Na verdade, nossa real pretensão é demonstrar que eles são comuns para as diferentes execuções ora comparadas, o que demonstra a possibilidade de unificação que propomos. Vejamos.

10.1. Princípio da responsabilidade patrimonial ou real

A execução tem caráter real e, conseqüentemente, incide sobre o patrimônio do devedor e não sobre sua pessoa, como acontecia no direito romano. O art. 581 do Código de Processo Civil, que se aplica subsidiariamente à execução fiscal e trabalhista, estabelece que "o devedor responde, para cumprimento de suas obrigações, com todos os seus bens presentes e futuros, salvo as restrições estabelecidas em lei"[51]. O Código Civil é ainda mais amplo no seu art. 391: "pelo inadimplemento das obrigações respondem todos os bens do devedor".

Assim, o presente princípio consiste na responsabilidade patrimonial[52], ou seja, na sujeição do patrimônio do devedor às medidas executivas. Salvo as exceções do devedor de alimentos e do depositário infiel (art. 5º, inc. LXVII, da CF), portanto, não se admite a prisão por dívidas do executado, apenas a sujeição de seus bens.

---

(50) FREITAS, Juarez. *A interpretação sistemática do direito.* São Paulo: Malheiros, 1995. p. 41.
(51) O rol de bens impenhoráveis está previsto no novo art. 649 do CPC, alterado pela Lei n. 11.382/06: "São absolutamente impenhoráveis: I — os bens inalienáveis e os declarados, por ato voluntário, não sujeitos à execução; II — os móveis, pertences e utilidades domésticas que guarnecem a residência do executado, salvo os de elevado valor ou que ultrapassem as necessidades comuns correspondentes a um médio padrão de vida; III — os vestuários, bem como os pertences de uso pessoal do executado, salvo se de elevado valor; IV — os vencimentos, subsídios, soldos, salários, remunerações, proventos de aposentadoria, pensões, pecúlios e montepios; as quantias recebidas por liberalidade de terceiro e destinadas ao sustento do devedor e de sua família, os ganhos de trabalhador autônomo e os honorários de profissional liberal, observado o disposto no § 3º; V — os livros, as máquinas, as ferramentas, os utensílios, os instrumentos ou outros bens móveis, necessários ou úteis ao exercício de qualquer profissão; VI — o seguro de vida; VII — os materiais necessários para obras em andamento, salvo se estas forem penhoradas; VIII — a pequena propriedade rural, assim definida em lei, desde que trabalhada pela família; IX — os recursos públicos recebidos por instituições privadas para aplicação compulsória em educação, saúde ou assistência social; X — até o limite de quarenta salários mínimos, a quantia depositada em caderneta de poupança."
(52) Dentre as inúmeras definições para a responsabilidade patrimonial destacamos a de THEODORO JÚNIOR, Humberto. In: *Comentários ao Código de Processo Civil.* 3. ed. São Paulo: Saraiva, 2000. v. IV, p. 220 ("para o direito formal, por conseguinte, a responsabilidade patrimonial consiste apenas na possibilidade de algum ou de todos os bens de uma pessoa serem submetidos à expropriação executiva, pouco importando seja ela devedora, garante ou estranha ao negócio jurídico substancial") e a de DINAMARCO, Cândido Rangel. In: *Execução civil.* 6. ed. São Paulo: Malheiros, 1999. p. 244 ("uma situação meramente potencial, caracterizada pela sujeitabilidade do patrimônio de alguém às medidas executivas destinadas à atuação da vontade concreta do direito material").

10.2. Princípio do título

Toda execução tem como base ou fundamento um título executivo judicial ou extrajudicial, seja civil, fiscal ou trabalhista. Tais títulos foram transcritos no item 6 do capítulo II que tratou das condições específicas da execução.

Somente o crédito que tenha sido constituído e consubstanciado formalmente num título poderá ser objeto da atividade coercitiva do Estado sobre o patrimônio de devedor. Nesse sentido é o magistério de *Leonardo Greco:*

> O título executivo é o fundamento essencial e indispensável do processo de execução. Somente crédito cuja natureza tenha sido previamente constituída através de um título revestido das formalidades legais, a que a lei confere eficácia executiva, pode ensejar o desencadeamento da atividade coativa do Estado contra o devedor e sobre o seu patrimônio para forçá-lo a cumprir uma obrigação, dispensando a anterior declaração judicial de certeza desse direito ou pressupondo que ela esteja na origem da formação do próprio título[53].

Assim, não possuindo o credor um título executivo judicial ou extrajudicial, conforme prescrito nas normas já vistas, a execução será extinta ante a ausência de uma condição específica para a ação. Trata-se da máxima *nulla executio sine titulo*, prevista no art. 618, I, do CPC[54], de aplicação subsidiária na execução trabalhista e fiscal.

Conforme já visto do item 6 do capítulo II, a certidão de inscrição do débito na dívida ativa na execução fiscal (art. 3º da Lei n. 6.830), a sentença, acordo homologado em juízo, termo de ajuste de conduta firmado pelo Ministério Público do Trabalho e termo de conciliação firmado perante as Comissões de Conciliação Prévia (arts. 876 e 877-A da CLT), sentença homologatória de laudo arbitral (art. 31 da Lei n. 9.307/96) ou sentença estrangeira homologada pelo Superior Tribunal de Justiça (art. 105, I, *i,* da CF) na execução trabalhista e as decisões judiciais elencadas no art. 475-N do CPC ou títulos executivos com a mesma eficácia positivados no art. 585 do CPC na execução civil têm o condão de dar à parte interessada a possibilidade de ingressar com a ação de execução ou dar início à fase de cumprimento de sentença[55].

Flávio Luiz Yarshell, em estudo sobre a tutela jurisdicional sob o prisma do tipo e tipicidade, destaca com propriedade a necessidade de a execução manter-se fiel ao conteúdo do título executivo:

> Quanto aos *resultados* proporcionados na tutela executiva — "entrega do bem da vida" ao credor —, reiterem-se as considerações tecidas quando do exame da tutela condenatória, uma vez que a imposição da prestação já foi aí fixada, de-

---

(53) GRECO, Leonardo. *Processo de execução.* Rio de Janeiro: Renovar, 1999. p. 304.
(54) Art. 618, I, do CPC: "É nula a execução: I — se o título executivo extrajudicial não corresponder a obrigação certa, líquida e exigível (art. 586)."
(55) Como visto no item 6 do capítulo II, é importante repetir que os dispositivos que especificam os títulos executivos são redigidos de forma exemplificativa e não exaustiva, consoante podemos concluir da possibilidade de execução da tutela antecipada.

vendo a execução manter-se fiel ao conteúdo do título executivo; o que obviamente é válido para as hipóteses de título executivo extrajudicial. Esses *resultados*, portanto, devem ajustar-se ao modelo referido no título que, sob essa ótica, também apresenta algum contorno de tipicidade.[56]

O princípio do título, pois, como todos os demais que aqui serão analisados, é de substancial importância na seara da execução e tem aplicação uniforme nos diferentes sistemas estudados, o que possibilita a unificação proposta.

10.3. Princípio da adequação ou da utilidade

O interesse de agir, consistente além da necessidade na adequação ou utilidade da demanda proposta, é condição para a admissibilidade de qualquer ação. A Jurisdição não pode ser acionada na hipótese de não existir qualquer benefício, utilidade ou proveito para o jurisdicionado.

E a execução, conforme já visto, não foge a essa regra. Assim, esta somente pode prosseguir se trouxer algum resultado benéfico para o exeqüente. Não pode este utilizar a execução somente para o prazer de constranger o executado. E isto não é diferente seja na execução civil, fiscal ou trabalhista.

Não é possível impor ao devedor um dano maior do que o previsto na lei para satisfação do credor. Nesse diapasão é a regra do § 2º do art. 659 do Código de Processo Civil[57], de aplicação subsidiária na execução fiscal e trabalhista, que estabelece regra limitadora de constrição de bens.

Discordamos do magistério de *Francisco Antonio de Oliveira* quanto à inaplicabilidade da referida norma na seara trabalhista: "o princípio contido no art. 659, § 2º do CPC, não se aplica ao processo do trabalho, onde haverá a possibilidade de penhora de bens ainda que não garantido o juízo integralmente"[58].

Na execução civil, como na fiscal, também há a possibilidade de penhora de bens ainda que não garantido o juízo integralmente. Conforme transcrição do art. 659, § 2º do CPC, é vedado apenas a penhora quando o produto da execução de tais bens for totalmente absorvido pelo pagamento das custas do processo. E assim, em virtude da omissão da lei trabalhista, compatibilidade de procedimentos e inexistência de prejuízos ao trabalhador, não há como concordar com *Francisco Antonio de Oliveira*.

No direito material do trabalho, vige o princípio da proteção ao hipossuficiente econômico e, muitas vezes, há uma transposição do referido princípio para a seara processual, com nítida distorção de sua aplicação, o que acaba por desequilibrar de-

---

(56) YARSHELL, Flávio Luiz. *Tutela jurisdicional*. São Paulo: Atlas, 1998. p. 159.
(57) § 2º do art. 659 do CPC: "Não se levará a efeito a penhora, quando evidente que o produto da execução dos bens encontrados será totalmente absorvido pelo pagamento das custas da execução."
(58) OLIVEIRA, Francisco Antonio de. *Execução na justiça do trabalho*. 5. ed. São Paulo: Revista dos Tribunais, 2006. p. 82.

masiadamente em prol do trabalhador o tratamento das partes na relação processual. No caso do art. 659, § 2º do CPC, o legislador teve bom senso, uma vez que é inconcebível aceitar alienação de bens do devedor apenas para pagamento de custas do processo.

Quanto à localização de bens na execução, para o fim desta tornar-se útil, é digno de registro a norma esculpida no § 4º, art. 880, da Consolidação das Leis do Trabalho, a qual estabelece que:

> [...] se o executado nomear bens insuficientes para a garantia da execução e, no curso do processo, for constatada a existência de outros bens, incidirá em multa de dez a vinte por cento do valor atualizado do débito em execução, sem prejuízo de outras sanções de natureza processual ou material, multa esta que reverterá em proveito do credor, exigível na própria execução.

Tal norma está em consonância com os arts. 600, inc. IV[59], e 601[60] do CPC, que prevêem aplicação de multa de até 20% ao devedor que intimado não indica ao juiz onde se encontram os bens sujeitos à penhora.

A sintonia existente entre os sistemas, não somente em relação aos princípios, mas também no tocante às regras, corrobora a possibilidade de unificação, uma vez que o objetivo perseguido nas distintas searas da execução é o mesmo: a satisfação do credor com a entrega do bem da vida perseguido.

Araken de Assis concebe o princípio da adequação em três níveis: subjetivo, objetivo e teleológico. Segundo ele, o processo de execução obedece a todos: "Tão importante como o desimpedimento do juiz (adequação subjetiva), por exemplo, é a disponibilidade do bem (adequação objetiva) e a idoneidade do meio executório (adequação teleológica). Sem meio hábil, o bem nunca será alcançado pelo credor."[61]

Ainda quanto ao princípio da adequação ou da utilidade, é importante ressaltar a sua nítida aplicação no art. 1º da Lei n. 9.469/97 que autoriza os advogados da Fazenda Pública federal, estadual ou municipal a desistirem de execuções de valor igual ou inferior a R$ 1.000,00, haja vista a presunção de que se gastará mais do que o possível benefício a ser auferido.

Além de adequada e útil, a execução também deve ser específica. Vejamos, pois, o princípio da especificidade, maior coincidência possível ou primazia da tutela específica.

---

(59) Art. 600, IV, do CPC: "Considera-se atentatório à dignidade da justiça o ato do executado que: [...] IV — intimado, não indica ao juiz em 5 (cinco) dias, quais são e onde se encontram os bens sujeitos à penhora e seus respectivos valores."
(60) Art. 601 do CPC: "Nos casos previstos no artigo anterior, o devedor indicará em multa fixada pelo juiz, em montante não superior a 20% (vinte por cento) do valor atualizado do débito em execução, sem prejuízo de outras sanções de natureza processual ou material, multa esta que reverterá em proveito do credor, exigível na própria execução."
(61) ASSIS, Araken de. *Manual do processo de execução*. 7. ed. São Paulo: Revista dos Tribunais, 2001. p. 114.

10.4. Princípio da primazia da tutela específica

Todo tipo de execução, seja de pagar, fazer, não fazer ou entregar coisa, deve ser específica. O seu sucesso está intrinsecamente ligado à entrega ao exeqüente do bem jurídico efetivamente perseguido, objeto da prestação inadimplida. E aqui, como nos demais princípios vistos até agora, a aplicação é uniforme às diversas espécies de execução: civil, fiscal ou trabalhista.

Trata-se da máxima chiovendiana de que o processo deve dar a quem tem razão o específico bem da vida a que ele teria direito, caso não houvesse a necessidade de socorrer-se da jurisdição: "Il proceso deve dare per quanto è possible praticamente a chi ha un diritto tutto quello e proprio quello ch´egli ha diritto di conseguire."[62]

Nesse diapasão é o estabelecido pelo art. 692, parágrafo único, do Código de Processo Civil, aplicado subsidiariamente à execução civil e fiscal, que impõe que a execução deverá limitar-se ao valor da dívida e não ao total dos bens do devedor: "Não será aceito lanço que, em segunda praça ou leilão, ofereça preço vil. Parágrafo único. Será suspensa a arrematação logo que o produto da alienação dos bens bastar para o pagamento do credor."

A especificidade da execução decorre do fato de que o processo instrumentaliza o direito material. Ou seja, prima-se nela pela obtenção de um resultado coincidente com o direito material violado. A execução deve, pois, propiciar ao credor o que ele poderia obter na hipótese de a obrigação ter sido pessoalmente cumprida pelo devedor.

Nesse diapasão são os termos dos arts. 627[63] e 633[64] do Código de Processo Civil, os quais, nas obrigações de entrega de coisa certa ou de fazer, somente permitem a substituição da obrigação por dinheiro, além de perdas e danos, quando o valor da coisa não lhe for entregue, se esta houver se deteriorado, se não for encontrada, se não for reclamada do poder do terceiro adquirente, ou, no segundo caso, na hipótese de recusa da prestação de fato.

Conforme se pode observar, pois, das últimas reformas processuais, estas têm privilegiado o princípio da primazia da tutela específica, relegando sempre ao segundo plano a conversão da obrigação em perdas e danos no regime das obrigações de fazer, não fazer e dar coisa.

Além de específica, entretanto, a execução deve ser a menos gravosa possível ao devedor executado e, assim, não podemos olvidar o princípio do respeito à dignidade da pessoa humana.

---

(62) CHIOVENDA, Giuseppe. L'azione nel sistema dei diritti. *Saggi di diritto processuale civile*. Roma: Foro It., 1930. v. I, p. 110: "O processo deve dar na medida do possível a quem tem um direito, tudo aquilo e exatamente aquilo que ele tem direito de conseguir."
(63) Art. 627 do CPC: "O credor tem direito a receber, além de perdas e danos, o valor da coisa, quando esta não lhe for entregue, se deteriorou, não for encontrada ou não for reclamada do poder de terceiro adquirente."
(64) Art. 633 do CPC: "Se, no prazo fixado, o devedor não satisfizer a obrigação, é lícito ao credor, nos próprios autos do processo, requerer que ela seja executada à custa do devedor, ou haver perdas e danos; caso em que ela se converte em indenização."

10.5. Princípio do respeito à dignidade da pessoa humana

A dignidade da pessoa humana, prevista no art. 1º, inc. III da Constituição Federal de 1988, alcança todos os direitos fundamentais da pessoa, individuais e de cunho econômico-social. Cabe ao Estado, pois, propiciar condições para que as pessoas se tornem dignas.

Nesse contexto surge o princípio do respeito à dignidade da pessoa humana na seara da execução, o qual deve ser levado a efeito para proteger a dignidade do executado no sentido de evitar eventuais abusos.

Assim, o legislador houve por bem excluir da execução alguns bens considerados primordiais ao executado devedor, ao estipular a sua impenhorabilidade no art. 469 do CPC[65], de aplicação subsidiária à execução fiscal e trabalhista. Da mesma forma a Lei n. 8.009, de 29 de março de 1990, que previu a impenhorabilidade do chamado bem de família. Aliás, essa Lei refere-se expressamente aos três sistemas no seu art. 3º: "a impenhorabilidade é oponível em qualquer processo de execução civil, fiscal previdenciária, trabalhista ou de outra natureza...", o que demonstra a possibilidade de simplificação e a unificação dos sistemas como melhor caminho.

Como desdobramento desse princípio também podemos citar a regra de que se a execução pode ser efetivada de várias maneiras, deverá sê-la pelo modo menos gravoso ao executado, isto é, com a menor onerosidade possível. Tal regra está positiva no art. 620 do CPC, *in verbis*: "quando por vários meios o credor puder promover a execução, o juiz mandará que se faça pelo modo menos gravoso para o devedor".

É importante salientar, entretanto, que o modo menos gravoso para o executado não pode ser aquele ineficaz para o exeqüente, que enseje demora injustificada no cumprimento da obrigação.

Diante desse conflito de princípios e valores, entre a garantia de menor onerosidade na execução e a necessária efetividade desta, não podemos deixar de tratar dos princípios da proporcionalidade e razoabilidade, os quais são essenciais para nortear a atividade do magistrado que conduz a execução.

---

(65) O rol de bens impenhoráveis previsto no novo art. 649 do CPC é o seguinte: I — os bens inalienáveis e os declarados, por ato voluntário, não sujeitos à execução; II — os móveis, pertences e utilidades domésticas que guarneçam a residência do executado, salvo os de elevado valor ou que ultrapassem as necessidades comuns correspondentes a um médio padrão de vida; III — os vestuários, bem como os pertences de uso pessoal do executado, salvo se de elevado valor; IV — os vencimentos, subsídios, soldos, salários, remunerações, proventos de aposentadoria, pensões, pecúlios e montepios; as quantias recebidas por liberalidade de terceiro e destinadas ao sustento do devedor e de sua família, os ganhos de trabalhador autônomo e os honorários de profissional liberal, observado o disposto no § 3º; V — os livros, as máquinas, as ferramentas, os utensílios, os instrumentos ou outros bens móveis, necessários ou úteis ao exercício de qualquer profissão; VI — o seguro de vida; VII — os materiais necessários para obras em andamento, salvo se estas forem penhoradas; VIII — a pequena propriedade rural, assim definida em lei, desde que trabalhada pela família; IX — os recursos públicos recebidos por instituições privadas para aplicação compulsória em educação, saúde ou assistência social; X — até o limite de quarenta salários mínimos, a quantia depositada em caderneta de poupança."

10.6. Princípios da proporcionalidade e razoabilidade

Os princípios da proporcionalidade e razoabilidade[66] têm bastante aplicação no âmbito da execução[67], tratando-se de valiosa ferramenta de hermenêutica, sempre que ocorrer choque entre valores e princípios. E isso acontece com freqüência na execução, haja vista o confronto entre a necessidade de sua efetividade e ao mesmo tempo ser processada da forma menos gravosa ao executado.

É norteado por tais princípios que o magistrado analisa criteriosamente os casos postos à sua apreciação, como identificação de bens impenhoráveis ou caracterização de bem de família, autorização de penhora *on line* ou sobre o faturamento da empresa, admissibilidade de quebra de sigilo bancário, entre outros.

Proporcionalidade, em sentido estrito, refere-se à verificação da relação custo-benefício da medida, isto é, ponderação entre os danos causados e os resultados a serem obtidos.

Quanto à origem desse princípio, conforme chama atenção *Francisco Fernandes de Araújo*[68], "acompanha a história da defesa dos direitos humanos e surge como decorrência da passagem do Estado de Polícia ao Estado de Direito, para o controle da coação exercida pelo monarca".

Luís Roberto Barroso fala em uma tríplice caracterização do princípio da proporcionalidade, extraindo-se os requisitos:

(a) da adequação, que exige que as medidas adotadas pelo Poder Público se mostrem aptas a atingir os objetivos pretendidos; (b) da *necessidade* ou *exigibilidade*, que impõe a verificação da inexistência de meio menos gravoso para atingimento dos fins visados; e (c) da proporcionalidade em sentido estrito, que é a ponderação entre o ônus imposto e o benefício trazido, para constatar se é justificável a interferência na esfera dos direitos do cidadão[69].

É patente, pois, que o magistrado sempre deve sopesar os valores contrapostos (efetividade x menor onerosidade) antes de deferir qualquer medida coativa na

---

(66) A despeito de o princípio da proporcionalidade ter sido utilizado no sistema da *common law* com a rubrica "princípio da razoabilidade", além de a jurisprudência e a doutrina utilizarem as expressões como sinônimos, cabe aqui apontar as quatro diferenças detectadas por Helenilson Cunha Pontes (*Os princípios da razoabilidade e proporcionalidade das normas e sua repercussão no processo civil brasileiro*. Rio de Janeiro: Lumen Juris, 2000. p. 30-31 e 48): a) o princípio da proporcionalidade exige maior motivação racional nas decisões do que o princípio da razoabilidade; b) o princípio da razoabilidade, ao contrário do princípio da proporcionalidade, prescinde de consideração da relação meio-fim; c) enquanto a razoabilidade constitui princípio geral de interpretação, a proporcionalidade, além dessa qualidade, também consubstancia princípio jurídico material; d) finalmente, a razoabilidade tem função eficacial de bloqueio, enquanto a proporcionalidade assegura a concretização dos interesses constitucionalmente consagrados.

(67) Já tivemos oportunidade de sobre tal realidade posicionar-nos no trabalho O bloqueio *on line* e a necessária aplicação dos princípios da proporcionalidade e razoabilidade. In: BRAMANTE, Ivani Contini; CALVO, Adriana (coords.). *Aspectos polêmicos e atuais do direito do trabalho*: estudos em homenagem ao professor Renato Rua. São Paulo: LTr, 2007.

(68) ARAÚJO, Francisco Fernandes de. Princípio da proporcionalidade na execução civil. In: LOPES, João Batista Lopes; CUNHA, Leonardo José Carneiro da (coord.). *Execução civil (aspectos polêmicos)*. São Paulo: Dialética, 2005. p. 161.

(69) BARROSO, Luís Roberto. *Interpretação e aplicação da Constituição*. São Paulo: Saraiva, 1999. p. 219-220.

execução. E isto em qualquer espécie de execução, seja civil, fiscal ou trabalhista. Nesta última, por exemplo, é possível que uma empresa, em situação econômico-financeira precária, possa até vir a quebrar, pela constrição de seu capital de giro na determinação de uma penhora *on line* pelo magistrado trabalhista que não conduza a execução com observância desse princípio. Os próprios empregados da referida empresa podem correr o risco de não receber salários ante a constrição do capital[70].

Nesse contexto, muito feliz é a síntese de *Willis Santiago Guerra Filho*[71]: "Resumidamente, pode-se dizer que uma medida é adequada se atinge o fim almejado, exigível, por causar o menor prejuízo possível e finalmente, proporcional em sentido estrito, se as vantagens que trará superarem as desvantagens."[72]

No mesmo diapasão o princípio da razoabilidade, que é um parâmetro de valoração dos atos do Poder Judiciário para aferir se estão informados pelo valor superior da justiça.

Segundo *Luís Roberto Barroso*, "é razoável o que seja conforme a razão, supondo equilíbrio, moderação e harmonia; o que não seja arbitrário ou caprichoso; o que corresponda ao senso comum, aos valores vigentes em dado momento ou lugar"[73].

Assim, ainda com um exemplo da execução trabalhista e, conseqüentemente, de natureza alimentar, em que o obreiro litiga com uma empresa de grande porte, que fatura bilhões de reais por ano, é razoável o magistrado autorizar o bloqueio *on line* para satisfação do crédito exeqüendo. A medida é razoável e proporcional, desde que não haja excesso de execução, pois não trará qualquer prejuízo à executada.

Em situações de devedor contumaz, que busque de todas as formas esquivar-se ao cumprimento de suas obrigações, outrossim, o magistrado também deve se socorrer da proporcionalidade e razoabilidade, a fim de fazer prevalecer o valor da efetividade sobre a restrição do art. 620 do CPC, aplicando todas as medidas de cunho coativo.

Quanto à conjugação e aplicação dos dois princípios, invocamos as sábias lições de *Francisco Fernandes de Araújo, in verbis*:

---

(70) Carlos Maximiliano, na clássica obra *Hermenêutica e aplicação do direito* (Forense: Rio de Janeiro, 2003. p. 135-136), ensina que: "Prefere-se o sentido conducente ao resultado mais razoável, que melhor corresponda às necessidades da prática, e seja mais humano, benigno, suave. Deve o direito ser interpretado inteligentemente: não de modo que a ordem legal envolva um absurdo, prescreva inconveniências, vá ter a conclusões inconsistentes ou impossíveis."
(71) O professor e amigo Willis Santiago Guerra Filho, na obra *Processo constitucional e direitos fundamentais*. São Paulo: RCS, 2005. p. 86-87, traz interessante associação do princípio da proporcionalidade com o da isonomia: "Os princípios da isonomia e da proporcionalidade, aliás, acham-se estreitamente associados, sendo possível, inclusive, que se entenda a proporcionalidade como incrustada na isonomia, pois como se encontra assente em nossa doutrina, com grande autoridade, o princípio da isonomia traduz a idéia aristotélica — ou, antes 'pitagórica', como prefere Del Vecchio — de 'igualdade proporcional', própria da 'justiça distributiva', 'geométrica', que se acrescente àquela 'comutativa', 'aritmética', meramente formal — aqui, igualdade de bens; ali, igualdade de relações".
(72) GUERRA FILHO, Willis Santiago. *Ensaios de teoria constitucional*. Fortaleza: UFC — Imprensa Universitária, 1989. p. 75.
(73) BARROSO, Luís Roberto. *Op. cit.*, p. 215.

O fato é que os dois princípios visam impedir que o arbítrio no exercício do poder se concretize, e, portanto, objetivam que não se realizem excessos, pois estes não são razoáveis nem proporcionais, até porque, conforme expressão que julgamos de nossa lavra, *o proporcional é esteticamente belo e substancialmente justo*. Nesse aspecto existe semelhança entre os dois princípios, porque ambos se concretizam mediante uma ponderação ou exercício de valor.[74]

A utilização dos princípios da proporcionalidade e razoabilidade tem o condão de facilitar a vida do operador do Direito, nessas situações de conflito entre valores. É importante a compreensão desses princípios para análise e solução dos casos concretos, repita-se, seja numa execução fiscal, civil ou trabalhista.

10.7. Princípio da disponibilidade

O presente princípio consiste na livre disponibilidade do processo de execução pelo credor. Ele pode desistir da execução ou de qualquer medida executiva independente da vontade e concordância do devedor, conforme dispõe o art. 569 do Código de Processo Civil, aplicado subsidiariamente à execução trabalhista e fiscal[75].

Conforme muito bem destacou *José Rogério Cruz e Tucci*: "Em nome dos princípios que informam a execução outorgou a lei amplos poderes de disposição do credor sobre o processo."[76]

Nesse mesmo sentido a jurisprudência do Superior Tribunal de Justiça também já enfatizou a possibilidade de o credor "desistir a qualquer momento, em relação a um, a alguns ou a todos os executados, mesmo porque a execução existe em proveito do credor, para a satisfação do seu crédito"[77].

Importante frisar que o art. 794 do Código de Processo Civil não prevê a desistência entre as hipóteses de extinção da execução, tendo em vista que não ocorre a satisfação do credor e a sentença de extinção, conforme visto no item 8, capítulo II, do presente trabalho, consiste em sentença de mérito, seja na execução civil, fiscal ou trabalhista. Nesse sentido é a lição de *José Frederico Marques*:

Não prevê o art. 794 a extinção do processo executivo por desistência, o que facilmente se explica: desistindo o credor da execução, não fica satisfeita a obrigação pelo devedor, nem resolvida a lide, pelo que não cabe o pronunciamento da sen-

---

(74) ARAÚJO, Francisco Fernandes de. Princípio da proporcionalidade na execução civil. In: LOPES, João Batista Lopes; CUNHA, Leonardo José Carneiro da (coord.). *Execução civil (aspectos polêmicos)*. São Paulo: Dialética, 2005. p. 170, onde o referido autor ainda conclui em outras palavras: "diríamos que a razoabilidade é princípio de interpretação, que está (ou deve estar) presente em todo agir individual e social, enquanto a proporcionalidade, além desse aspecto, também é princípio de calibragem ou dosimetria na feitura e na aplicação da norma, isto é, tem uma "materialização mais forte do que o princípio da razoabilidade".
(75) Art. 569 do CPC: "O credor tem a faculdade de desistir de toda a execução ou de apenas algumas medidas executivas."
(76) TUCCI, José Rogério Cruz e. *Desistência da ação*. São Paulo: Saraiva, 1987. p. 88.
(77) STJ, REsp 7.370-PR, rel. Min. Sálvio de Figueiredo, 1º.10.1991, *RJSTJ* 429/386.

tença de extinção, que é sentença de mérito. Há sentença homologatória de desistência, como exige o art. 158, com o que se encerra a execução[78].

Não se pode olvidar, entretanto, a hipótese de o executado ter oposto embargos à execução que versem sobre questões relacionadas à relação jurídica de direito material, ou seja, mérito da execução. Nesse caso, para homologação da desistência se faz necessária a concordância do executado/embargante. Tal pode ser extraído do parágrafo único do art. 569 do CPC[79], de aplicação subsidiária à execução fiscal e trabalhista.

Não poderia ser diferente, pois imaginemos a situação que o executado tenha pagado a dívida e nada mais seja devido. A execução nesse caso nem sequer poderia ter sido iniciada e, assim, todas as despesas deverão ser revertidas a ônus do exeqüente, além da possível aplicação de multa por litigância de má-fé em favor daquele[80].

Outra questão relevante em relação à disponibilidade é que ela existe não somente para o credor, como também para o devedor, ou seja, ela tem mão dupla.

Tal ocorre, por exemplo, na fase de liquidação da sentença. Na hipótese de o credor possuir uma sentença ilíquida e não providenciar a necessária liquidação, o devedor poderá tanto tomar a iniciativa para a liquidação, como aguardar o decurso do prazo prescricional.

Da mesma forma, portanto, que o exeqüente pode desistir da execução ou de qualquer ato executivo, sem que o executado nada possa fazer, este também poderá não se opor à execução pela via de embargos ou qualquer outro recurso à sua disposição.

Por fim, importante lembrar que na seara trabalhista o princípio dispositivo é relativizado e o inquisitório mais intensificado, uma vez que, conforme já visto, o juiz pode agir de ofício, de forma que o processo siga seu curso normal.

O princípio inquisitório faz sentir-se no processo do trabalho com maior intensidade, tendo em vista o *jus postulandi* que as partes detêm e a natureza alimentar do crédito objeto da execução. Nesse diapasão, necessário será perquirir se, mesmo não sendo este o sistema da execução civil e fiscal, não seria o caso de prestigiar tal princípio em nossa proposta de unificação.

Paulo Henrique dos Santos Lucon chama atenção para tal realidade existente na Europa:

> O direito processual civil brasileiro (o mesmo não ocorre com o direito processual trabalhista) ainda não adotou *a execução por iniciativa do juiz*. É interessante lembrar que a partir do século XIII, na Europa, os atos de invasão patrimonial decorrente da execução privada eram inerentes ao ofício do juiz. A execução *per officium iudis* constituía uma solução destinada a agilizar a realização de atos

---

(78) MARQUES, José Frederico. *Instituições de direito processual civil*. Campinas: Millenium, 2000. v. 5, p. 84.
(79) Parágrafo único do art. 569 do CPC: "Na desistência da execução, observar-se-á o seguinte: a) serão extintos os embargos que versarem apenas sobre questões processuais, pagando o credor as custas e os honorários advocatícios; b) nos demais casos, a extinção dependerá da concordância do embargante."
(80) É digno de registro que o Código de Processo Civil português expressamente estabelece que: "a desistência da instância depende da aceitação do embargante".

práticos e materiais, pois, logo após a sentença condenatória, a execução se realizava como mero prosseguimento do processo, sendo desnecessária a propositura de nova demanda com a citação da parte vencida[81].

E, posteriormente, o Professor da Universidade de São Paulo externa sugestão *de lege ferenda* no sentido de se adotar a execução de ofício, a qual corroboramos na íntegra:

> "Foi *Martino de Fano*, jurista do século XIII, que primeiro utilizou o conceito do *officium iudicis* na execução. Por *officium iudicis* deve-se compreender "todas as atividades que o juiz deveria exercer naturalmente, em virtude de seu ofício" (LIEBMAN, *Embargos do executado*, n. 34-35, p. 64-67, esp. p. 67). A execução por obra do juiz tem grande importância na atualidade, já que permite superar ainda mais a ultrapassada *hendiadis* condenação-execução. Apresenta-se aqui uma solução *de lege ferenda*[82].

Além da possibilidade de tornar a execução mais efetiva e célere, não se pode olvidar a natureza pública do processo e o dever do Estado em relação à prestação jurisdicional. Nesse sentido, válido transcrever para reflexão sobre o tema as palavras de *Cintra, Grinover* e *Dinamarco*:

> Diante da colocação publicista do processo, não é mais possível manter o juiz como mero espectador da batalha judicial. Afirmada a autonomia do direito processual, enquadrado o mesmo no direito público, verificada a finalidade preponderantemente pública do processo, a jurisdição torna-se um dever do Estado[83].

Diante de todo o exposto, adiantamos, de logo, que em nossa proposta *de lege ferenda*, a execução será processada de ofício, como ocorre em muitos países da Europa.

10.8. Princípio do contraditório

Já se chegou a defender a idéia de inexistência do contraditório na execução, não somente na doutrina nacional, mas no direito comparado, a exemplo da doutrina italiana, que no passado não prestigiava ou valorizava o processo de execução.

Tal posição está superada e, atualmente, é patente a existência do contraditório na execução, lógico que numa dimensão mais restrita que no processo de conhecimento, uma vez que adaptada à atividade executiva. É necessário o seu respeito até mesmo em consonância com os ditames constitucionais. Conforme chama atenção *João Batista Lopes*:

> Naturalmente, na execução, o contraditório e a ampla defesa deverão ser exercidos em harmonia com a natureza da atividade jurisdicional, presente o que *Kazuo Watanabe* denominou de cognição rarefeita. De qualquer modo, porém, não pode

---

(81) LUCON, Paulo Henrique dos Santos. Nova execução de títulos judiciais. In: GRINOVER, Ada Pellegrini; CALMON, Petrônio (orgs.). *Direito processual comparado*. Rio de Janeiro: Forense, 2007. p. 708.
(82) LUCON, Paulo Henrique dos Santos. Nova execução de títulos judiciais. In: GRINOVER, Ada Pellegrini; CALMON, Petrônio (orgs.). *Direito processual comparado*. Rio de Janeiro: Forense, 2007. p. 708.
(83) CINTRA, A. C. de Araújo; GRINOVER, Ada P.; DINAMARCO, Cândido. *Teoria geral do processo*. São Paulo: Revista dos Tribunais, 1994. p. 54.

o legislador infraconstitucional proibir, nem embaraçar, o direito de defesa, sob pena de inconstitucionalidade[84].

O contraditório na execução ocorre, por exemplo, na utilização do instituto da exceção de pré-executividade, na nomeação ou substituição de bens à penhora, na aplicação de uma multa por litigância de má-fé, entre outras situações.

Corroboramos, assim, os motivos elencados por *Fredie Didier Jr.* para justificar a existência do referido princípio na execução:

> a) quer porque a redação do texto constitucional é clara ao garantir o contraditório em qualquer processo jurisdicional; b) a atividade executiva é, induvidosamente, jurisdicional; c) a garantia do contraditório nada mais é do que a repercussão, no processo, do regime democrático, pois é a garantia de participação na formação/produção do direito; d) a consagração doutrinária e jurisprudencial da exceção de pré-executividade revela a existência inequívoca da possibilidade da discussão/defesa interna ao processo de execução; e) existem inúmeros dispositivos legais que instrumentalizam este princípio no procedimento executivo. Vejam-se, por exemplo, as regras sobre a nomeação de bens à penhora e a da punição por atos atentatórios à dignidade da justiça (art. 599, II, do CPC)[85].

O detalhe na distinção entre o contraditório exercido no processo de conhecimento e o exercido na execução é que naquele ocorre em regra antes dos atos decisórios, enquanto neste geralmente é atendido após a realização dos atos decisórios. Tal realidade é ressaltada por *Olavo de Oliveira Neto:*

> No processo de conhecimento, o caminho normal do exercício da jurisdição é que, primeiro, se pratiquem atos de natureza postulatória, em seguida, atos de natureza probatória, e, por fim, os atos de natureza decisória. Primeiro, as partes aduzem o que pretendem, em seguida, comprovam suas alegações, para que, por fim, o juiz decida. Na execução, entretanto, o caminho natural do processo se inverte. O juiz pratica atos decisórios, inclusive os de afetação, para depois permitir às partes que formulem eventual pedido e provem aquilo que aduziram, quando poderá rever o ato praticado[86].

Enfim, o princípio do contraditório não é aplicado somente no processo de conhecimento e no cautelar, mas também, mesmo de forma mais restrita, na execução, seja civil, fiscal ou trabalhista.

Após a elaboração de uma teoria geral, em que restou demonstrada a possibilidade de unificação dos principais sistemas de execução, vejamos como funciona a aplicação subsidiária ou, como preferem alguns, heterointegração entre as normas do direito processual comum e a execução trabalhista e fiscal, a fim de podermos alcançar o escopo que nos propomos.

---

(84) LOPES, João Batista. Reforma da execução civil e efetividade do processo. *Revista do Advogado*, São Paulo, n. 92, ano XXVII, jul. 2007. p. 36.
(85) DIDIER JÚNIOR, Fredie. Esboço de uma teoria da execução civil. *Repro*, São Paulo, n. 118, ano 29, nov./dez. 2004. p.24.
(86) OLIVEIRA NETO, Olavo de. *A defesa do executado e dos terceiros na execução forçada*. São Paulo: Revista dos Tribunais, 2000. p. 32.

III

HETEROINTEGRAÇÃO DOS PRINCIPAIS SISTEMAS DE EXECUÇÃO

1. Análise da aplicação do CPC à execução trabalhista

Conforme já frisado, a estrutura legal da execução trabalhista positivada entre os arts. 876 e 892 da Consolidação das Leis do Trabalho é escassa para tratar da matéria. Aliás, a escassez das normas processuais trabalhistas não se restringe à seara da execução. Vejamos os seguintes quadros que demonstram a referida omissão entre os principais institutos processuais, numa comparação com o Código de Processo Civil.

Partes e procuradores:

Consolidação das Leis do Trabalho	Código de Processo Civil
- Seção IV, Capítulo II, Título X "Das Partes e dos Procuradores" Arts. 791 a 793 Total: 3 artigos	- Título II, Livro I "Das Partes e dos Procuradores" Arts. 7º a 18 (das partes) Arts. 36 a 45 (dos procuradores) Total: 22 artigos

Petição inicial:

Consolidação das Leis do Trabalho	Código de Processo Civil
- Seção I, Capítulo III "Da Forma de Declaração e da Notificação" Arts. 837 a 840 Total: 4 artigos	- Capítulo I, Título VIII, Livro I "Da Petição Inicial" Arts. 282 a 296 Total: 15 artigos

Resposta do réu:

Consolidação das Leis do Trabalho	Código de Processo Civil
- Seção II, Capítulo III "Da audiência de julgamento" Art. 847 (apresentação da defesa) Total: 1 artigo	- Seções I e II, Capítulo III, Título VIII, Livro I "Da Resposta do Réu" Arts. 297 a 299 (das disposições gerais) Arts. 300 a 303 (da contestação) Total: 7 artigos

Consolidação das Leis do Trabalho	Código de Processo Civil
- Seção VI, Título X "Das Exceções" Arts. 799 a 802 Total: 4 artigos	- Capítulo II, Título VIII, Livro I "Das Exceções" Arts. 304 a 314 Total: 11 artigos

Consolidação das Leis do Trabalho	Código de Processo Civil
Omissão Total Nada dispõe sobre reconvenção	- Seção IV, Capítulo II, Título VIII, Livro I "Da Reconvenção" Arts. 315 a 318 Total: 4 artigos

Consolidação das Leis do Trabalho	Código de Processo Civil
- Seção IX, do Título X "Das Provas" Arts. 818 a 830 Total: 13 artigos	- Capítulo VI, Título VIII, Livro I "Das Provas" Arts. 332 a 443 Total: 112 artigos

Provas:

Consolidação das Leis do Trabalho	Código de Processo Civil
- Seção X, Capítulo II, Título X "Da Decisão e sua Eficácia" Arts. 831 a 836 Total: 6 artigos	- Capítulo VIII, Título VIII, Livro I "Da Sentença e da Coisa Julgada" Arts. 458 a 475 Total: 17 artigos

Sentença:

Consolidação das Leis do Trabalho	Código de Processo Civil
- Capítulo VI, Título X "Dos Recursos" Arts. 893 a 901 Total: 9 artigos	- Título X, Livro I "Dos Recursos" Arts. 496 a 565 Total: 70 artigos

Recursos:

Consolidação das Leis do Trabalho	Código de Processo Civil
- Capítulo VI, Título X "Dos Recursos" Arts. 893 a 901 Total: 9 artigos	- Título X, Livro I "Dos Recursos" Arts. 496 a 565 Total: 70 artigos

Execução:

Consolidação das Leis do Trabalho	Código de Processo Civil
- Capítulo V, Título X "Da Execução" Arts. 876 a 892 Total: 17 artigos	- Livro II "Do Processo de Execução" Arts. 566 a 795 Total: 230 artigos

Essa escassez e insuficiência de normas são decorrentes da falta de modernização de seus regramentos. Com exceção à extinção da representação classista no âmbito da Justiça do Trabalho, advinda com a Emenda Constitucional n. 24, em 1999, e à inclusão do procedimento sumário com a Lei n. 9.957, em 12 de janeiro de 2000, que há tempo a CLT não tem uma real atualização de seus institutos[1].

Apesar de ter servido de inspiração para inúmeras reformas no processo comum[2], sua formatação na seara processual ainda está organizada para uma estrutura colegiada.

Assim, não há como negar a existência de inúmeras lacunas no direito processual do trabalho, ou seja, uma verdadeira incompletude da legislação processual nessa seara. Somente se poderia conceber a sua inteireza, considerando-se por ficção legal, como elemento integrativo do sistema, a cláusula da subsidiariedade prevista no art. 769 da CLT.

Vejamos alguns exemplos de institutos do Código de Processo Civil aplicados diuturnamente ao processo do trabalho, sem qualquer pretensão de esgotar o tema: "a) antecipação dos efeitos da tutela jurisdicional de mérito (art. 273); b) cumprimento de sentenças que contêm obrigações de fazer, não-fazer e entregar coisa certa (arts. 461 e 461-A); c) limitação da remessa *ex officio* (art. 475, §§ 2º e 3º); d) aspectos da teoria geral do processo, tais como: conceito e caracteres da coisa julgada, litispendência, condições da ação e pressupostos processuais, extinção do processo sem resolução do mérito (art. 267), hipóteses de resolução do mérito (art. 269), princípio do *non liquet* (art. 126), princípio da dispositividade (art. 128), sentença obstativa em casos de simulação ou colusão das partes (art. 129), deveres das partes (art. 14), multa por ato atentatório ao exercício da jurisdição (art. 14, parágrafo único), regras quanto a litigância de má-fé (art. 17), e) legitimação extraordinária ou anômala (art. 6º); f) poderes do relator em grau de recurso (art. 557); g) desistência da ação (art. 267, § 4º) e desistência do recurso (art. 501); h) princípio da dialeticidade recursal (art. 514, CPC)[3]". Isto sem mencionar os institutos aplicados na execução, objeto de nossa pesquisa, e que, conseqüentemente, serão analisados no decorrer do trabalho, em especial, as inúmeras novidades que foram inseridas pelas Leis ns. 11.232/05 e 11.382/06.

---

(1) Essa realidade não foi sempre assim. Conforme chamou atenção Volney de Macedo Cordeiro (Limites da cognição dos embargos do devedor no âmbito da execução atípica do processo do trabalho. *Revista LTr*, São Paulo, v. 3, ano 70, mar. 2006. p. 335-336): "Na década de 1940, o processo do trabalho se apresentava vanguardista, rompendo com as barreiras de um processo civil extremamente formal, pautado pela dificuldade do acesso do cidadão e do efetivo formalismo na prática dos atos jurisdicionais. O processo formatado pela CLT, na primeira metade do século XX, trouxe inovações, como o acesso do cidadão ao judiciário sem a presença do advogado (art. 791), o pagamento das custas processuais sem a presença do advogado (art. 791), o pagamento das custas processuais no final do processo (art. 798), a oralidade como marca indelével da prática dos atos processuais (arts. 840, § 2º, 847, entre outros) e a eliminação das formalidades do recurso mediante a extirpação do termos de recurso (art. 899). Além dessas características inovadoras, a Consolidação estabelecia algo que na época representava uma ruptura com as diretrizes ideológicas do processo até então vigente, ou seja, a possibilidade de execução da sentença por iniciativa do juiz (art. 878)."
(2) Podemos citar como exemplo a audiência preliminar que, anteriormente, se chamava audiência de conciliação, a atual avaliação do bem penhorado pelo oficial de justiça, a execução como fase do processo de conhecimento, a penhora "on line", entre outros.
(3) Exemplos citados por Luciano Athayde Chaves, no texto As lacunas no direito processual do trabalho. In: CHAVES, Luciano Athayde (org.). *Direito processual do trabalho*: reforma e efetividade. São Paulo: LTr, 2007. p. 62-63.

O art. 769 da CLT, pois, que permite ao intérprete aplicar o direito processual comum nos casos de omissão de lei trabalhista, reconhece expressamente a incompletude do referido sistema. Por tal motivo, alguns estudiosos chegam até mesmo a negar a existência da autonomia do direito processual do trabalho. *Octávio Bueno Magno*, por exemplo, já afirmou que:

> A pertinência do processo à atividade jurisdicional, e a sua não pertinência ao direito material, mostra ser impossível sustentar-se a autonomia de um processo trabalhista pela simples circunstância de se estatuírem procedimentos especiais para a composição de lides do trabalho. Quanto aos princípios que estadeariam o seu particularismo, é preciso ter presente, em primeiro lugar, que surgiram quase todos a modo de contraponto aos princípios e peculiaridades do processo comum, quando este possuía feições marcadamente individualistas, o que não mais ocorre nos dias atuais. A conclusão no sentido de não passar o processo de um ramo ou divisão do direito processual civil, desprovido de autonomia, além de lastreada no magistério de renomados juristas, constitui, no Brasil, consectário da regra inserta no art. 8º, XVII, *b*, da Constituição vigente (art. 22, I, CF/1988), que se refere a um único Direito Processual[4].

A despeito da existência ou não da referida autonomia, enquanto os inúmeros projetos de reforma não se concretizam[5], os quais, inclusive, não terão o condão de alterar essa realidade, é necessária uma incessante complementação das regras do processo do trabalho com os institutos de outros ramos da ciência processual, o civil e o fiscal.

É digno de registro que há duas formas de aplicação subsidiária do processo comum ao processo do trabalho: 1º) supletividade expressa — indica pontualmente os dispositivos do processo comum a serem aplicados ao processo do trabalho; 2º) supletividade aberta — dispõe genericamente que as normas do processo comum são subsidiárias ao processo do trabalho.

Na Consolidação das Leis do Trabalho encontramos dispositivos que indicam pontualmente os artigos do Código de Processo Civil a serem aplicados no processo do trabalho, como o art. 836, que dispõe sobre a utilização da ação rescisória[6], e o

---

(4) MAGANO, Octavio Bueno. *Manual de direito do trabalho — parte geral.* São Paulo: LTr, 1990. p. 78-79.
(5) Detectamos os seguintes projetos de lei em tramitação no Congresso Nacional, que serão objeto de análise em capítulo próprio: 1) Projeto de Lei n. 4.730/04 (trata da dispensa de autenticação de documentos no processo do trabalho e já foi aprovado pela Câmara dos deputados); 2) Projeto de Lei n. 4.731/04 (altera o processo de execução trabalhista); 3) Projeto de Lei n. 4.732/04 (reduz a possibilidade de interposição de recurso de revista para o Tribunal Superior do Trabalho); 4) Projeto de Lei n. 4.733/04 (reduz o cabimento de embargos no Tribunal Superior do Trabalho); 5) Projeto de Lei n. 4.734 (eleva o valor do depósito recursal no processo do trabalho); 6) Projeto de Lei n. 4.735/04 (dispõe sobre exigência de depósito prévio para fins de ajuizamento de ação rescisória no processo do trabalho). Todos eles são conseqüência do "Pacto de Estado em Favor de um Judiciário mais Rápido e Republicano" firmado pelo Presidente da República e pelos Presidentes do Supremo Tribunal Federal, do Senado Federal e da Câmara dos Deputados, documento político publicado no *Diário Oficial da União* em 16.12.2004.
(6) Art. 836: "É vedado aos órgãos da Justiça do Trabalho conhecer de questões já decididas, excetuados os casos expressamente previstos neste Título e a ação rescisória, que será admitida na forma do disposto no Capítulo IV do Título IX da Lei n. 5.869, de 11 de janeiro de 1973, Código de Processo Civil, dispensando o depósito referido nos arts. 488, inc. II, e 494 daquele diploma legal."

art. 882, que estabelece a observância da ordem de gradação legal prevista no art. 655 do CPC[7].

Além dessa previsão de supletividade expressa, com indicação pontual dos dispositivos do CPC a serem aplicados no processo do trabalho, não se pode olvidar o estabelecimento de supletividade aberta, por meio da já vista previsão genérica de aplicação subsidiária do CPC positivada no art. 769 da CLT.

Podemos concluir, pois, que o sistema adotado pelo legislador brasileiro de aplicação do processo comum ao processo do trabalho é misto ou eclético, isto é, utiliza tanto os subsídios da supletividade expressa como aberta.

Assim, o direito processual civil é fonte subsidiária do direito processual do trabalho, além daquelas situações expressamente previstas pelo legislador, nas hipóteses de omissão desta e compatibilidade daquela, de acordo com os termos já transcritos do art. 769 da Consolidação das Leis do Trabalho.

Na verdade, de acordo com a leitura do referido dispositivo, podemos extrair os seguintes requisitos para aplicação subsidiária do CPC na supletividade aberta: I — a matéria não estar regulada de outro modo no texto da CLT (omissão da lei trabalhista); II — não ocorrer violação aos ditames e princípios do processo do trabalho; III — possibilitar adaptação às peculiaridades do procedimento na lide trabalhista.

Como muito bem ressalta *Cláudio Armando Couce de Menezes*, tais requisitos devem existir simultaneamente:

> Estes pressupostos reclamados para o manejo do processo comum hão de estar presentes simultaneamente. Não basta, portanto, a mera omissão; a harmonia com as normas, princípios e notas típicas do direito substancial e processual igualmente se faz necessária. Observado fosse esse mandamento que emana do aludido art. 769, da CLT, evitaríamos a transposição mecânica do CPC, que tantos problemas têm causado aos juristas, advogados, juízes e, pior, aos jurisdicionados[8].

Esse autêntico exercício de heterointegração do direito, de supletividade do processo comum ao sistema processual trabalhista, em face da existência de lacunas, não é exclusividade do ordenamento jurídico brasileiro.

Em Portugal, o Decreto-Lei n. 480/99, que consiste no Código de Processo do Trabalho, estabelece em seu art. 1º que "nos casos omissos, recorre-se sucessivamente à legislação processual comum".

Abílio Neto, doutrinador português, destaca a existência das lacunas no Código de Processo do Trabalho, que ensejam, conseqüentemente, a necessária aplicação do direito processual comum:

---

(7) Art. 882: "O executado que não pagar a importância reclamada poderá garantir a execução mediante depósito da mesma, atualizada e acrescida das despesas processuais, ou nomeando bens à penhora, observada a ordem preferencial estabelecida no art. 655 do Código de Processo Civil."
(8) MENEZES, Cláudio Armando Couce de. *Teoria geral do processo e a execução trabalhista*. São Paulo: LTr, 2003. p. 9-10.

Por mais competente e empenhado que seja o legislador, qualidades que a experiência recente mostra serem atributos cada vez mais raros, que procede à estruturação ou reestruturação de determinado ramo ou área do ordenamento jurídico, jamais consegue prever ou regular todas as situações possíveis, seja no presente seja no futuro, testando sempre omissões de regulamentação que importa suprimir. De acordo com esse artigo, a integração das lacunas existentes no âmbito do processo laboral realiza-se através do recurso aos cinco critérios nele fixados, enumerados sucessivamente, sendo que a aplicação de um deles impõe a exclusão do(s) que for(em) posterior(es), pela ordem ali indicada, ou, dito por outro modo, só afastando o primeiro se passa ao segundo e assim sucessivamente[9].

Na Argentina, o art. 155 da Lei n. 18.345/69, consistente na *Organización y Procedimiento Laboral*, como a legislação brasileira, também adota dois critérios para a matéria: a) o da supletividade expressa, que indica pontualmente os dispositivos do *Código Procesal Civil y Comercial de la Nación* que são aplicáveis ao processo; e b) o de supletividade aberta: "Las demás disposiciones del Código Procesal Civil y Comercial de la Nación serán supletorias en la medida que resulten compatibles con el procedimiento reglado en esta ley."[10]

No ordenamento jurídico pátrio, essa aplicação subsidiária do processo comum depende do ato processual que será praticado. E, na seara da execução, ainda depende de omissão da Lei de Execução Fiscal, de aplicação subsidiária prioritária, conforme os termos do art. 889 da Consolidação das Leis do Trabalho.

Pois bem. Os atos de liquidação têm tratamento direto na Consolidação, podendo ser supletivamente utilizadas normas do Código de Processo Civil, uma vez que a Lei de Execução Fiscal não regulamenta a matéria.

Os atos de constrição são disciplinados pela Consolidação das Leis do Trabalho, mas intensamente complementados pela Lei n. 6.830/80 e, apenas para dirimência de incidentes menores, pelo Código de Processo Civil. Atualmente, porém, diante das inúmeras reformas desse diploma legal, surgiram alguns dispositivos de interessante aplicação subsidiária.

Todo o grupo dos atos de alienação, salvo avaliação de bens penhorados, foi disciplinado na Lei n. 5.584/70, que dispôs sobre normas de direito processual do trabalho e alterou dispositivos da Consolidação das Leis do Trabalho. O seu art. 12 foi incorporado ao texto da CLT. A supletividade do CPC, entretanto, faz-se com intensidade.

Ocorre que a dupla e sucessiva supletividade da Lei de Execuções Fiscais e do Código de Processo Civil exige um paciente esforço de análise para conveniência e legalidade da compatibilização dessas regras com os princípios que regem o processo do trabalho, tão suprimido na sistematização da CLT.

---

(9) NETO, Abílio. *Código de Processo do Trabalho anotado*. 3. ed. Lisboa: Ediforum, 2002. p. 22.
(10) PIROLO, Miguel Angel *et al. Manual de derecho procesal del trabajo*. Buenos Aires: Astrea, 2006. p. 424-425.

Essa compatibilização enseja incessantes dúvidas e discussões na doutrina e jurisprudência, especialmente diante das inúmeras reformas por que passa o processo comum. Assim, a insegurança jurídica gerada, bem como preocupação com o acesso à justiça e a efetividade da jurisdição, entre alguns outros fatores que serão analisados, levam-nos a realizar uma proposta de *lege ferenda* no sentido de unidade processual para execução. Vejamos então essa aplicação subsidiária de forma sistematizada, que servirá, como dito, de premissa para as conclusões a que chegaremos.

1.1. Cumprimento de sentença

O novo art. 475-I do Código de Processo Civil, oriundo de modificação legislativa trazida pela Lei n. 11.232/05, estabeleceu que: "o cumprimento de sentença far-se-á conforme os arts. 461 e 461-A desta lei ou, tratando-se de obrigação por quantia certa, por execução, nos termos dos demais artigos deste Capítulo".

Através da nova lei, portanto, conforme já dito, as execuções de sentença civil condenatória deixaram de ser realizadas por meio de processo autônomo, passando a ser objeto de "cumprimento", satisfação ou efetivação no âmbito do mesmo processo de conhecimento.

No tocante à extinção do processo autônomo de execução, não há que se falar em aplicação subsidiária ao processo do trabalho, muito pelo contrário, o que se pode afirmar, talvez, é que a disciplina da execução trabalhista tenha influenciado o legislador processual civil, pois tal sistemática já existia naquele processo especial.

Já tivemos oportunidade de demonstrar que, no sistema da execução trabalhista, ante a possibilidade de o juiz instaurar de ofício a execução, esta segue nos mesmos autos do processo de conhecimento, sem necessidade de instauração de uma nova relação processual.

Quanto à inexistência de um processo autônomo de execução na relação processual trabalhista é a lição de *Christovão Piragibe Tostes Malta:*

> Partindo-se, então, da premissa de que pelo procedimento se visa a ver solucionado um conflito de interesses e que o conflito não termina com o conhecimento, a execução integra o complexo de atos necessários para atender-se à pretensão do autor, para solucionar-se o conflito de interesses. Logo, a execução jamais é autônoma. Nosso direito positivo permite ao juiz, embora com restrições, promover de ofício a execução trabalhista, o que é mais um argumento contra a autonomia em debate, uma vez que os juízes não podem ajuizar pedidos, dar início a procedimentos sem prévia manifestação de vontade da parte interessada. Formal e praticamente, ao menos no processo trabalhista, os atos executórios continuam o de conhecimento, prosseguindo nos mesmos autos[11].

---

(11) MALTA, Christovão Piragibe Tostes. *Prática do processo trabalhista.* São Paulo: LTr, 1999. p. 758-759.

Manoel Antonio Teixeira Filho, estudioso do processo do trabalho, aqui já citado quando falamos da inexistência de processo autônomo de execução na seara trabalhista, ratifica tal peculiaridade do processo trabalhista mencionando o poder do magistrado de instaurar a execução de ofício:

> Um tal poder outorgado, de maneira expressa, ao juiz do trabalho, deixa evidente a atitude ideológica do legislador de fazer a execução mera fase subseqüente ao processo de conhecimento. [...] A execução trabalhista, conseqüentemente, não instaura uma nova relação jurídica, senão, que apenas representa emanação peculiar da relação nascida no processo de conhecimento.

Sem pretendermos ser heterodoxos nesse tema, pensamos que a execução trabalhista, longe de ser autônoma, representa, em rigor, simples fase do processo de conhecimento que deu origem à sentença condenatória exeqüenda. Não se veja nesse nosso entendimento um presuntivo escopo de impor uma involução nos estudos doutrinais a respeito da natureza jurídica da execução; está em nosso propósito, ao contrário, chamar a atenção às marcantes singularidades do processo trabalhista, diante das quais não prosperam aqueles argumentos que tornaram vitoriosa a corrente civilista que defendia a autonomia do processo executivo[12].

Nem se diga que a previsão de citação existente no processo do trabalho teria o condão de alterar tal realidade. Ontologicamente, a despeito de a CLT fazer referência à citação, na verdade o que há é verdadeira intimação ou, nos termos utilizados pela lei trabalhista, notificação.

Tal realidade é constatada por *Edilton Meireles* e *Leonardo Dias Borges*: "a Consolidação das Leis do Trabalho não se preocupou muito com a exatidão conceitual dos atos de comunicação processual, pois que ora faz menção à citação, ora notificação e por vezes a intimação, em verdadeira mistura"[13].

Ainda sobre a configuração da execução como fase e não processo autônomo, também é o magistério de *Pedro Paulo Teixeira Manus:*

> Para alcançar uma visão panorâmica, pensemos no processo como uma sucessão de fases, compostas cada uma delas por uma sucessão de atos. As duas grandes fases do processo do trabalho são a de conhecimento e a de execução. E cada uma delas divide-se, por sua vez, em subfases. A fase de conhecimento é composta pela subfase postulatória, subfase probatória e subfase decisória, além do que, havendo recurso, compreende ainda a subfase recursal. Já na fase de execução, depende se conteúdo do tipo de prestação que se busca. Sendo execução de obrigação de dar quantia certa, compõe-se a execução da fase de liquidação de sentença, fase de garantia do juízo e fase de venda judicial. [...] Nos casos de obrigação de dar

---

(12) TEIXEIRA FILHO, Manoel Antonio. *Execução no processo do trabalho.* São Paulo: LTr, 2004. p. 37 e 39-40.
(13) MEIRELES, Edilton; BORGES, Leonardo Dias. *A nova reforma processual e seu impacto no processo do trabalho.* São Paulo: LTr, 2007. p. 56.

coisa certa, de fazer e não fazer, após o trânsito em julgado, segue-o o cumprimento direto da coisa julgada[14].

É digno de registro, pois, que o processo do trabalho antecipou-se ao processo civil nessa simplificação de procedimento e, caso houvesse possibilidade de suas normas serem aplicadas ao processo comum, os jurisdicionados já estariam sendo beneficiados com essa comemorada simplificação.

Pois bem. A norma do art. 475-I dispõe que o cumprimento de sentença será feito de duas formas: a) de acordo com os arts. 461 e 461-A, quando se cuidar de obrigação de fazer, de não fazer ou de entrega de coisa; b) de acordo com o disposto no art. 475-R, quando for o caso de execução por quantia certa.

Antes, porém, de analisar a aplicação ou não subsidiária dessas regras nas duas espécies de execução, vejamos qual o juízo competente para o cumprimento da sentença, a importante fase de sua liquidação e o requerimento para dar início a esse procedimento.

1.1.1. Competência

O art. 475-P, incluído no Código de Processo Civil pela Lei n. 11.232/05, estabelece que:

> O cumprimento da sentença efetuar-se-á perante:
>
> I — os tribunais, nas causas de sua competência originária;
>
> II — o juízo que processou a causa no primeiro grau de jurisdição;
>
> III — o juízo cível competente, quando se tratar de sentença penal condenatória, de sentença arbitral ou de sentença estrangeira.

Tal dispositivo do diploma processual civil tem correspondência com os arts. 877[15] e 878[16] da Consolidação das Leis do Trabalho. Entretanto, é mister ressaltar o parágrafo único daquele artigo, tendo em vista se tratar de procedimento interessante que poderá ser adotado no processo do trabalho:

> No caso do inciso II do *caput* desse artigo, o exeqüente poderá optar pelo juízo do local onde se encontra bens sujeitos à expropriação ou pelo do atual domicílio do executado, casos em que a remessa dos autos do processo será solicitada ao juízo de origem.

O exeqüente pode, pois, optar pelo juízo do local onde se encontram os bens objeto da execução ou pela execução no atual domicílio do executado. Devido à omissão da

---

(14) MANUS, Pedro Paulo Teixeira. *Execução de sentença no processo do trabalho*. 2. ed. São Paulo: Atlas, 2005. p. 19.
(15) "É competente para a execução das decisões o juiz ou presidente do Tribunal que tiver conciliado ou julgado originariamente o dissídio."
(16) "A execução poderá ser promovida por qualquer interessado, ou *ex officio* pelo próprio juiz ou presidente ou Tribunal competente, nos termos do artigo anterior."

CLT quanto a essa possibilidade e a compatibilidade da norma com o processo do trabalho, não há qualquer empecilho à sua aplicação nessa seara.

Trata-se de mais uma exceção ao princípio de que o juízo da ação também é o da execução, somada ao art. 87 do Código de Processo Civil, que cuida da exceção da jurisdição (*perpetuatio jurisdictionis*). Haja vista o grande lapso temporal para cumprimento de cartas precatórias em casos de constrição de bens em comarcas distintas de onde tramita a execução, válida é a aplicação do dispositivo na execução trabalhista.

Francisco Antonio de Oliveira chama atenção apenas para o lapso terminológico do legislador ao utilizar a expressão solicitar ("será solicitado ao juízo de origem") ao invés de requerer ("será requerido"). Explica o ex-presidente do TRT da 2ª Região que "Ao juiz não se solicita, se requer. Feito o requerimento o juiz é obrigado a decidir, deferindo ou indeferindo o conteúdo do requerimento, sempre de forma fundamentada"[17].

A possibilidade de remessa do processo ao juízo do local onde se encontram bens sujeitos à expropriação ou atual domicílio do executado, entretanto, pode em algumas situações ser desaconselhável. Vejamos o exemplo citado por *Francisco Antonio de Oliveira*:

> A execução é feita por litisconsórcio de seis autores, cada qual representado por advogado distinto. Apenas um requer a remessa. Embora haja o requerimento de um deles, a remessa é desaconselhável. Se todos requererem, não haverá razão para o não atendimento. A cisão do processo em sede executória é desaconselhável[18].

Enfim, aqui a nova norma processual civil é compatível com o processo do trabalho e traz efetividade ao sistema. O jurisdicionado que recorre à Justiça do Trabalho é beneficiado com a reforma do CPC diante da omissão da CLT. Posteriormente, entretanto, veremos situações em que isso não será possível. Vejamos agora a aplicação de outro dispositivo novo do Código de Processo Civil reformado, o art. 475-Q que alterou as regras para a constituição de capital nos casos de condenação por ato ilícito.

1.1.2. Constituição de capital na condenação por ato ilícito

A Lei n. 11.232/05 revogou o art. 602 do Código de Processo Civil e passou a regular o problema da constituição de capital nos casos de condenação por ato ilícito no art. 475-Q[19]. É pertinente analisar a aplicação desse dispositivo na seara do processo do trabalho.

---

(17) OLIVEIRA, Francisco Antonio de. A nova reforma processual — reflexos sobre o processo do trabalho — Leis ns. 11.232/05 e 11.280/06. *Revista LTr*, São Paulo, n. 12, ano 70, dez. 2006. p. 1428.
(18) OLIVEIRA, Francisco Antonio de. *Op. cit.*, p. 1428.
(19) Art. 475-Q do CPC: "Quando a indenização por ato ilícito incluir prestação de alimentos, o juiz, quanto a esta parte, poderá ordenar ao devedor constituição de capital, cuja renda assegure o pagamento de valor mensal da pensão."

A constituição de capital referida no art. 475-Q tem por finalidade garantir o cumprimento de prestações futuras, relacionadas ao dever de prestar alimentos, como obrigação oriunda de ato ilícito.

Diante da ampliação da competência da Justiça do Trabalho pela Emenda Constitucional n. 45 (Reforma do Judiciário) e das inúmeras ações de indenização por danos morais e materiais decorrentes de acidente de trabalho, a matéria é de extrema importância para a jurisdição trabalhista.

Tendo em vista que já se encontra superada a discussão acerca da competência da Justiça do Trabalho, inclusive pela decisão do Supremo Tribunal Federal nos autos do Conflito de Competência n. 7.204/MG, cujo relator foi o Ministro Carlos Ayres Britto, não há dúvida de que, diante da omissão da lei trabalhista, o art. 475-Q se aplica em sua integralidade às referidas ações indenizatórias por acidente do trabalho.

Aqui, temos uma das poucas situações em que a supletividade do Código de Processo Civil ao processo do trabalho é feita de forma harmoniosa e positiva, sem ensejar qualquer tumulto processual ou insegurança jurídica.

Enfim, há hipóteses em que a indenização decorrente de acidente do trabalho fatal não pode se limitar ao pagamento de uma prestação única, como na situação positivada no art. 948, II, do Código Civil[20], sendo possível nesses casos constar da sentença uma condenação a que o réu preste alimentos.

Assim, diante da possibilidade de os dependentes do acidentado morto restarem sujeitos às oscilações econômicas, correndo o risco de perderem a renda da pensão, seja pelo fechamento da empresa ré, seja pela falência do ex-empregador, estabelece o art. 475-Q um procedimento para constituição de um capital suficiente a assegurar o cumprimento da sentença condenatória, o qual é inalienável e impenhorável enquanto durar a obrigação do devedor, conforme § 1º dessa norma[21].

Da leitura do referido dispositivo, cuja aplicação no processo do trabalho como já dissemos é induvidosa, vejamos as alterações que advieram com o mesmo. Primeiro, de logo, notamos que o dispositivo substituiu a imperativa expressão "condenará o devedor a constituir um capital" para "o juiz poderá ordenar ao devedor a constituição de capital".

O contexto da imperatividade da norma constante do *caput* do dispositivo e, inclusive, objeto da Súmula n. 313 do Superior Tribunal de Justiça ("Em ação de indenização, procedente o pedido, é necessária a constituição de capital ou caução fidejussória para a garantia de pagamento da pensão, independentemente da situação financeira do demandado") foi alterado de acordo com a sua nova feição. Tal realidade foi devidamente registrada por *Araken de Assis*:

---

(20) Art. 948, II, do CC: "No caso de homicídio, a indenização consiste, sem excluir outras reparações: II — na prestação de alimentos às pessoas a quem o morto os devia, levando-se em conta a duração provável da vida da vítima."
(21) § 1º, art. 475-Q: "Este capital, representado por imóveis, títulos da dívida pública ou aplicações financeiras em banco oficial, será inalienável e impenhorável enquanto durar a obrigação do devedor."

Ao contrário do que estabelecia o art. 602, *caput*, a constituição de capital, na redação vigente, constitui simples faculdade outorgada ao juiz. O art. 475-Q, *caput*, trocou a antiga forma verbal imperativa ("condenará") por outra ("poderá ordenar"). Bem por isso, hoje, como anteriormente, a sentença (ou acórdão) há de se mostrar explícita acerca da "ordem" para constituir capital. A função do capital permanece idêntica, porém: assegura o pagamento das prestações vincendas, talvez por período indeterminado de tempo na hipótese de pensão vitalícia[22].

A questão da imperatividade, entretanto, deve ser vista em conjunto com os parágrafos do artigo, uma vez que a faculdade de construir o capital deve ser analisada em função de outras formas previstas no sistema para assegurar o resultado útil da execução da sentença.

O § 2º, por exemplo, do art. 475-Q do Código de Processo Civil permite ao juiz substituir a constituição do capital pela inclusão do beneficiário da prestação em folha de pagamento de entidade de direito público ou de empresa de direito privado de notória capacidade econômica, ou, a requerimento do devedor, por fiança bancária ou garantia real, em valor a ser arbitrado de imediato pelo juiz.

Assim, entendemos que a interpretação quanto à não-imperatividade da norma deve ser feita de forma sistemática com o seu § 2º, ou seja, o juiz pode optar por não determinar a constituição de capital na condenação por ato ilícito, desde que aplique o referido parágrafo como uma forma alternativa de assegurar a efetividade da execução, seja através de inclusão do beneficiário em folha de pagamento de entidade de direito público ou empresa privada, seja por fiança bancária ou garantia real.

Assim, a necessária imperatividade para garantia da efetividade da obrigação sucessiva representada pela prestação de alimentos não é descartada, apenas é exercida num plano mais amplo de possibilidades.

Interessante questão é relativa à utilização da prisão civil, prevista no art. 733 do Código de Processo Civil, como forma de coerção para o devedor pagar os alimentos, em hipótese das garantias como o capital constituído falharem. *Teresa Arruda Alvim Wambier, Luiz Rodrigues Wambier* e *José Miguel Garcia Medina* admitem essa possibilidade:

> Falhando o pagamento da pensão alimentícia que se realizava através do capital constituído, pensamos que se pode aplicar à hipótese a execução por coerção prevista no art. 733 do CPC. Segundo escreveu um dos autores dos presentes comentários, os dispositivos legais que regulam a matéria não estabelecem qualquer limitação à possibilidade de utilização desta medida executiva também quanto à obrigação alimentar decorrente de ato ilícito. No caso, no entanto, deve o juiz distinguir a que título se está definindo a indenização, pois a condenação pode ter por fim apenas a reparação de danos sofridos pelo demandante, hipóte-

---

(22) ASSIS, Araken de. *Cumprimento de sentença*. Rio de Janeiro: Forense, 2006. p. 287.

se em que prepondera o caráter indenizatório ao alimentar, em que a referida medida coercitiva não deverá incidir. O mesmo não ocorre nos casos em que o juiz condena o réu ao pagamento de prestação de alimentos às pessoas a quem o morto os devia (cf. art. 948, inc. II, do Código Civil), podendo, neste caso, fixar liminarmente a pensão alimentícia devida. Neste caso, embora a pensão não seja devida em virtude de vínculo familiar, mas em decorrência de responsabilidade civil por ato ilícito, pensamos que prepondera o seu caráter alimentar sobre o indenizatório, razão pela qual a medida coercitiva ora mencionada poderá ser aplicada[23].

A despeito de muito bem fundamentada a posição dos ilustres autores, aos quais devotamos incomensurável respeito e admiração, não a corroboramos, uma vez que a pensão em comento tem natureza eminentemente reparatória e, assim, por não estar vinculada ao direito de família nem ter caráter de prestação alimentícia, não pode ser admitida a prisão civil. Essa, inclusive, é a posição do Superior Tribunal de Justiça:

> *HABEAS CORPUS.* PRISÃO CIVIL. INDENIZAÇÃO POR ATO ILÍCITO. A possibilidade de imposição de prisão civil em decorrência de não pagamento de débito alimentar não abrange a pensão devida em razão de ato ilícito. Precedentes. Ordem concedida. (STJ, HC 35.408/SC, Rel. Min. Castro Filho, *DJU* 29.11.2004)

Outra questão que merece ainda reflexão é a autorização de fixação dos alimentos decorrentes de ato ilícito, tomando-se por base o salário mínimo. Como o art. 7º, inciso IV da Constituição Federal, veda a vinculação de qualquer prestação ao salário mínimo, parece-nos conveniente ao juiz do trabalho arbitrar outra forma de correção ao valor nominal fixado, a fim de evitar futuras discussões e recursos acerca da matéria, que poderiam ter o condão de não contribuir com a celeridade necessária ao processo do trabalho.

Os §§ 3º[24] e 5º[25] do art. 475-Q não suscitam maiores polêmicas por tratarem respectivamente da possibilidade de as partes requererem redução ou majoração da prestação pela modificação das situações econômicas e liberação do capital ou das outras garantias prestadas, quando cessada a obrigação da prestação de alimentos.

Infelizmente, a aplicação subsidiária do Código de Processo Civil à execução trabalhista não continua assim uniforme e sem maiores celeumas, a dispensar propostas de alterações legislativas, como veremos a seguir. Assim, dando continuidade às premissas para nossa proposta de unificação processual na seara da execução, passamos ao estudo da liquidação de sentença, nessa trabalhosa, mas necessária, heterointegração das normas dos sistemas.

---

(23) *Breves comentários à nova sistemática processual civil 2.* São Paulo: Revista dos Tribunais, 2006. p. 198-199.
(24) § 3º do art. 475-Q do CPC: "Se sobrevier modificação nas condições econômicas, poderá a parte requerer, conforme as circunstâncias, redução ou aumento da prestação."
(25) § 5º do art. 475-Q do CPC: "Cessada a obrigação de prestar alimentos, o juiz mandará liberar o capital, cessar o desconto em folha ou cancelar as garantias prestadas."

1.1.3. Liquidação de sentença

As circunstâncias que permitem a conjugação dos requisitos liquidez e certeza para a prolação de sentenças em condições de imediato cumprimento nem sempre estão presentes. Inexistente a liquidez, é necessária a realização de atividade para apurá-la e dar ao título sua completa eficácia executória.

A expressão liquidar vem do verbo latino *liquere*, que significa "ser manifesto". Liquidação, portanto, tem o significado de tornar clara a sentença quanto aos valores nela estipulados.

O termo "liquidação de sentença", segundo *Sergio Pinto Martins*, não é o mais correto. O referido Professor afirma que: "Mais correto seria falar em liquidação de obrigação constante da sentença, pois a sentença não vai ser liquidada, mas a determinação nela contida."[26]

De qualquer sorte, em face da praxe forense, utilizaremos o termo liquidação de sentença[27]. Esta consiste na fase intermediária entre a de conhecimento e execução, na verdade preparatória desta última. Trata-se dos atos de acertamento necessários ao início da execução.

A Consolidação das Leis do Trabalho, embora disponha sobre a matéria, é reconhecidamente omissa. Não resta, pois, ao intérprete e aplicador da legislação trabalhista outra alternativa senão recorrer às regras do processo comum.

O parágrafo único do art. 459 do Código de Processo Civil estabelece que se o autor tiver feito pedido certo, o juiz não poderá proferir sentença ilíquida. Ocorre que no processo do trabalho, na maioria das vezes, o reclamante aduz pedido certo, porém as sentenças costumam ser ilíquidas.

Tal realidade é decorrente do fato de geralmente o pedido ser composto de inúmeras verbas como horas extras, adicional noturno, multa pelo não-pagamento das verbas rescisórias em tempo hábil, aviso prévio, férias vencidas e proporcionais, 13º salário vencido e proporcional, adicional de insalubridade e/ou periculosidade, multas dissidiais, indenização pela estabilidade, danos morais, repouso semanal remunerado, verbas do Fundo de Garantia não depositadas nas épocas próprias, entre outras.

Diante de tal situação, provadas horas extraordinárias, adicional noturno e adicional de insalubridade ou periculosidade que compõem a base de cálculo da condenação, por exemplo, a realização de perícia é imprescindível. Assim, o juiz usualmente não prolatará sentença líquida, tendo em vista que obrigatoriamente os cálculos deverão ser refeitos.

---

(26) MARTINS, Sérgio Pinto. *Direito processual do trabalho*. São Paulo: Atlas, 2000. p. 560.
(27) Sobre o tema ver excelente obra de WAMBIER, Luiz Rodrigues. *Sentença civil:* liquidação e cumprimento. São Paulo: Revista dos Tribunais, 2005.

É importante ressaltar que a liquidação jamais ocorrerá como fase preparatória de execução de título extrajudicial, uma vez que o procedimento liquidatório só tem aplicação nas hipóteses de pronunciamentos judiciais.

O legislador civil, em respeito à nova sistemática para cumprimento das decisões judiciais, reorganizou as disposições do Código de Processo Civil e retirou os procedimentos de liquidação de sentença do Livro II (que trata do processo de execução), transferindo-os para o Livro I (que dispõe sobre o processo de conhecimento).

Tal ocorreu tendo em vista que a liquidação passou a ser considerada um prolongamento da ação de conhecimento, haja vista a supressão do ato de "citação". O novo § 1º do art. 475-A fala que "Do requerimento de liquidação de sentença será a parte *intimada*, na pessoa do advogado".

A nova liquidação de sentença civil, portanto, de acordo com o tratamento legislativo dispensado pela Lei n. 11.232/05, como já dito, perdeu a antiga natureza de ação. A redação do art. 475-A, § 1º, que não fala em petição inicial, mas em "requerimento de liquidação", demonstra que sua atual feição, conforme já exposto no item 2 do capítulo I, é de incidente processual.

Tal mudança está em consonância com o processo do trabalho, uma vez que a Justiça Especializada Trabalhista, conforme ressaltou *Luciano Athayde Chaves*, "já não tratava da liquidação como procedimento a exigir ato citatório, eis que mero desdobramento da fase de conhecimento e preparatório para a execução do título ilíquido"[28].

A natureza jurídica da liquidação de sentença como incidente processual, pois, também é aceita no processo do trabalho pela doutrina especializada, como podemos constatar da conclusão de *Francisco Antonio de Oliveira*, estudioso da matéria: "A liquidação de sentença constitui incidente da fase cognitiva. Sua natureza é declaratória, posto que apenas o *an debeatur* é conhecido. Há incerteza no que respeita ao *quantum*. Conhecido este, ela se torna integrativa da execução."[29]

Mas como ocorre a aplicação dos demais dispositivos desse procedimento previsto no Código de Processo Civil, cuja finalidade é apurar o *quantum debeatur* da execução, em hipótese de sentenças ilíquidas, no processo do trabalho, uma vez que a Lei de Execução Fiscal é omissa sobre a matéria?

O *caput* do art. 475-A do Diploma Processual Civil estabelece que, "quando a sentença não determinar o valor devido, procede-se à sua liquidação". Não há necessidade de adoção subsidiária desse dispositivo, uma vez que o art. 879 da Consolidação das Leis do Trabalho estabelece de forma idêntica, mas através de outras palavras, que, "sendo ilíquida a sentença exeqüenda, ordenar-se-á, previamente, a sua liquidação".

---

(28) CHAVES, Luciano Athayde. *A recente reforma no processo comum — reflexos no direito judiciário do trabalho*. São Paulo: LTr, 2006. p. 46.
(29) OLIVEIRA, Francisco Antonio de. *Execução na justiça do trabalho*. São Paulo: Revista dos Tribunais, 2006. p. 100.

O § 1º do art. 475-A do CPC dispõe sobre a iniciativa da liquidação de sentença, por meio de requerimento do interessado: "Do requerimento de liquidação de sentença será a parte intimada, na pessoa de seu advogado".

Tal dispositivo tem incidência limitada no processo do trabalho. Limitada porque ele dispõe claramente que a liquidação da sentença deverá ser *requerida*. E, apesar de não existir impedimento para a parte interessada promover a liquidação por sua iniciativa, no processo do trabalho tal procedimento pode ser iniciado pelo juiz *ex officio*, conforme dispõe o art. 878 da CLT.

Além do que, não há possibilidade de a parte ser intimada por seu advogado na execução trabalhista, uma vez que a CLT não é omissa sobre a matéria e fala expressamente na intimação da própria parte no § 1º-B do art. 879 de seu texto[30].

O § 2º do art. 475-A do CPC trata da possibilidade de a liquidação ser requerida na pendência de recurso[31]. A Consolidação das Leis do Trabalho é omissa sobre o tema, pois o seu art. 899 limita-se a declarar que a execução provisória tramita até a penhora[32]. A aplicação desse dispositivo, pois, é muito corriqueira na Justiça do Trabalho, tendo em vista a compatibilidade de procedimento e, principalmente, o fato de os recursos na seara trabalhista terem apenas efeito devolutivo.

Nessa heterointegração das normas da execução civil e trabalhista é importante frisar que, apesar de já termos afirmado que no processo do trabalho o juiz pode tomar a iniciativa para a liquidação, tal não ocorre na execução provisória, por expressa advertência do inciso I do art. 475-O do CPC, o qual estabelece que ela corre por conta e responsabilidade do exeqüente.

Outro dispositivo que pode gerar alguma polêmica é o do § 3º do art. 475-A[33] do CPC. O objetivo do legislador civil, ao proibir a possibilidade de decisão ilíquida no ressarcimento de danos ocorridos em acidente de veículo ou cobrança de seguro, foi o de acelerar o cumprimento da sentença.

Ocorre que, a despeito da elogiável intenção do legislador, o jurisdicionado não poderá dela se beneficiar na execução trabalhista, uma vez que o § 2º, do art. 852-I da CLT, que trata do procedimento sumaríssimo e estabelecia que "não se admitirá sentença condenatória por quantia ilíquida", foi vetado pelo Presidente da República.

Manoel Antonio Teixeira Filho explica essa incongruência da legislação trabalhista com o seu escopo de um processo célere:

---

(30) § 1º-B do art. 879 da CLT: "As partes deverão ser previamente intimadas para apresentação do cálculo de liquidação, inclusive da contribuição previdenciária incidente."

(31) § 2º do art. 475-A do CPC: "A liquidação poderá ser requerida na pendência de recurso, processando-se em autos apartados, no juízo de origem, cumprindo ao liquidante instruir o pedido com cópias das peças processuais pertinentes."

(32) Art. 899 da CLT: "Os recursos serão interpostos por simples petição e terão efeito meramente devolutivo, salvo as exceções previstas neste Título, permitida a execução provisória até a penhora."

(33) "Nos processos sob procedimento comum sumário, referidos no art. 275, inc. II, alíneas *d* e *e* desta Lei, é defesa a sentença ilíquida, cumprindo ao juiz, se for o caso, fixar de plano, a seu prudente critério, o valor devido."

Esta norma, entretanto, foi vetada pelo Sr. Presidente da República, sob a argumentação de que a precitada disposição poderia, na prática, atrasar a prolação das sentenças, já que se impõe ao juiz a obrigação de elaborar os cálculos, o que nem sempre é simples de se realizar em audiência. Seria prudente vetar o dispositivo em relevo, já que a liquidação por simples cálculo se dará na fase de execução da sentença, que, aliás, poderá sofrer modificações na fase recursal[34].

O descabimento de imposição de sentença líquida no processo do trabalho também decorre do simples fato de que as ações decorrentes de acidente de veículo de via terrestre e de ação que envolvam cobrança de seguro e que ensejam a aplicação da regra do § 3º do art. 475-A do CPC são matérias estranhas às lides trabalhistas e que não são apreciadas pela Justiça do Trabalho.

Não se pode afirmar, entretanto, que o Juiz do Trabalho encontra-se impedido de proferir sentença líquida, seja no procedimento ordinário, seja no sumaríssimo, mas sim que não há norma trabalhista que o obrigue.

E, nesse contexto, não nos parece adequado se admitir a supletividade da norma externa do processo civil, quando a norma do próprio processo do trabalho foi vetada, o que corrobora nossa tese de que deve haver uma uniformidade no procedimento da execução, pois o maior beneficiário dessa simplificação será o jurisdicionado, que poderá se valer das melhores regras para satisfação de seu direito.

Como conceber a imposição de uma sentença líquida numa hipótese de procedimento sumário no processo civil e não o ter no procedimento sumaríssimo do processo do trabalho, cuja natureza do crédito é alimentar? A contradição é patente!

E não há como negar as vantagens na prolação de sentenças líquidas, especialmente nas causas de regime sumário. A tendência de se eliminar a fase de quantificação em delimitados casos submetidos ao Judiciário, quando possível logicamente[35], é digna de aplausos.

Entre as novidades trazidas pelas reformas do CPC, outrossim, não se pode olvidar a do § 2º do art. 475-I do CPC, incluído no capítulo do cumprimento de sentença,

---

(34) TEIXEIRA FILHO, Manoel Antonio. *Execução no processo do trabalho*. São Paulo: LTr, 2004. p. 87.
(35) Paulo Henrique dos Santos Lucon, por exemplo, no texto Sentença e liquidação no CPC. *Estudos em homenagem ao Professor Barbosa Moreira*. São Paulo: Revista dos Tribunais, 2005. p. 94, traz exemplo de impossibilidade de sentença líquida para hipótese do art. 275, II, *d*: "[...] referido dispositivo não terá o condão de afastar a sentença ilíquida em muitos casos. Assim, por exemplo: em acidente de veículo terrestre, uma das vítimas é obrigada a se submeter a um longo tratamento fisioterápico. Antes do término do tratamento, resolve por bem ingressar com demanda visando o ressarcimento por danos, formulando, para tanto, um pedido líquido, relacionado com as despesas médicas já suportadas, e um outro ilíquido, concernente às despesas a se realizarem. Note-se que esse último pedido é plenamente compatível com o que dispõe o art. 286, inc. II. No momento da prolação da sentença, o juiz condena o demandado ao pagamento das despesas já suportadas — as apresentadas na petição inicial e aquelas pagas ao longo do processo e submetidas ao contraditório. Nesse sentido a sentença será líquida, atendendo ao disposto no art. 475-N. No entanto, como ficará essa sentença em relação à parte ilíquida? O juiz deixará de apreciar o pedido, consagrando o vedado *non liquet*? Ou simplesmente extinguirá o processo em relação a esse pedido por impossibilidade jurídica, submetendo a parte a novo e longo processo de conhecimento? Essa última solução constitui verdadeira denegação de justiça e estimula processos inúteis. Por essa razão, a interpretação sistemática do ordenamento processual faz com que se admita sentença ilíquida no hipótese do art. 275, inc. II, alínea *d*."

o qual estabelece que: "quando na sentença houver uma parte líquida e outra ilíquida, ao credor é lícito promover simultaneamente a execução daquela e, em autos apartados, a liquidação desta"[36].

É alteração interessante no tocante à busca da celeridade processual e pode perfeitamente ser observada de forma subsidiária pelo juiz do trabalho. É uma forma de agilizar o processamento dos atos executivos da parte líquida da decisão, que podem ter seu desenvolvimento prejudicado no caso de o juiz somente praticar atos de liquidação nos autos principais.

Tal novidade está em consonância com o inciso LXXVIII do art. 5º da Constituição Federal, inserido pela Reforma do Judiciário (Emenda Constitucional n. 45), o qual estabelece que, "a todos no âmbito judicial e administrativo, são assegurados a razoável duração do processo e os meios que garantam a celeridade de sua tramitação".

A Consolidação das Leis do Trabalho dispõe que, "sendo ilíquida a sentença exeqüenda, ordenar-se-á, previamente, a sua liquidação, que poderá ser feita por cálculo, por arbitramento ou por artigos".

Examinaremos, portanto, essas três espécies de liquidação, conforme nossa metodologia de heterointegração dos sistemas, como premissa para nossa proposta de unificação. Em especial as duas últimas espécies, em face da ausência de qualquer regulamentação na CLT. A escassez de normas processuais trabalhistas, não podemos deixar de frisar, também é fator que corrobora nossa proposta *de lege ferenda*.

1.1.3.1. Liquidação por cálculos

A liquidação por simples cálculos consiste na realização de contas aritméticas pelas partes e pelo juiz de modo que alcance o *quantum debeatur*. É importante ressaltar que nenhum fato pode ser apurado nesta forma de liquidação, muito menos questão processual ou ponto controvertido, sob pena de a liquidação ter que ser por artigos ou arbitramento.

Nesse sentido corretas as lições de *Edilton Meireles* e *Leonardo Dias Borges*, bem como o exemplo citado pelos referidos autores:

> Assim, é pressuposto da liquidação por cálculos que todas as questões já tenham sido decididas e definidas no processo de conhecimento. Por exemplo: será por simples cálculos a liquidação da sentença que define a quantidade de horas extras devidas (duas por dia), aponta o valor da sua base de cálculos (salário de R$ 440,00), o divisor das horas extras (220 horas), o adicional devido (50%) e o período trabalhado (dois meses, de segunda a sexta-feira). Logo, nesta hipótese, bastará dividir o salário pelo divisor permanente, acrescentar o adicional de horas extras e multiplicar seu produto pela quantidade de horas extras devidas (por

---

(36) Esse dispositivo está em consonância com o § 2º do art. 586 do CPC: "quando na sentença há uma parte líquida e outra ilíquida, ao credor é lícito promover simultaneamente a execução daquela e a liquidação desta".

dia, por semana ou por mês) para se obter o *quantum debeatur*. Ao resultado, acrescentam-se correção monetária e juros[37].

A liquidação mediante cálculos prevista no art. 475-B[38] do CPC não se aplica à execução trabalhista seja pela referência feita ao art. 475-J (a CLT contém norma própria nos arts. 880 e seguintes), seja por condicionar a liquidação a requerimento do credor (no processo do trabalho, como visto, a liquidação por cálculos pode ser promovida *ex officio* pelo juiz).

Os §§ 1º[39] e 2º[40] desse artigo, com exceção à menção feita ao art. 362, não contêm novidade expressiva e constituem desmembramento do antigo § 1º do art. 604 do CPC. Como a CLT é omissa e as normas são compatíveis com o processo do trabalho, estas se aplicam de forma subsidiária, até pelo dever de colaboração e de lealdade das partes[41].

Cabe ao intérprete apenas solucionar uma incoerência existente entre os §§ 1º e 2º. O § 1º estabelece que quando a elaboração do cálculo depender de dados em poder do devedor ou de terceiro, o juiz poderá requisitá-los, a requerimento do credor.

Ocorre que, por utilizar o termo "depender", supostamente sem tais documentos não seria possível a confecção dos cálculos. Porém, posteriormente, o legislador dispõe no § 2º que, se os dados não forem apresentados pelo devedor, "reputar-se-ão corretos os cálculos apresentados pelo credor". Mas, se os cálculos dependiam de dados que o devedor deixou de fornecer, como conceber a sua elaboração pelo credor?

Quanto à "novidade" da referência ao art. 362 do CPC, que dá ao juiz poderes na execução para ordenar a exibição de documento que contenha as informações solicitadas, sob pena de apreensão judicial, requisição de força policial, além da caracterização do crime de desobediência, trata-se de importante ferramenta contra a resistência do réu em colaborar com a justiça, mas já utilizada de forma subsidiária no processo do trabalho pelos juízes mais atentos com a necessidade de efetividade da prestação jurisdicional.

Ainda no âmbito do art. 475-B, o seu § 3º permite ao juiz valer-se de contador oficial quando o cálculo oferecido pelo credor "aparentemente exceder os limites da decisão exeqüenda". Aplica-se ao processo do trabalho, seja pela omissão dos §§ 1º-B

---

(37) MEIRELES, Edilton; BORGES, Leonardo Dias. *A nova reforma processual e seu impacto no processo do trabalho*. São Paulo: LTr, 2007. p. 58.
(38) "Quando a determinação do valor da condenação depender apenas de cálculo aritmético, o credor requererá o cumprimento da sentença, na forma do art. 475-J desta Lei, instruindo o pedido com a memória discriminada e atualizada do cálculo."
(39) "Quando a elaboração da memória do cálculo depender de dados existentes em poder do devedor ou de terceiro, o juiz, a requerimento do credor, poderá requisitá-los, fixando prazo de até trinta dias para o cumprimento da diligência."
(40) "Se os dados não forem, injustificadamente, apresentados pelo devedor, reputar-se-ão corretos os cálculos apresentados pelo credor, e, se não o forem pelo terceiro, configurar-se-á a situação prevista no art. 362."
(41) Como dispõe construção jurisprudencial elaborada no inciso I, da Súmula n. 338 do Tribunal Superior do Trabalho, realmente tais dispositivos legais são decorrentes do dever de colaboração e de lealdade.

e 2º do art. 879 da CLT, seja pela compatibilidade com o § 1º desse mesmo artigo que rege: "Na liquidação, não se poderá modificar, ou inovar, a sentença liquidanda [...]."

O supratranscrito § 1º do art. 879 da CLT é idêntico ao art. 475-G[42] do CPC, o que demonstra uma sintonia entre os sistemas a possibilitar uma uniformização de procedimentos.

É digno de registro que o critério do art. 475-B do Código de Processo Civil, com liquidação realizada pelo exeqüente[43], sujeita porém a controle jurisdicional é, sem dúvida, melhor do que o critério adotado pela CLT, que permite o contraditório prévio em torno do crédito exeqüível (art. 879, § 2º), com possibilidade de reiteração da mesma discussão em sede de embargos à execução (art. 884, § 4º). Tal sistema representa desnecessária e inútil repetição de atos, com o único objetivo de permitir oposição de embargos e interposição de recurso para impugnação da conta de liquidação (art. 897, *a*, da CLT).

Nem se diga que tal contraditório pode ser evitado conforme entende grande parcela da doutrina, ao interpretar equivocadamente os termos do § 2º do art. 879 que utiliza a expressão "poderá": "elaborada a conta e tornada líquida o juiz *poderá* abrir vistas às partes no prazo preclusivo de 10 dias para impugnação".

De acordo com essa corrente que interpreta literalmente os termos do § 2º, sem atentar para o *caput* do art. 879 da CLT[44], os atos de acertamento para liquidação da sentença podem acontecer simultaneamente com a execução, o que ensejaria a situação de o executado somente discutir a liquidação após a constrição de seus bens.

Não aceitamos tal posição e, assim, corroboramos a doutrina de *Valton Pessoa* em sentido oposto:

> Se no *caput* do art. 879 o legislador emitiu uma ordem que "sendo *ilíquida* a sentença *ordenar-se-á, previamente*, sua liquidação", não podemos admitir que este procedimento seja alternativo, principalmente quando esta condição facultativa é fruto de interpretação de parágrafo do mesmo dispositivo. A nosso ver, apenas quando os cálculos são elaborados pelo próprio juiz é que poderia ser dispensada a impugnação das partes antes da penhora[45].

Enquanto o art. 884 da CLT[46] tem aplicabilidade nas hipóteses de sentenças líquidas, carentes apenas de atualização aritmética, o procedimento do art. 879 desse

---

(42) "É defeso, na liquidação, discutir de novo a lide ou modificar a sentença que a julgou."
(43) Não podemos olvidar que também o devedor tem legitimidade, bem como interesse processual, para dar início ao procedimento da liquidação, como na hipótese de pretender obstar a incidência da correção monetária e dos juros de mora que, certamente, têm o condão de elevar consideravelmente o valor do débito.
(44) Art. 879 da CLT: "Sendo ilíquida a sentença exeqüenda, ordenar-se-á, previamente, a sua liquidação, que poderá ser feita por cálculo, por arbitramento ou por artigos."
(45) PESSOA, Valton. *Manual de processo do trabalho*. Salvador: JusPodivm, 2007. p. 282.
(46) Art. 884 da CLT: "Garantida a execução ou penhorados os bens, terá o executado 5 (cinco) dias para apresentar embargos, cabendo igual prazo ao exeqüente para impugnação."

mesmo diploma legal para prolação de sentenças ilíquidas sempre possibilitará às partes prévia discussão do *quantum debeatur*.

Afinal, qualquer norma que obste o pleno exercício do contraditório antes de uma decisão e constrição de bens, violará esse direito fundamental e o devido processo legal, assegurados respectivamente pelos incisos LV e LIV do art. 5º da Constituição Federal.

A Consolidação das Leis do Trabalho exige que a impugnação ou contestação seja "fundamentada com indicação dos itens e valores objeto da discordância", da mesma forma que a contestação no processo de conhecimento deve ser específica nas suas impugnações, conforme regem os arts. 300[47] e 302[48] do CPC.

Cabe ressaltar que a falta de contestação ou impugnação enseja apenas preclusão, com intimação da parte revel para os atos processuais posteriores. Não há que se falar em confissão, pois é óbvio que num procedimento por meio do qual as partes realizam apenas contas aritméticas ninguém pode ser considerado confesso quanto às mesmas.

Como não há fatos a serem provados, inexiste instrução probatória e a eventual perícia contábil a ser realizada é mero ato de assessoramento do magistrado, que elabora as contas a serem objeto da decisão judicial.

1.1.3.2. Liquidação por arbitramento

Os arts. 475-C[49] e 475-D[50] do CPC tratam da espécie de liquidação por arbitramento, a qual é realizada por meio de perito. Tendo em vista a omissão da CLT, tais dispositivos podem e devem ser utilizados de forma subsidiária na execução trabalhista.

Exemplo da utilização de tal espécie de liquidação é o da sentença que reconhece a existência de uma relação de emprego, porém sem subsídios suficientes para definição do valor do salário necessário ao cálculo das verbas da condenação.

Em suma, o juiz determinará o processamento da apuração do *quantum debeatur* por arbitramento sempre que reputar a forma mais adequada para a liquidação em situação que não tenha subsídios e aptidão técnica suficiente (e exigir a natureza do objeto da liquidação), seja determinado na sentença do processo de conhecimento ou convencionado pelas partes litigantes, conforme os termos do art. 475-C do CPC.

---

(47) Art. 300 do CPC: "Compete ao réu alegar, na contestação, toda a matéria de defesa, expondo as razões de fato e de direito, com que impugna o pedido do autor e especificando as provas que pretende produzir."
(48) Art. 302 do CPC: "Cabe também ao réu manifestar-se precisamente sobre os fatos narrados na petição inicial. Presumem-se verdadeiros os fatos não impugnados..."
(49) "Far-se-á a liquidação por arbitramento quando: I — determinado pela sentença ou convencionado pelas partes; II — o exigir a natureza do objeto da liquidação."
(50) "Requerida a liquidação por arbitramento, o juiz nomeará o perito e fixará o prazo para a entrega do laudo."

Após a prolação de decisão homologatória do cálculo apresentado pelo perito, o juiz autorizará o prosseguimento da execução nos moldes das sentenças líquidas, iniciando-a com a intimação do devedor para que cumpra a sentença de acordo com o prazo ou, tratando-se de execução de pagar, que a cumpra em 48 horas ou garanta a execução sob pena de penhora.

1.1.3.3. Liquidação por artigos

A omissão da Consolidação das Leis do Trabalho também se repete em relação à liquidação por artigos. Assim, da mesma forma que as normas que tratam da liquidação por arbitramento, o dispositivo 475-E[51] do Código de Processo Civil que trata da liquidação por artigos aplica-se subsidiariamente à execução trabalhista.

Quando, portanto, "para determinar o valor da condenação, houver necessidade de alegar e provar fato novo", far-se-á a liquidação por artigos.

A necessidade de provar fato novo enseja uma carga de cognição, o que explica o disposto no art. 475-F[52], que também se aplica ao processo do trabalho, com a lembrança apenas que nesse processo especial os procedimentos previstos são ordinário e sumaríssimo.

O requerimento do autor deve indicar de logo os valores que entende devidos, os quais são quantificados a partir de suas alegações. A parte ré é citada para contestar os artigos de liquidação no prazo de quinze dias, sob pena de revelia, além de os fatos não impugnados especificamente (art. 302 do CPC) poderem se tornar incontroversos. Após a réplica, se for o caso, prossegue-se com instrução e julgamento. Quanto ao ônus da prova, são adotadas as mesmas regras de distribuição do processo de conhecimento.

Cabe registrar, apenas, que na Justiça do Trabalho os artigos de liquidação são raros, uma vez que a maioria das sentenças de mérito, quando ilíquidas, apresenta de logo os elementos para apuração do *quantum debeatur*, ensejando a liquidação por simples cálculos.

1.1.3.4. Irrecorribilidade da decisão que julga a liquidação

O art. 475-H do CPC, último dispositivo da norma processual civil no capítulo que trata da liquidação de sentença, dispõe sobre a recorribilidade da decisão que julga a liquidação: "Da decisão de liquidação caberá agravo de instrumento."

Tal norma não tem aplicabilidade no processo do trabalho, uma vez que seu sistema, como dispõe o § 1º do art. 893 da CLT, não admite interposição de recurso contra decisão interlocutória.

---

(51) "Far-se-á a liquidação por artigos, quando, para determinar o valor da condenação, houver necessidade de alegar e provar fato novo."
(52) "Na liquidação por artigos, observar-se-á, no que couber, o procedimento comum (art. 272)."

A irrecorribilidade da sentença proferida na liquidação de sentença, outrossim, existe por força do § 3º do art. 884 da CLT[53]. Na seara da execução trabalhista, pois, apesar da irrecorribilidade da decisão sobre a liquidação de sentença, esta não terá o caráter definitivo, tendo em vista a possibilidade de a matéria ser impugnada por ocasião dos embargos à execução e, posteriormente, por agravo de petição.

Não se pode olvidar, entretanto, a possibilidade de oposição de embargos de declaração (que evidentemente é um recurso, limitado, porém, aos casos de omissão, contradição ou obscuridade da decisão), bem como utilização do mandado de segurança (ação de impugnação autônoma), na hipótese de violação a direito líquido e certo, ou outros recursos constitucionalmente previstos, tendo em vista que norma infraconstitucional não tem o condão de afastar a incidência de regras processuais positivadas na Carta Magna[54].

Ainda há a possibilidade de a parte impugnar a sentença homologatória do cálculo por via da ação rescisória[55], conforme a Orientação Jurisprudencial n. 85 da Sessão de Dissídios Individuais — II do Tribunal Superior do Trabalho. Aliás, quando o juiz acolhe os embargos do devedor, exerce atividade similar ao julgamento dessa ação especial, pois rescinde a sentença proferida na liquidação e profere novo julgamento, ou seja, exerce juízos rescindente e rescisório.

Julgada a liquidação, é importante a análise do início do cumprimento da sentença, no que tange ao requerimento do exeqüente e as conseqüências de sua inércia, no caso a prescrição intercorrente.

1.1.4. Requerimento e prescrição intercorrente

A Lei n. 11.232/05 acrescentou ao Código de Processo Civil o § 5º no art. 475-J, *in verbis*: "Não sendo requerida a execução no prazo de seis meses, o juiz mandará arquivar os autos, sem prejuízo de seu desarquivamento a pedido da parte."

Na verdade, o requerimento que o legislador menciona está relacionado ao *caput* do artigo, no caso pedido para expedição do mandado de penhora e avaliação, e, assim, realização dos atos que dão seqüência à execução, uma vez que esta já teve início.

Tal norma é compatível com a execução trabalhista, diante da aqui já destacada possibilidade de a execução nessa seara ser iniciada de ofício pelo juiz e haja vista a natureza alimentar do crédito? Vejamos o texto do art. 878 da CLT: "A execução pode-

---

(53) "Somente nos embargos à penhora poderá o executado impugnar a sentença de liquidação, cabendo ao exeqüente igual direito e no mesmo prazo."
(54) A chamada constitucionalização do processo é uma realidade e tendência do processo civil contemporâneo que não se pode olvidar. Já tivemos oportunidade de dissertar sobre ela no trabalho A busca de um modelo de prestação jurisdicional efetiva: tendências do processo civil contemporâneo. In: ASSIS, Araken de; ALVIM, Eduardo Arruda; NERY JUNIOR, Nelson *et al* (coords.). *Direito civil e processo estudos em homenagem ao professor Arruda Alvim*. São Paulo: Revista dos Tribunais, 2008.
(55) Sobre a necessidade de suspensão da execução para a ação rescisória ajuizada ter efetividade indicamos nossa obra *Ação rescisória — possibilidade e forma de suspensão da execução da decisão rescindenda*. 2. ed. Curitiba: Juruá, 2007.

rá ser promovida por qualquer interessado, ou *ex officio*, pelo próprio juiz ou presidente ou tribunal competente, nos termos do artigo anterior."

Da leitura do dispositivo legal supratranscrito podemos concluir que não se trata de um dever imposto ao magistrado, tendo em vista que não há imperatividade no texto. A redação do art. 878, que trata dessa peculiaridade da execução trabalhista, fala que "a execução poderá ser promovida".

No plano moral, entretanto, entendemos que quando o exeqüente não estiver assistido por advogado, diante do *jus postulandi* que rege o processo do trabalho, deve-se esperar que o juiz sempre utilize essa faculdade que beneficia o credor trabalhista.

Pois bem. Na hipótese de o exeqüente estar assistido por advogado e se nem ele nem o juiz der início à execução, *a priori* poder-se-ia entender que passados os seis meses, diante da omissão da CLT, incidiria o § 5º do art. 475-J.

Não podemos olvidar, contudo, que a lei de Execuções Fiscais trata do tema e, diante do comando do art. 889 da Consolidação das Leis do Trabalho, é necessário observá-la nesse complicado exercício de heterointegração de normas. Vejamos, pois, o que rege o art. 40 desse diploma legal:

> O juiz suspenderá o curso da execução, enquanto não for localizado o devedor ou encontrados bens sobre os quais possa recair a penhora, e, nesses casos, não correrá o prazo da prescrição.
>
> § 1º Suspenso o curso da execução, será aberta vista dos autos ao representante judicial da Fazenda Pública;
>
> § 2º Decorrido o prazo máximo de 1 (um) ano, sem que seja localizado o devedor ou encontrados bens penhoráveis, o juiz ordenará o arquivamento dos autos;
>
> § 3º Encontrados que sejam, a qualquer tempo, o devedor ou os bens, serão desarquivados os autos para o prosseguimento da execução.

A Lei n. 6.830/80 trata de suspensão e posterior arquivamento dos autos, porém diante de situação peculiar relativa à não-localização do devedor e de bens passíveis de penhora, portanto, hipóteses não relacionadas à inércia do exeqüente. Os autos são enviados ao arquivo se tal situação permanece por um ano, sendo desarquivados para prosseguimento da execução na hipótese de localizado o devedor ou bens passíveis de constrição judicial, conforme o caso.

É essa, portanto, diante da imposição do art. 889 da Consolidação das Leis do Trabalho, a norma que deve ser aplicada e não o art. 475-J do Código de Processo Civil.

A leitura do dispositivo da lei de execuções fiscais, mais precisamente o *caput* que ressalta a inexistência de transcurso do prazo prescricional, enquanto paralisada a execução nessas peculiares hipóteses previstas na lei, enseja, entretanto, outra reflexão. Aplica-se o instituto da prescrição intercorrente na Justiça do Trabalho?

A prescrição intercorrente consiste na paralisação do processo de conhecimento ou execução, por mais de dois anos, por culpa exclusiva do autor. Dois anos é o prazo da prescrição bienal prevista no art. 7º, inciso XXIX, da Constituição para propositura da ação trabalhista[56].

A posição do Tribunal Superior do Trabalho sobre o tema, consignada na súmula n. 114 dessa egrégia Corte, é bastante polêmica: "é inaplicável na Justiça do Trabalho a prescrição intercorrente".

Polêmica porque não é concebível estimular a lide perpétua. Além de eternizar as demandas e trazer insegurança jurídica para a harmonia das relações em sociedade, ainda gera um problema físico para a já problemática administração da Justiça. Como estruturar um arquivo para propiciar a catalogação e guarda de um contingente de processos interminável?

Nesse diapasão, seguimos os que foram vencidos na votação da Súmula n. 114, corroborando as palavras de *José Augusto Rodrigues Pinto:*

> A uniformização jurisprudencial em causa põe termo, ao menos durante tempo razoável, à notória dissidência entre os julgados e funda-se, eminentemente, na outorga legal dos *jus postulandi* às partes e na faculdade de impulso *ex officio* atribuída ao juiz no processo do trabalho, duas peculiaridades capazes de levar à absolvição pelo pecado da inércia na condução de interesses em juízo.

Não obstante o peso dessas justificativas, preferimos ficar com os vencidos pelo Enunciado (Súmula) n. 114, seja porque o exercício do *jus postulandi* é, por sua vez, facultativo, incapaz de autorizar quem é parte em juízo a perpetuar o andamento da lide, muitas vezes com propósitos subalternos, seja porque o impulso processual pelo juiz, além de não lhe ser exigido como dever, nem sempre pode dar-se, como lembra *Wagner Giglio*, até mesmo na cognição, exemplificando com a reintegração condicionada à devolução de indenização, e tanto mais na execução, como se dá com a liquidação por artigos[57].

Aliás, mais sensata e razoável é a posição do Supremo Tribunal Federal, exposta em sua Súmula n. 327, *in verbis*: "o direito trabalhista admite a prescrição intercorrente", além da jurisprudência dos Tribunais Regionais do Trabalho:

> Prescrição Intercorrente. Aplica-se no processo do trabalho. Não fosse assim, inexistiria o texto da CLT, art. 884, § 1º: A matéria de defesa será restrita às alegações de [...] prescrição da dívida. Esta só pode ser a prescrição intercorrente, pois a do processo de cognição já está preclusa nessa fase. Assim, também o STF, Súmula n. 327. (Processo TRT/2ª Região, 34465/97, Valentin Carrion, 9ª T., 19.867/98)

> Prescrição intercorrente. Justiça do Trabalho — Execução — Aplicabilidade — Não obstante o disposto no Enunciado n. 114 do C. TST, e, ainda, a promoção da execução "ex officio" nos termos do art. 878 da CLT, a Jurisprudência e a doutrina vêm entendendo ser

---

(56) "São direitos dos trabalhadores urbanos e rurais, além de outros que visem à melhoria de sua condição social: ação, quanto aos créditos resultantes das relações de trabalho, com prazo prescricional de cinco anos para os trabalhadores urbanos e rurais, até o limite de dois anos, após a extinção do contrato de trabalho."
(57) PINTO, José Augusto Rodrigues. *Execução trabalhista*. São Paulo: LTr, 1998. p. 72-73.

perfeitamente possível a aplicação da prescrição intercorrente no processo do trabalho, sob pena de se eternizar a lide, deixando ao arbítrio das partes o encerramento do feito, o que se opõe ao sistema pátrio e à processualística moderna. Em que pese o C. TST ter adotado posição divergente, o certo é que o art. 884, § 1º, da CLT, autoriza que nos embargos à execução seja alegada a prescrição da dívida, sendo certo que, para pronunciar a prescrição intercorrente há de se estar patente a inércia do credor em dar prosseguimento ao processo executório. Na hipótese presente o feito ficou parado por sete anos e nove meses por exclusiva falta de iniciativa do reclamante, pelo que se mantém o julgado originário que declarou a prescrição intercorrente. (TRT/ 24ª Reg. Ap. 1280/ 1989-002-24-00-7, Rel. Juiz Ricardo G. M. Zandona, *DJMS* 5884, 25.11.2002, em. do TRT da 24ª Reg. n. 3/2002. p. 87)

A paralisação da ação, na fase de cognição ou execução por culpa do autor, por mais de dois anos, opera a chamada prescrição intercorrente. O próprio Tribunal Superior do Trabalho tem julgados em dissonância da Súmula n. 114, reconhecendo a incidência do instituto na lide trabalhista:

Conquanto o Enunciado n. 114 do TST genericamente negue a aplicabilidade do instituto da prescrição intercorrente no processo trabalhista, tal premissa deve ser avaliada em cotejo com as circunstâncias fáticas de cada caso, porquanto não é compatível com os ideais de economia e agilidade na entrega da prestação jurisdicional o manter-se semelhante critério diante de situações nas quais se dá o estancamento do feito por inércia da parte em praticar atos de sua responsabilidade e interesse. (C. TST, 5ª Turma, RR 345154, Rel. Min. Armando de Brito, *DJU* 3.12.1999. p. 346)

Prescrição Intercorrente. Entendo não ser aplicável o Enunciado n. 114/TST na hipótese de depender o ato processual de iniciativa da parte. A prescrição intercorrente é inaplicável na Justiça do Trabalho quando desacompanhado o reclamante de advogado, ou então naqueles casos em que a paralisação do processo se dá por motivo de desídia do Juízo na efetivação de diligências a seu cargo, tendo em vista o contido no art. 765 que consagra o princípio inquisitório, podendo o Juiz, até mesmo, instaurar execuções de ofício, a teor do art. 878 da CLT. Não seria razoável estender-se tal interpretação àqueles casos em que o estancamento do processo acontece ante a inércia do autor em praticar atos de sua responsabilidade, sob pena de permanecerem os autos nas secretarias esperando pela iniciativa das partes *ad aeternum*, prejudicando sobremaneira um dos princípios básicos do processo trabalhista, ou seja, a celeridade processual. Recurso não conhecido. (Proc. TST 153542/94, Rel. Min. Armando de Brito, *DJ* 16.2.1996)

É digno de registro, outrossim, que a Lei n. 11.051, de 29 de dezembro de 2004, pôs um ponto final na discussão ao acrescentar o seguinte § 4º ao art. 40 da Lei de Execuções Fiscais: "se da decisão que ordenar o arquivamento tiver decorrido o prazo prescricional, o juiz, depois de ouvida a Fazenda Pública, poderá, de ofício, reconhecer a prescrição intercorrente e decretá-la de imediato".

Superada a questão da prescrição intercorrente, após o requerimento da parte ou, no processo do trabalho, determinação *ex officio* do magistrado, iniciado o cumprimento de sentença, esta poderá ter dois caminhos em se tratando da natureza da obrigação, que pode ser de fazer, não fazer, entregar coisa, ou de pagar quantia certa. Vejamos como funciona a heterointegração das normas em cada caso.

1.1.5. Obrigações de fazer, não fazer e de entregar coisa

Não há qualquer dúvida sobre a aplicação subsidiária dos dispositivos do Código de Processo Civil que tratam da execução da obrigação de fazer, não fazer e entregar coisa na Justiça do Trabalho.

Apesar de a grande maioria das execuções na seara trabalhista consistir em obrigações de pagar, decorrente de rescisões de contratos de trabalho e indenizações, devido à omissão da CLT, os arts. 461 e 461-A do CPC, por sua compatibilidade com o processo do trabalho, têm total aplicabilidade neste.

As obrigações de fazer, não fazer e entregar coisa têm tratamento diverso daquele que é dispensado às obrigações de pagar quantia certa, e a lei trabalhista somente se refere a esta última espécie de tutela executiva.

O Código de Processo Civil trata da execução para entrega de coisa entre os arts. 621 e 631 e da execução das obrigações de fazer e de não fazer entre os arts. 632 e 645, respectivamente nos Capítulos II e III do Título II do CPC que trata "das diversas espécies de execução", sendo possível a aplicação subsidiária em face da total omissão da Consolidação das Leis do Trabalho.

Francisco Antonio de Oliveira traz alguns exemplos dessas formas peculiares de execução que podem ocorrer na seara trabalhista em razão da natureza da obrigação:

A execução de obrigação de fazer tem lugar quando determina a sentença um ato comissivo, *v. g.*, concessão de intervalo intrajornada, reintegração, etc.

A obrigação de não fazer (ato omissivo), embora de difícil acontecimento, poderá registrar-se no âmbito trabalhista, sendo exemplo clássico entre os autores a obrigação de não transferir (art. 469 e 659, IX, CLT).

Não menos rara é a obrigação de dar. Exemplo: ação do empregado contra o empregador visando a entrega de ferramentas retidas por esta; ação do empregador contra o empregado com o objetivo de reaver mostruário etc.[58].

A despeito da importância e utilidade de o jurisdicionado receber uma tutela específica de seu direito, não se pode olvidar que as obrigações de fazer e de não fazer não admitem execução provisória, somente podendo ser implementada após o trânsito em julgado[59].

---

(58) OLIVEIRA, Francisco Antonio de. *Execução na justiça do trabalho*. São Paulo: Revista dos Tribunais, 2006. p. 54.
(59) Numa hipótese de dispensa de empregado estável (como, por exemplo, um membro da CIPA ou uma mulher grávida), não pode o juiz determinar a sua reintegração antes do trânsito em julgado da decisão e formação da coisa julgada.

A principal peculiaridade dessas espécies de execução, que as faz ter um tratamento diferenciado daquele relativo à obrigação de pagamento da quantia certa, é a possibilidade de o juiz aplicar as chamadas astreintes (art. 461, § 4º[60]). É a busca da tutela específica, relegando as perdas e danos a segundo e inevitável plano.

Não se pode dizer o mesmo sobre a aplicação do § 3º[61] do art. 461 do CPC, hipótese de imposição de *astreintes* em tutela liminar, ante a acima comentada impossibilidade de execução provisória de obrigação de fazer. A jurisprudência trabalhista admite, inclusive, a concessão de efeito suspensivo aos recursos, excepcionalmente nessas hipóteses, conforme ressalta *Carlos Henrique Bezerra Leite*:

> Não há previsão na CLT para que o juiz possa emprestar efeito suspensivo ao recurso ordinário, salvo no caso de recurso ordinário contra sentença normativa proferida em dissídio coletivo. Todavia, a jurisprudência tem admitido, em situações excepcionais, a aplicação subsidiária da ação cautelar inominada, com pedido de liminar, com o objetivo único de dar efeito suspensivo ao recurso ordinário. Tal pode ocorrer, por exemplo, na hipótese de sentença que determina de imediato a reintegração do empregado[62].

Não se pode olvidar, entretanto, que a possibilidade de imposição de multa nestas espécies de tutela executiva é importante instrumento de coação do devedor a cumprir a obrigação. Inclusive o valor proveniente das *astreintes* não se confunde com eventual condenação em perdas e danos causados pela inadimplência (art. 461, § 2º, do CPC), os quais podem ser cumulados no pedido do exeqüente. Conseqüentemente, tal norma pode trazer efetividade aos três sistemas aqui comparados (civil, fiscal e trabalhista), ou, conforme propomos, ser reduzido e simplificado a apenas um.

Outra questão interessante em relação a essas espécies de execução é a possibilidade de o exeqüente, além das perdas e danos, poder requerer que a execução da obrigação seja realizada por um terceiro[63] à custa do executado. Isto, lógico, na hipótese de tal obrigação ser fungível[64].

A Lei n. 11.382/06, inclusive, alterou o art. 634 do CPC que trata da realização da obrigação por terceiro. Revogou os §§ 1º a 7º desse dispositivo e incluiu o seguinte parágrafo único: "O exeqüente adiantará as quantias previstas na proposta que, ouvidas as partes, o juiz houver aprovado."

---

(60) "O juiz poderá, na hipótese do parágrafo anterior ou na sentença, impor multa diária ao réu, independentemente de pedido do autor, se for suficiente ou compatível com a obrigação, fixando-lhe prazo razoável para o cumprimento do preceito".
(61) "Sendo relevante o fundamento da demanda e havendo justificado receio de ineficácia do provimento final, é lícito ao juiz conceder a tutela liminarmente ou mediante justificação prévia, citado o réu. A medida liminar poderá ser revogada ou modificada, a qualquer tempo, em decisão fundamentada."
(62) LEITE, Carlos Henrique Bezerra. *Curso de direito processual do trabalho*. 4. ed. São Paulo: LTr, 2006. p. 663.
(63) Art. 633: "Se, no prazo fixado, o devedor não satisfizer a obrigação, é lícito ao credor, nos próprios autos do processo, requerer que ela seja executada à custa do devedor, ou haver perdas e danos; caso em que ela se converte em indenização."
(64) Art. 634: "Se o fato puder ser prestado por terceiros, é lícito ao juiz, a requerimento do exeqüente, decidir que aquele o realize à custa do devedor."

No texto anterior, a obrigação a ser realizada por terceiro, à custa do executado, deveria ser objeto de concorrência pública. O procedimento agora é menos burocrático, tendo em vista que o juiz escolhe o terceiro que realizará a referida obrigação, que também poderá ser indicado pelo credor[65].

A doutrina indica as seguintes hipóteses de incidência prática da regra estabelecida no art. 634 do Código de Processo Civil: i) a liberação dos depósitos efetuados na conta do FGTS; ii) as anotações, na CTPS do empregado, pela secretaria da Vara, quando o empregador se recusar a efetuá-las[66]; iii) a contratação de trabalhadores, em caráter excepcional, quando os empregados, por estarem em greve, se recusarem a trabalhar[67].

Não se pode olvidar, por fim, o direito de preferência de o exequente executar a obrigação em igualdade de condições do terceiro escolhido pelo magistrado. Não tendo ocorrido apresentação de propostas por terceiros, não há que se falar em direito de preferência do credor, mas sim no seu direito de executar os trabalhos necessários à realização do fato.

Quanto à obrigação de entrega de coisa, o § 3º do art. 461-A do CPC[68] também autoriza imposição de multa para tutela célere e efetiva da obrigação inadimplida, com a peculiaridade da possibilidade de expedição de mandado de busca e apreensão ou de imissão na posse em favor do credor, conforme se trate de bem móvel ou imóvel[69]. Diante da omissão da CLT e da Lei de Execução Fiscal, a aplicação subsidiária de tais normas se faz de forma pacífica à execução trabalhista.

Apesar da inexistência de maiores divergências doutrinárias e jurisprudenciais quanto à aplicação do CPC ao processo do trabalho nessa seara, em face da total omissão da CLT e da Lei n. 6.830/80, não há nada que impeça que tal procedimento seja objeto de unificação, a reger a execução das obrigações fiscais, trabalhista e cível de forma harmônica.

1.1.6. Obrigação de pagar

A execução, para atingir a sua finalidade de satisfação do credor de uma obrigação de pagar, segue uma seqüência lógica de atos coordenados com esse fim. Entre os inúmeros atos que formam no seu conjunto esse *iter* executivo, podemos destacar a

---

(65) Somente não podemos conceber que tal indicação seja realizada por aquele que se recusou a prestar pessoalmente o fato, o executado.
(66) Art. 39, §§ 1º e 2º: "Se não houver acordo, a Junta de Conciliação e Julgamento, em sua sentença, ordenará que a Secretaria efetue as devidas anotações, uma vez transitada em julgado, e faça a comunicação à autoridade competente para o fim de aplicar a multa cabível"; "Igual procedimento observar-se-á no caso de processo trabalhista de qualquer natureza, quando for verificada a falta de anotações na Carteira de Trabalho e Previdência Social, devendo o juiz, nesta hipótese, mandar proceder, desde logo, àquelas sobre as quais não houver controvérsia."
(67) Exemplos extraídos da obra de TEIXEIRA FILHO, Manoel Antonio. *Execução de título extrajudicial — breves apontamentos à Lei n. 11.382/06, sob a perspectiva do processo do trabalho*. São Paulo: LTr, 2007. p. 56.
(68) § 3º do art. 461-A do CPC: "Aplica-se à ação prevista neste artigo o disposto nos §§ 1º e 6º do art. 461."
(69) § 2º do art. 461-A do CPC: "Não cumprida a obrigação no prazo estabelecido, expedir-se-á em favor do credor mandado de busca e apreensão ou de imissão na posse, conforme se tratar de coisa móvel ou imóvel."

intimação, aplicação de multa, penhora, hasta pública, arrematação, adjudicação, remição e as defesas do executado, em especial os embargos.

Vejamos como ocorre a aplicação das normas do processo comum e fiscal ao direito judiciário do trabalho nessa espécie de execução que, conforme já dito, é a mais comum na seara da Justiça do Trabalho.

1.1.6.1. Intimação

De acordo com a nova sistemática inserida pela Lei n. 11.232/05, excepcionados alguns casos[70], a execução civil não tem mais início com a citação, como regia o revogado art. 611 do CPC, mas com a intimação da decisão.

O atual art. 475-J, inserido no Diploma Processual Civil pela supramencionada lei, estabelece que:

> Caso o devedor, condenado ao pagamento de quantia certa ou já fixada em liquidação, não o efetue no prazo de 15 (quinze) dias, o montante da condenação será acrescido de multa no percentual de 10% (dez por cento) e, a requerimento do credor e observado o disposto no art. 614, inc. II, desta Lei, expedir-se-á mandado de penhora e avaliação.

Essa regra processual civil, no que tange à intimação, não se aplica ao processo do trabalho para o início da execução[71], haja vista tratamento expresso para tal no art. 880 da Consolidação das Leis do Trabalho[72].

No processo do trabalho, pois, o devedor é citado para no prazo de 48 horas efetuar o pagamento ou oferecer bens à penhora. Já tivemos oportunidade, no item 1.1

---

(70) O parágrafo único do art. 475-N excepciona a desnecessidade de citação nas seguintes hipóteses: a) sentença penal condenatória transitada em julgado; b) sentença arbitral; c) sentença estrangeira, homologada pelo Superior Tribunal de Justiça.

(71) Aliás, há no processo civil calorosa discussão sobre a necessidade de intimação para início da execução. O Superior Tribunal de Justiça, órgão responsável pela interpretação da lei federal, já se pronunciou nos seguintes termos: "No que concerne à multa devida nos termos do art. 475-J, fixo o prazo de 15 dias, contado da publicação desta decisão, para que, independentemente dela, o devedor promova o depósito ou preste a fiança. Não cumprida a determinação judicial neste prazo, a execução se fará acrescida de multa. Essa postura, para a peculiar hipótese dos autos, assegura o processo de execução como processo de resultado idealizado pelo legislador, acomodando o reconhecimento do *fumus boni iuris*, por um lado, e o anseio popular de efetividade da decisão judicial, por outro" (STJ, Medida Cautelar n. 12.743/SP (2007/0093099-1), Rel. Min. Nancy Andrighi, Requerente Globo Comunicação e Participações S/A, Requerido André Anhaia Mello de Magalhães e outros). O Desembargador do Tribunal de Justiça de São Paulo e colega no Doutorado da Pontifícia Universidade Católica de São Paulo, José Roberto Neves Amorim, em comentário a semelhante acórdão do Superior Tribunal de Justiça, discorda do posicionamento desta Corte no sentido de conceber a aplicação da multa somente após a intimação da parte, posição doutrinária que corroboramos na íntegra: "Em suma, o cumprimento da sentença deve ter início por provocação do credor, que, por meio da apresentação da memória de cálculo, requererá a intimação do devedor, na pessoa de seu advogado, para que efetive o pagamento em quinze dias, sob pena da incidência da multa de 10%" (Divergências de interpretação do art. 475-J do CPC. *Revista do Instituto dos Advogados de São Paulo*, São Paulo, ano 10, n. 20, jul./dez. 2007. p. 271-277).

(72) Art. 880: "O juiz ou presidente do Tribunal, requerida a execução, mandará expedir mandado de citação ao executado, a fim de que cumpra a decisão ou acordo no prazo, pelo modo e sob as cominações estabelecidas, ou, em se tratando de pagamento em dinheiro, incluídas as contribuições sociais devidas ao INSS, para que pague em quarenta e oito horas, ou garanta a execução, sob pena de penhora."

deste capítulo, de ponderar sobre a existência não de citação, mas de verdadeira intimação (notificação) do executado, uma vez que não há instauração de nova relação processual, mas continuação ou fase subseqüente ao processo de conhecimento.

Em termos formais, o legislador processual civil foi mais longe e, assim, já é hora das reformas do processo do trabalho corrigirem tal incongruência do sistema. Aliás, por se tratar de um rito especial, pode colher inspiração para tanto inclusive na Lei n. 9.099/95, que instituiu os Juizados Especiais Cíveis e Criminais. Também no procedimento disposto nesta lei não mais se admite a existência de citação formal para o início dos atos executivos, conforme dispõe o seu art. 52, *in verbis:*

> Art. 52. A execução da sentença processar-se-á no próprio Juizado, aplicando-se, no que couber, o disposto no Código de Processo Civil, com as seguintes alterações:
>
> [...]
>
> IV — não cumprida voluntariamente a sentença transitada em julgado, e tendo havido solicitação do interessado, que poderá ser verbal, proceder-se-á desde logo a execução, dispensada nova citação.

Quanto à execução extrajudicial, cujo procedimento foi alterado pela Lei n. 11.382/06 (o executado é citado para, no prazo de 3 (três) dias, efetuar o pagamento da dívida, sob pena de o oficial de justiça proceder à imediata penhora de bens), também não se aplica ao processo do trabalho uma vez que o rito da execução trabalhista previsto na CLT (*vide* art. 880 acima comentado) é o mesmo para a execução de título judicial e extrajudicial.

Questão interessante é aferir se a nova possibilidade de intimação do auto de penhora e avaliação por meio do advogado do executado, prevista tanto para execução judicial como extrajudicial, respectivamente no § 1º do art. 475-J e § 4º do art. 652 do CPC, ambos a seguir transcritos, se aplicam subsidiariamente ao processo do trabalho.

> Art. 475-J.
>
> [...]
>
> § 1º Do auto de penhora e avaliação será de imediato intimado o executado, na pessoa de seu advogado (arts. 236 e 237), ou, na falta deste, o seu representante legal, ou pessoalmente, por mandado ou pelo correio, podendo fazer impugnação, querendo, no prazo de quinze dias.
>
> Art. 652.
>
> [...]
>
> § 4º A intimação do executado far-se-á na pessoa de seu advogado; não o tendo, será intimado pessoalmente.

Não há aplicação de tais dispositivos tendo em vista que o processo do trabalho tem normas próprias, esculpidas nos arts. 880 e seguintes da Consolidação das Leis do

Trabalho, e os termos do art. 769 desse diploma legal são claros no sentido de somente aplicar o direito processual comum àquilo que a lei trabalhista for omissa.

Lógico que a possibilidade de intimação do advogado do executado é norma que traz efetividade ao processo de execução, principalmente na seara trabalhista, onde existem muitas tentativas de pequenos empregadores se eximirem de suas obrigações legais, por meio de constantes alterações de endereço.

Aqui resta demonstrado que essa recente norma do processo comum é mais efetiva e benéfica que aquela prevista no sistema trabalhista e, em face da impossibilidade de sua aplicação no processo do trabalho, o maior prejudicado é o jurisdicionado que não pode dela se beneficiar.

Tal fato corrobora nossa tese da necessidade de um sistema único de execução, tendo em vista que o objetivo dos diversos sistemas existentes é comum: obter a satisfação do credor.

Mas, e a multa de 10% prevista no dispositivo legal acima transcrito, aplica-se à execução trabalhista, na hipótese de o executado quedar inerte e, após a sentença, não quitar a dívida no prazo de 15 dias?

1.1.6.2. Multa

A aplicabilidade ou não da multa de 10%, prevista no Código de Processo Civil, para a hipótese de o executado devidamente intimado não quitar o débito enseja incessantes debates na doutrina e jurisprudência, sem que haja um consenso entre os operadores do Direito.

Alguns estudiosos do processo do trabalho assim já se manifestaram:

Porque disciplinada por preceito que não contravém as disposições previstas no Título X da CLT — ao contrário, com elas se compatibiliza perfeitamente —, aplica-se ao processo do trabalho a multa instituída no art. 475-J do CPC[73].

Caso o devedor, condenado ao pagamento de quantia certa ou já fixada em liquidação, não o efetue no prazo de quinze dias, o montante da condenação será acrescido de multa no percentual de dez por cento e, a requerimento do credor, e observado o art. 614, inc. II, desta Lei, expedir-se-á mandado de penhora e avaliação[74].

Data maxima venia não podemos olvidar que o fato de haver previsão expressa no texto da CLT não dá espaço à aplicação subsidiária do direito processual comum. Este, como já exposto, é fonte subsidiária do processo do trabalho. Portanto, sua aplicação somente ocorre em hipótese de omissão da legislação trabalhista. São dois sistemas distintos.

---

(73) FIORENZE, Ricardo. O processo do trabalho e as alterações do processo civil. *Jornada trabalhista.* São Paulo, n. 1128, ano XXIII, 17.7.2006. p. 23-1128-14.
(74) SAAD, Eduardo Gabriel. *CLT comentada.* Atualizada por Eduardo Duarte Saad e Ana Maria Saad C. Branco. 39. ed. São Paulo: LTr, 2006. p. 879.

Para o caso, temos o tratamento da matéria no art. 880 da CLT, o qual não se refere a nenhum acréscimo para hipótese de não satisfação voluntária do crédito exeqüendo. Esse diploma legal, outrossim, é expresso nos arts. 882 e 883 sobre as conseqüências do não-pagamento espontâneo do débito pelo executado: "a penhora de tantos bens quantos bastem ao pagamento da importância da condenação, acrescidas de custas e juros de mora".

Assim, entendemos não se aplicar ao processo do trabalho a multa de 10%. Para tanto, há necessidade de alteração legislativa[75]. E, assim, tanto esse como outros inconvenientes existentes para os jurisdicionados, que não podem se valer das melhores normas, nos levam a propor solução de *lege ferenda* no sentido de construção de um sistema único de execução. Vejamos a opinião de *Estêvão Mallet*:

> No processo do trabalho, ante a natureza geralmente alimentar do crédito exeqüendo, sua rápida satisfação é ainda mais importante, o que ficaria facilitado pela aplicação da sanção agora inserida no texto do Código de Processo Civil. O art. 880, *caput*, da Consolidação das Leis do Trabalho, não se refere, porém, a nenhum acréscimo para a hipótese de não satisfação voluntária do crédito exeqüendo, o que leva a afastar-se a aplicação subsidiária, *in malam partem*, da regra do art. 475-J, do Código de Processo Civil, tanto mais diante de seu caráter sancionatório. Solução diversa, ainda que desejável, do ponto de vista teórico, depende de reforma legislativa[76].

José Antônio R. de Oliveira Silva invoca a existência de lacuna e a natureza alimentar do crédito para fortalecer a corrente que defende a aplicação da multa do art. 475-J do CPC ao processo do trabalho:

> Volvendo à questão da multa de 10%, a CLT não trata dessa multa e, portanto, há lacuna. Demais, há plena compatibilidade da norma do art. 475-J do CPC com o processo laboral (art. 769 da CLT) porque é uma forma de estimular ou mesmo coagir o devedor a pagar a sua dívida sem necessidade de esforço do Judiciário para o cumprimento forçado da sentença. Além do que via de regra, a execução trabalhista envolve créditos de natureza alimentar, os quais demandam breve satisfação[77].

Reconhecemos a questão da natureza alimentar do crédito trabalhista, mas tal fato não é suficiente para ignorar as normas processuais previstas na CLT. Quanto à suposta lacuna, imbatível é o argumento de *José Augusto Rodrigues Pinto*, que também defende a idéia da inaplicabilidade do art. 475-J na Justiça do Trabalho, pois, "sendo norma impositiva de coerção econômica, há que ter aplicação restrita, forçando a caracteriza-

---

(75) Há um projeto de Lei n. 4.731/04 nesse sentido, de autoria do TST, que busca modificar os arts. 880 e 884 da CLT onde haverá multa que variará de dez (10) a vinte (20) por cento. Nesse caso, portanto, aprovada a alteração legislativa, não haverá qualquer dúvida quanto à aplicação da multa no caso da inadimplência do devedor.
(76) MALLET, Estêvão. O processo do trabalho e as recentes modificações do código de processo civil. *Revista do Advogado*, São Paulo, n. 85, ano XXVI, maio 2006. p. 199-200.
(77) SILVA, José Antônio R. de Oliveira. As recentes alterações do CPC e sua aplicação no processo do trabalho. *Revista LTr*, São Paulo, v. 70, mar. 2006. p. 1486.

ção do silêncio do legislador a ser suprida como impeditivo e não omissivo — e só esta última hipótese autorizaria o suprimento[78]".

Não há dúvida de que, na seara trabalhista, o melhor caminho para a celeridade e efetividade da prestação jurisdicional executiva é a coerção de cunho econômico, obtida com a aplicação da multa. Entretanto, não se pode olvidar a existência da regra de aplicação somente subsidiária do processo comum, que exige omissão da lei trabalhista para aplicação de suas normas, o que não ocorre quanto às conseqüências para o não-pagamento do débito.

Nesse sentido é a posição do Tribunal Regional do Trabalho de São Paulo, conforme ementa a seguir transcrita:

PROCESSO DO TRABALHO. APLICAÇÃO SUBSIDIÁRIA DO ART. 475-J DO CPC. A Consolidação das Leis do Trabalho não é omissa quanto ao procedimento a ser observado na execução dos valores devidos, havendo previsão expressa em seu artigo 880, quanto à expedição de mandado de citação ao executado, a fim de que este pague o valor devido em quarenta e oito horas ou garanta a execução, sob pena de penhora, rezando o parágrafo único desse artigo que "a citação será feita pelos oficiais de justiça". Prosseguindo, a Norma Consolidada disciplina que, no caso do executado não pagar a quantia devida, poderá garantir a execução mediante depósito da mesma ou nomear bens à penhora, não o fazendo, seguir-se-á a penhora dos seus bens (arts. 882 e 883). Ressalte-se, ainda, que a execução trabalhista é muito mais rigorosa do que a processual comum, valendo lembrar que, para interposição de recurso ordinário é exigido o depósito recursal prévio e, ainda, que os recursos na esfera da Justiça do Trabalho não possuem efeito suspensivo, permitindo a execução até a penhora (art. 899 da CLT). Logo, a disposição contida no art. 475-J do CPC é manifestamente incompatível com o processo do trabalho, tendo em vista as suas peculiaridades. (TRT 2ª Região, Processo 00147.2003.052.02.00-9, Juíza Rel. Odette Silveira Moraes)

De qualquer sorte, não há como negar que a discussão é calorosa. E, na prática, presenciamos alguns juízes aplicando a multa e outros não, o que gera insegurança jurídica, uma vez que situações idênticas não podem ter tratamento distinto.

Tal incerteza e conseqüente insegurança jurídica fortalecem nossa tese de que a melhor solução é a adoção de uma uniformização do processo de execução, uma vez que essa instabilidade não pode ser saudável ao Direito e aos jurisdicionados que dele necessitam.

O jurisdicionado deve ter a certeza de que, adotando determinada conduta, sofrerá determinada conseqüência jurídica prevista pelo ordenamento jurídico. No atual contexto da tutela executiva, em função das dúvidas surgidas com as recentes reformas do CPC, isto somente será possível, repita-se, com a adoção de nossa proposta de um sistema único de execução.

---

(78) PINTO, José Augusto Rodrigues. Compreensão didática da Lei n. 11.232, de 22.12.2005. *Revista LTr*, São Paulo, v. 70, mar. 2006. p. 313.

Enfim, não somente em relação à multa que surgirão divergências na aplicação das normas processuais civil e fiscal à execução trabalhista a justificar nossa tese de unificação. Prosseguiremos, assim, com o estudo heterointegrativo das normas por meio da análise do importante ato processual de constrição de bens do devedor para satisfação do crédito exeqüendo: a penhora.

1.1.6.3. Penhora

A penhora é o ato de constrição de bens necessários à concretização da responsabilidade patrimonial na execução, consistente na sujeição do patrimônio do devedor às medidas executivas[79].

Conforme já vimos, o art. 591 do Código de Processo Civil estabelece que "o devedor responde, para cumprimento das suas obrigações, com todos os bens, presentes e futuros, salvo as restrições estabelecidas em lei". E o Código Civil dispõe no seu art. 391 que: "pelo inadimplemento das obrigações respondem todos os bens do devedor".

A Consolidação das Leis do Trabalho, nesse mesmo diapasão, dispõe nos seus arts. 882 e 883 que o executado que não pagar a dívida, garantir a execução ou nomear bens à penhora, sofrerá a constrição desses na quantidade suficiente ao pagamento da importância da condenação, acrescido de juros e correção monetária.

A penhora é, portanto, o ato processual de constrição de bens do devedor para satisfação do direito do credor, por meio da venda destes em hasta pública. Inúmeras e relevantes são as questões a serem analisadas nesse estudo integrativo de normas que nos propomos realizar.

Em primeiro lugar é necessário ressaltar que a responsabilidade patrimonial não é ilimitada. A preocupação com a preservação da dignidade do devedor, inclusive expressamente positivada no art. 620 do CPC[80], enseja restrições à atuação coercitiva do Estado.

O art. 649 do Código de Processo Civil alterado pela Lei n. 11.382/06, conforme já visto no item que tratou do princípio da dignidade da pessoa humana, enumera uma série de bens que são absolutamente impenhoráveis, como aqueles necessários ao exercício da profissão, vinculados ao sentimento de religiosidade, etc.

Pergunta-se: Aplica-se a restrição estabelecida no art. 649 do CPC ao processo do trabalho? Vejamos. A Consolidação das Leis do Trabalho é omissa sobre o tema. Antes de aplicar o CPC é necessário analisar se a lei de execuções fiscais trata a matéria. Os

---

(79) Para o estudo do instituto no direito comparado, especificamente no ordenamento italiano, indicamos a obra de Giovanni Verde, *Il pignoramento studio sulla natura e sugli effetti*. Napoli: Casa Editrice Dott. Eugenio Jovene, 1964. No Direito pátrio, destaque para a obra de AZEVEDO, Luiz Carlos de. *Da Penhora*. São Paulo: Resenha Tributária/FIEO — Fundação Instituto de Ensino para Osasco, 1994.
(80) Art. 620 do CPC: "Quando por vários meios o credor puder promover a execução, o juiz mandará que se faça pelo modo menos gravoso para o devedor."

arts. 10[81] e 30[82] da Lei n. 6.830/80 proíbem que a penhora incida em bens que a lei declare absolutamente impenhoráveis.

Assim, no processo do trabalho incide não somente o art. 649 do CPC, mas, também, as outras normas do ordenamento jurídico que tratam da impenhorabilidade de bens como a Lei n. 8.009/90 (bem de família), o art. 69 do Decreto-Lei n. 167/67 (títulos de crédito rural), o art. 57 do Decreto-Lei n. 413/69 (bens ofertados em garantia de cédula de crédito industrial), art. 7º da Lei Complementar n. 8/70 (valores creditados nas contas do Pasep e do PIS), art. 2º da Lei n. 8.036/90 (depósitos vinculados na conta de FGTS do trabalhador) e o art. 68 da Lei n. 9.060/95 (depósitos que as instituições financeiras devem manter no Banco Central do Brasil na conta "reservas bancárias").

O mesmo não podemos dizer em relação ao art. 650 do CPC[83]. Isto porque o referido dispositivo trata de bens relativamente impenhoráveis (podem ser objeto de constrição judicial se não houver bens penhoráveis) e, conforme já exposto, a Lei n. 6.830/80 somente proíbe que a penhora incida em bens absolutamente impenhoráveis.

Discordamos aqui do magistério de *Manoel Antonio Teixeira Filho* quando afirma que:

> o fato dos arts. 10 e 30, desta Lei, fazerem menção, apenas, a bens absolutamente impenhoráveis, não quer dizer que o processo do trabalho não possa admitir a figura dos bens relativamente impenhoráveis, de que cuida o art. 650, do CPC. A incidência desta norma do CPC se faz a título de suplementação do sistema do processo trabalhista, sem desrespeito à regra do art. 889, da CLT[84].

Data maxima venia ao entendimento do respeitado estudioso do processo do trabalho, não há como defender a inexistência de desrespeito à regra do art. 889 da CLT, que determina a aplicação da Lei de Execução Fiscal, quando esta expressamente fala somente em bens absolutamente impenhoráveis para efeito de constrição e o magistrado aplica norma do CPC que trata de bens relativamente impenhoráveis.

Essas forçadas interpretações distorcem o sentido da lei e, conseqüentemente, violam a Consolidação das Leis do Trabalho e o princípio constitucional da legalidade, além de ensejar insegurança jurídica nas relações processuais, a corroborar nossa tese de unificação dos sistemas de execução.

---

(81) Art. 10 da Lei n. 6.830/80: "Não ocorrendo o pagamento, nem a garantia da execução de que trata o art. 9º, a penhora poderá recair em qualquer bem do executado, exceto os que a lei declare absolutamente impenhoráveis."
(82) Art. 30 da Lei n. 6.830/80: "Sem prejuízo dos privilégios especiais sobre determinados bens, que sejam previstos em lei, responde pelo pagamento da Dívida Ativa da Fazenda Pública a totalidade dos bens e das rendas, de qualquer origem ou natureza, do sujeito passivo, seu espólio ou massa, inclusive os gravados por ônus real ou cláusula de inalienabilidade ou impenhorabilidade, seja qual for a data da constituição do ônus ou da cláusula, excetuados unicamente os bens e rendas que a lei declara absolutamente impenhoráveis."
(83) Art. 650: "Podem ser penhorados, à falta de outros bens, os frutos e rendimentos dos bens inalienáveis, salvo se destinados à satisfação de prestação alimentícia."
(84) TEIXEIRA FILHO, Manoel Antonio. *Execução de título extrajudicial — breves apontamentos à Lei n. 11.382/06, sob a perspectiva do processo do trabalho.* São Paulo: LTr, 2007. p. 73.

E a ordem de gradação legal da penhora positivada no art. 655 do CPC? Conforme já vimos, não há qualquer dúvida quanto à utilização do referido dispositivo na execução trabalhista. Apesar de a Lei de Execuções Fiscais tratar a matéria no art. 11, conforme já exposto, a CLT determina expressamente a aplicação daquele dispositivo da lei processual civil[85].

É necessário observar, apenas, que a regra estabelecida no art. 655 do CPC não é absoluta. O próprio *caput* do dispositivo que anteriormente estabelecia que "incumbe ao devedor, ao fazer a nomeação de bens, observar a seguinte ordem", com a nova redação dada pela Lei n. 11.382/06 dispõe que "a penhora observará, *preferencialmente*, a seguinte ordem".

Existe, pois, não mais uma ordem, mas uma preferência, de natureza relativa, levando-se em consideração a liquidez dos bens. Na verdade, trata-se de recomendação para que a ordem seja preferencialmente atendida, sendo necessário que tal peculiaridade seja devidamente observada pelos magistrados trabalhistas, acostumados a realizar a execução, através de terminologia já ouvida nesse foro especial, de forma "truculenta", a fim de alcançar o mais rápido possível a satisfação do crédito alimentar do trabalhador, muitas vezes "atropelando" mandamentos legais.

Outra questão importante relacionada a esse ato, dentro de nossa proposta de estudo integrativo dos sistemas processuais, refere-se à aplicação ou não do § 3º do art. 475-J à execução trabalhista.

Tal dispositivo legal consiste numa nova prerrogativa de o credor indicar os bens à penhora. Diz a referida norma que "o exeqüente poderá, em seu requerimento, indicar desde logo os bens a serem penhorados".

No mesmo sentido foi a alteração realizada na execução extrajudicial por meio da Lei n. 11.382/06, que, no § 2º do art. 652, rege que "o credor poderá, na inicial da execução, indicar bens a serem penhorados."

A reforma processual comum modificou, pois, o Código de Processo Civil e abandonou a regra tradicional de que a penhora recaía de imediato sobre bens indicados pelo devedor, desprezando-se a preferência do credor nessa indicação.

Aqui, também, a despeito de a inversão de indicação dos bens ser positiva para efetividade da execução, o fato de existir norma específica sobre a matéria na Consolidação das Leis do Trabalho impede a aplicação da novidade trazida pelo processo civil. Basta atinar para o que regem os arts. 882[86] e 883[87] da CLT.

---

(85) Conforme visto no item 1 deste capítulo, a aplicação supletiva expressa para tal dispositivo está consignada no art. 882 da CLT.
(86) Art. 882 da CLT: "O executado que não pagar a importância reclamada poderá garantir a execução mediante depósito da mesma, atualizada e acrescida das despesas processuais, ou nomeando bens à penhora, observada a ordem preferencial estabelecida no art. 655 do Código de Processo Civil."
(87) Art. 883 da CLT: "Não pagando o executado, nem garantindo a execução, seguir-se-á penhora dos bens, tantos quantos bastem ao pagamento da importância da condenação, acrescida de custas e juros de mora, sendo estes, em qualquer caso, devidos a partir da data em que for ajuizada a reclamação inicial."

Mais uma vez nos resta invocar a existência de prejuízo ao jurisdicionado que, credor numa execução trabalhista, terá que se valer das normas da CLT e não se beneficiar da possibilidade de indicação dos bens do devedor existente no processo comum. Trata-se de mais um aspecto a corroborar nossa proposta de unificação dos sistemas processuais na seara da execução.

Atualmente é pacífico na doutrina que o ordenamento jurídico deve ter elaboração voltada para quem utiliza os seus serviços, os jurisdicionados, e não para aqueles que o operam. Portanto, mais um motivo para se criar um sistema uniforme de execução, pensando naqueles que necessitam da prestação jurisdicional, inclusive, num prazo razoável de tempo conforme assegurado pela Constituição do país[88]. Para tanto deverão ser utilizadas as melhores normas de cada sistema.

É mister, outrossim, perquirir se as novas normas de substituição da penhora[89], inseridas pela Lei n. 11.382/06 e positivadas nos arts. 656[90] e 668[91] do Código de Processo Civil, se aplicam à execução trabalhista. As hipóteses enumeradas no primeiro dispositivo tratam tanto da possibilidade de o exeqüente, como de o executado requererem a substituição, uma vez que o legislador fala genericamente que "a parte poderá requerer a substituição da penhora", sem especificar se aquele ou este. Já a segunda norma se limita à hipótese de pedido de substituição exclusiva do executado.

A regra de subsidiariedade prevista na lei trabalhista (art. 889 da CLT) determina a análise de eventual omissão desta, bem como da lei de execuções fiscais para, somente após esse exercício de heterointegração, aplicar-se a norma do Código de Processo Civil.

Pois bem. A Consolidação das Leis do Trabalho é omissa. Entretanto, a Lei n. 6.830/80 trata da possibilidade de substituição da penhora, porém limitada ao executado e à Fazenda Pública:

> Em qualquer fase do processo, será deferida pelo juiz: I — ao executado, a substituição da penhora por depósito em dinheiro ou fiança bancária; e II — à Fazenda Pública, a substituição dos bens penhorados por outros, independentemente da ordem enumerada no art. 11, bem como o reforço da penhora insuficiente.

---

(88) Art. 5º, inc. LXXVIII da CF: "a todos, no âmbito judicial e administrativo, são assegurados a razoável duração do processo e os meios que garantam a celeridade de sua tramitação".
(89) Sobre o tema ver nosso trabalho O novo sistema de substituição da penhora no código de processo civil reformado. In: BRUSCHI, Gilberto; SHIMURA, Sérgio (coord.). *Execução civil e cumprimento de sentença*. São Paulo: Método, 2007.
(90) Art. 656 do CPC: "A parte poderá requerer a substituição da penhora: I — se não obedecer à ordem legal; II — se não incidir sobre os bens designados em lei, contrato ou ato judicial para o pagamento; III — se, havendo bens no foro da execução, outros houverem sido penhorados; IV — se, havendo bens livres, a penhora houver recaído sobre bens já penhorados ou objeto de gravame; V — se incidir sobre bens de baixa liquidez; VI — se fracassar a tentativa de alienação judicial do bem; ou VII — se o devedor não indicar o valor dos bens ou omitir qualquer das indicações a que se referem os incisos I a IV do parágrafo único do art. 668 desta Lei."
(91) Art. 668 do CPC: "O executado pode, no prazo de 10 (dez) dias após intimado da penhora, requerer a substituição do bem penhorado, desde que comprove cabalmente que a substituição do bem penhorado, não trará prejuízo algum ao exeqüente e será menos onerosa para ele devedor (art. 17, incisos IV e VI, e art. 620)."

Assim, podemos concluir que as hipóteses de substituição da penhora previstas no art. 668 do Código de Processo Civil não se aplicam à execução trabalhista, enquanto o art. 656 desse mesmo diploma legal somente se aplica ao exeqüente, uma vez que o executado só pode pleitear a substituição da penhora por depósito em dinheiro ou fiança bancária.

Nesse diapasão, infelizmente o executado na seara trabalhista não poderá se beneficiar de uma das grandes novidades trazidas pela Lei n. 11.382/06, consistente no seguro garantia judicial[92], por meio do qual qualquer objeto de constrição pode ser substituído pelo instituto[93], desde que o valor do débito seja acrescido de 30%. Falamos infelizmente, pois tal novidade pode ser vista como um equilíbrio entre a necessidade de efetividade da execução e a menor onerosidade para o executado, uma vez que ela tanto não desampara e traz qualquer prejuízo ao exeqüente, como atende ao interesse, ou melhor, assegura o direito de o executado ter a execução processada da forma menos gravosa, como na hipótese de substituição de dinheiro por tal garantia[94].

Nesse sentido, muito pertinentes as ponderações de *Daniel Amorim Assumpção Neves*:

> A fiança bancária — e por extensão também o seguro garantia judicial — são formas de garantia do juízo que beneficiam todos os envolvidos no processo executivo. Para o executado a substituição será extremamente proveitosa porque, liberando o bem que havia sido penhorado, o patrimônio do executado continuará livre para que continue a lucrar com ele, o que certamente lhe gerará dividendos, inclusive aumentando sua capacidade de fazer frente à cobrança enfrentada na execução [...]. Por outro lado, o exeqüente não terá qualquer prejuízo, porque o grande atrativo da penhora em dinheiro — sua liquidez imediata — será plenamente mantido com as duas espécies de garantia previstas pelo art. 656, § 2º, do CPC[95].

---

(92) § 2º do art. 656 do CPC: "A penhora pode ser substituída por fiança bancária ou seguro garantia judicial, em valor não inferior ao do débito constante da inicial, mais 30% (trinta por cento)."
(93) O seguro garantia judicial é regulamentado pela Circular 232, de 03.06.2003, da Superintendência de Seguros Privados — Susep.
(94) No sentido de a substituição da penhora por seguro garantia judicial se tratar de um direito processual da parte, recente julgamento da 31ª Câmara do Tribunal de Justiça de São Paulo, no qual obtivemos sucesso em agravo de instrumento interposto contra decisão do juízo de 1º grau que indeferiu pedido nesse sentido: "EXECUÇÃO — DETERMINAÇÃO DE PENHORA EM DINHEIRO EM CONTA CORRENTE DA EXECUTADA — PEDIDO DE SUBSTITUIÇÃO POR FIANÇA BANCÁRIA OU SEGURO GARANTIA JUDICIAL — POSSIBILIDADE — ART. 656, § 2º, DO CÓDIGO DE PROCESSO CIVIL — RECURSO PROVIDO. Preenchidas as exigências legais, e desde que seja a fiança bancária ou o seguro garantia judicial prestados por instituição financeira considerada idônea, e ainda desde que o valor de uma e de outro não sejam inferior ao crédito reclamado pelo exeqüente — e o referencial deste crédito é sempre o constante da petição inicial, que deve ser instruída com a memória de cálculo exigida pelo art. 614, II, CPC — com o acréscimo de 30%, não há razão para o indeferimento da substituição da penhora por fiança bancária ou seguro garantia judicial." (Tribunal de Justiça de São Paulo, Seção de Direito Privado, 31ª Câmara, Agravo de Instrumento n. 1.111.197-0/3)
(95) NEVES, Daniel Amorim Assumpção; RAMOS, Glauco Gumerato; FREIRE, Rodrigo da Cunha Lima; MAZZEI, Rodrigo Reis. *Reforma do CPC — Leis ns. 11.187/05, 11.232/05, 11.276/06, 11.277/06 e 11.280/06*. São Paulo: Revista dos Tribunais, 2006. p. 331-312.

Ao executado na seara trabalhista, resta, portanto, a única possibilidade de substituir a penhora por depósito em dinheiro ou fiança bancária. Porém, seja nesta situação, seja nas solicitações de substituição realizadas pelo exeqüente, previstas no art. 656 do CPC, o contraditório deve ser observado, aplicando-se, diante da omissão da CLT, o art. 657 do Diploma Processual Civil[96]. E, contra a decisão proferida nesse incidente[97], a parte contrária poderá interpor o recurso competente, no caso do processo do trabalho o agravo de petição (art. 897, *a*, da CLT).

É necessário, por fim, apenas a observância da lealdade e boa-fé processual, sob pena de incidência das sanções previstas na lei. Por exemplo, o novo inc. IV do art. 600 do Código de Processo Civil alterado pela Lei n. 11.382/06 se aplica nessas situações de concretização da penhora? O devedor que na execução trabalhista for devidamente intimado e não indicar ao juiz onde se encontram os bens sujeitos à penhora, bem como seus respectivos valores, poderá ter sua conduta considerada como ato atentatório à dignidade da justiça e, conseqüentemente, sofrer imposição de multa?

O mesmo questionamento é realizado diante do disposto no § 1º do art. 656 do CPC: "É dever do executado (art. 600), no prazo fixado pelo juiz, indicar onde se encontram os bens sujeitos à execução, exibir a prova de sua propriedade e, se for o caso, certidão negativa de ônus, bem como abster-se de qualquer atitude que dificulte ou embarace a realização da penhora (art. 14, parágrafo único)." As normas citadas se aplicam à execução trabalhista?

Aqui não encontramos qualquer dispositivo semelhante na Consolidação das Leis do Trabalho e, diante da omissão da norma trabalhista, não vemos por que não aplicar os referidos dispositivos legais, inclusive porque têm o condão de tornar a execução mais célere e efetiva, sendo, pois, compatíveis com o processo do trabalho.

A Consolidação das Leis do Trabalho dispõe que, "não pagando o executado, nem garantindo a execução, seguir-se-á penhora dos bens, tantos quanto bastem ao pagamento da importância da condenação".

A referida legislação, entretanto, não prevê a possibilidade de não localização dos bens e omissão do executado em sua obrigação de colaborar com a justiça no que tange à sua responsabilidade patrimonial, bem como exigência de exibição de prova da propriedade do bem indicado, certidão negativa ou abstenção de qualquer ato que dificulte ou embarace a realização da penhora.

Assim, diante da omissão da legislação trabalhista não vislumbramos qualquer obstáculo na aplicação desses dispositivos legais. Além de, conforme já dito, serem compatíveis com os princípios da celeridade e efetividade do processo do trabalho, trata-se de obrigação ética que autoriza a aplicação de sanções pecuniárias não somente na demanda trabalhista, mas também na cível e fiscal.

---

(96) Art. 657 do CPC: "Ouvida em 3 (três) dias a parte contrária, se os bens inicialmente penhorados (art. 652) forem substituídos por outros, lavrar-se-á o respectivo termo."
(97) O parágrafo único do art. 657 dispõe que "o juiz decidirá de plano quaisquer questões suscitadas".

As sanções, sejam as utilizadas para coibir a conduta de má-fé da parte, sejam as *astreintes* aplicadas nas obrigações de fazer e não fazer, têm o condão de coagir a parte a cumprir suas obrigações. Nesse contexto também merece destaque a novidade inserida no § 3º do art. 666 do CPC[98], que dispõe sobre a possibilidade de decretação da prisão do depositário judicial infiel, independente do ajuizamento de ação de depósito.

A novidade nada mais é do que a positivação do entendimento já sumulado no STJ. A Súmula n. 619 desse órgão de cúpula do Poder Judiciário estabelece que "a prisão do depositário infiel pode ser decretada no próprio processo em que se constituiu o encargo, independentemente da propositura da ação de depósito". A mais recente jurisprudência do STF também admite a realização da medida de restrição de liberdade nessas condições:

> PENAL. PROCESSUAL PENAL. RECURSO ORDINÁRIO EM HABEAS CORPUS. PRISÃO CIVIL. DEPOSITÁRIO JUDICIAL INFIEL. FURTO DOS BENS PENHORADOS. DEPÓSITO NECESSÁRIO. SÚMULA 619 DO SUPREMO TRIBUNAL FEDERAL. EFICÁCIA DA DECISÃO JUDICIAL. COAÇÃO ILEGAL. INOCORRÊNCIA. RECURSO IMPROVIDO.
>
> I — O depósito judicial é obrigação legal que estabelece relação de direito público entre o juízo da execução e o depositário, permitindo a prisão civil no caso de infidelidade. II — A via eleita necessita de comprovação pré-constituída acerca dos elementos de convicção que, de forma inequívoca, comprove as alegações apresentadas. III — A substituição de bens penhorados, nos termos do art. 668 do Código de Processo Civil, depende da comprovação da impossibilidade de prejuízo para o exeqüente, o que não ocorre no caso em análise. IV — Recurso improvido. (STF, 1ª Turma, RHC 90.759/MG, Rel. Min. Ricardo Lewandowski, *DJU* 22.06.2007. p. 41)

Diante da omissão da CLT, a aplicação da referida norma, bem como dos §§ 1º[99] e 2º[100] do art. 666[101] do CPC, faz-se de forma pacífica. Quanto ao *caput* e incisos I[102], II[103] e III[104], que tratam do depósito dos bens penhorados, é mister atentar para o fato de a Lei n. 6.830/80 estabelecer no seu art. 32 que os depósitos judiciais em dinheiro serão obrigatoriamente feitos na Caixa Econômica Federal ou no Banco do Brasil, de acordo com as especificações dos incisos I e II[105].

---

(98) § 3º do art. 666 do CPC: "A prisão de depositário judicial infiel será decretada no próprio processo, independentemente de ação de depósito."
(99) § 1º do art. 666 do CPC: "Com expressa anuência do exeqüente ou nos casos de difícil remoção, os bens poderão ser depositados em poder do executado."
(100) § 2º do art. 666 do CPC: "As jóias, pedras e objetos preciosos deverão ser depositados com registro do valor estimado de resgate."
(101) Art. 666 do CPC: "Os bens penhorados serão preferencialmente depositados: [...]."
(102) Inc. I do art. 666 do CPC: "No Banco do Brasil, na Caixa Econômica Federal, ou em um banco, de que o Estado-Membro da União possua mais de metade do capital social integralizado; ou, em falta de tais estabelecimentos de crédito, ou agências suas no lugar, em qualquer estabelecimento de crédito, designado pelo juiz, as quantias em dinheiro, as pedras e os metais preciosos, bem como os papéis de crédito."
(103) Inc. II do art. 666 do CPC: "em poder do depositário judicial, os móveis e os imóveis urbanos".
(104) Inc. III do art. 666 do CPC: "em mãos de depositário particular, os demais bens".
(105) Art. 32, incs. I e II da Lei n. 6.830/80: "Os depósitos judiciais em dinheiro serão obrigatoriamente feitos: I — na Caixa Econômica Federal, de acordo com o Decreto-lei n. 1.737, de 20 de dezembro de 1979, quando relacionados

Assim, em relação aos depósitos em dinheiro, aplica-se no processo do trabalho o art. 32 da Lei n. 6.830/80. Já em relação aos demais bens, os incisos II e III do art. 666 do CPC.

Outro dispositivo inserido pela Lei n. 11.382/06 que também soma à busca de efetividade[106] da execução, é o do art. 615-A[107], que possibilita ao exeqüente obter certidão comprobatória do ajuizamento da execução, com identificação das partes e valor da causa, para averbação nos respectivos registros dos bens sujeitos à penhora ou arresto.

Efetividade porque evita a ocorrência de futuras fraudes à execução, uma vez que a averbação da penhora dos bens, ao dar conhecimento a terceiros da ação, impede a alegação por esses de boa-fé, que poderia ter o condão de frustrar as medidas de constrição para satisfação do crédito exeqüendo.

Tal norma é compatível com o processo do trabalho e, diante da omissão da Consolidação das Leis do Trabalho, não vemos obstáculo à sua respectiva aplicação na execução trabalhista. Mesmo porque na seara trabalhista, seja a execução judicial ou extrajudicial, é realizada de uma única forma e, assim, não há impedimento também no que tange ao procedimento. O mesmo se diga em relação aos outros novos institutos inseridos pela Lei n. 11.382/06.

O art. 615-A deveria apenas ser analisado em consonância com o § 4º do art. 659 do Código de Processo Civil[108], pois o fato de o exeqüente ter averbado a certidão de distribuição da execução de título extrajudicial não impede que mais tarde proceda a nova averbação, desta feita referente à penhora dos bens[109].

Na verdade, entretanto, observando a regra do art. 889 da CLT, que exige primordialmente a aplicação da lei de execuções fiscais, não devemos invocar o § 4º do art. 659 do CPC, mas sim a Lei n. 6.830/80, uma vez que esta tem norma específica sobre o assunto. O seu art. 7º dispõe que "O despacho do juiz que deferir a inicial importa em ordem para: [...]; IV — registro da penhora ou do arresto, independentemente do pagamento de custas ou de outras despesas, observado o disposto no art. 14". Este dispositivo, por sua vez, determina cumprir ao oficial de justiça entregar a "contrafé e cópia do termo ou do auto de penhora ou arresto, com ordem de registro de que trata

---

com a execução fiscal proposta pela União ou suas autarquias; II — na Caixa Econômica ou no banco oficial da unidade federativa, ou à sua falta, na Caixa Econômica Federal, quando relacionados com execução fiscal proposta pelo Estado, Distrito Federal, Municípios e suas autarquias."
(106) É importante não confundir efetividade com celeridade. Conforme frisa João Batista Lopes no texto Reforma do Judiciário e efetividade do processo civil. In: WAMBIER, Teresa Arruda Alvim; WAMBIER, Luiz Rodrigues; GOMES JR., Luiz Manoel et al (coords.). *Reforma do Judiciário — primeiras reflexões sobre a Emenda Constitucional n. 45/2004*. São Paulo: Revista dos Tribunais, 2005. p. 328: "nem sempre a solução rápida é a mais adequada, bastando mencionar que, na hipótese de ser necessário produzir prova pericial, a solução da lide demandará tempo maior".
(107) Art. 615-A: "O exeqüente poderá, no ato da distribuição, obter certidão comprobatória do ajuizamento da execução, com identificação das partes e valor da causa, para fins de averbação no registro de imóveis, registro de veículos ou registro de outros bens sujeitos à penhora ou arresto."
(108) § 4º do art. 659 do CPC: "A penhora de bens imóveis realizar-se-á mediante auto ou termo de penhora, cabendo ao exeqüente, sem prejuízo da imediata intimação do executado (art. 652, § 4º), providenciar, para presunção absoluta de conhecimento por terceiros, a respectiva averbação no ofício imobiliário, mediante a apresentação de certidão de inteiro teor do ato, independentemente de mandado judicial."
(109) Lógico que não se tratando de penhora em dinheiro, operacionalizada pelo bloqueio *on line*.

o art. 7º, IV", nos ofícios próprios, repartições competentes ou junta comercial, conforme respectivamente se trate de imóvel, veículo ou ações e títulos de crédito.

Enquanto no processo civil o exeqüente tem o encargo de providenciar a averbação do bem penhorado, para efeito de presunção absoluta de conhecimento por terceiros, no processo do trabalho, por conta da aplicação da Lei n. 6.830/80, o próprio oficial de justiça que deve operacionalizar o ato com a ordem do juiz.

Aqui, portanto, o sistema mais simples e efetivo para a parte não é nem o trabalhista nem o civil, mas o fiscal. Por que não se extrair os aspectos positivos de cada um e formar um único sistema? Realizando uma analogia, é como se o homem, diante de inúmeras religiões que veneram um único Deus, porém por caminhos diferentes, se propusessem a unificar todos os seus dogmas com o intuito de que essa veneração ao Deus único fosse realizada de uma única forma, através de um culto mais simples, formado pelas melhores práticas de cada religião unificada.

De qualquer sorte, voltando ao processo, é necessário parcimônia e atenção ao disposto no § 4º, do art. 615-A, *in verbis*: "o exeqüente que promover averbação manifestamente indevida indenizará a parte contrária, nos termos do § 2º do art. 18 desta Lei, processando-se o incidente em autos apartados", o qual também tem aplicação no processo do trabalho.

Diante de tantas alterações do Código de Processo Civil, algumas com salutar aplicação no processo do trabalho, não se pode olvidar que pelo menos um instituto criado pela Justiça do Trabalho serviu de exemplo a uma das grandes novidades trazidas pelas reformas do processo comum.

Trata-se da chamada penhora *on line*[110], instituída por meio de convênio firmado entre o Tribunal Superior do Trabalho e o Banco Central do Brasil, assinado em 05 de março de 2002 e denominado *Bacen Jud*[111].

Tal instituto surgiu para evitar a seguinte realidade forense: os exeqüentes pleiteavam a penhora em dinheiro dos executados, o que ensejava, em caso de deferimento, o envio de um ofício à Instituição Financeira, para posterior bloqueio do numerário na conta. Após a

---

(110) Já estava praticamente pacificado na doutrina que a expressão penhora *on line* utilizada por muitos operadores do Direito estava equivocada, pois a penhora jamais poderia ser *on line* ou eletrônica. O argumento era no sentido de ser este o meio de comunicação utilizado pelo juiz para se informar a respeito dos ativos financeiros do devedor, sobre o qual oportunamente recairia a constrição. Consideravam-se os meios eletrônicos como inidôneos para a efetivação desse relevante ato processual. Ocorre que a recente alteração procedida no parágrafo único, do art. 154 do CPC, pela Lei n. 11.280/06, pôs fim a essa à crítica, ao prever de modo expresso a possibilidade de prática de atos processuais com a utilização de meios eletrônicos, nos seguintes termos: "Os tribunais, no âmbito da respectiva jurisdição, poderão disciplinar a prática e a comunicação oficial dos atos processuais por meios eletrônicos, atendidos os requisitos de autenticidade, integridade, validade jurídica e interoperabilidade da Infra-Estrutura de Chaves Públicas Brasileira — ICP — Brasil." A prática de atos processuais por meios eletrônicos foi regulamentada recentemente pela Lei n. 11.419/06.
(111) Não se pode olvidar que já havia um convênio assinado em 8.5.2001 entre o Banco Central do Brasil, o Superior Tribunal de Justiça e o conselho da Justiça Federal — Convênio de Cooperação Técnico-Institucional Para Fins de Acesso ao Sistema Bacen Jud, cuja cláusula sexta afirmava que "Os Tribunais Regionais Federais e os Tribunais de Justiça de Alçada dos Estados poderão aderir ao presente convênio na forma e nas condições nele estabelecidas [...]."

informação bancária, havendo suficiência de saldo, era expedido um mandado de penhora à agência. O que ocorria, entretanto, na maioria das vezes, era o dinheiro ser sacado antes da diligência do oficial de justiça, o que frustrava a constrição determinada.

Diante desse contexto que, pelo convênio supramencionado, surgiu a possibilidade de os juízes realizarem a penhora por meio eletrônico. O Provimento n. 1, de 25.6.2003, editado pela Corregedoria-Geral da Justiça do Trabalho, tratou das instruções para utilização do referido convênio, ressaltando a necessidade de utilização prioritária do sistema sobre qualquer outra modalidade de execução.

Por meio desse sistema os juízes receberam senhas individuais que lhe possibilitaram acessar uma página do Banco Central, preencher um formulário eletrônico e solicitar o bloqueio das contas dos executados.

Com a finalidade estatística, impôs ainda, no seu art. 7º, que os Juízes informassem à Corregedoria Regional e à Corregedoria-Geral da Justiça do Trabalho "o número de consultas e/ou bloqueios feitos mensalmente, bem como o período médio das respostas das entidades financeiras, nomeando-as e identificando as agências retardadoras".

O Provimento n. 3, de 23.9.2003, por meio do art. 2º, permitiu aos executados cadastrarem uma conta bancária, para o fim de que todas as solicitações de bloqueio lhe fossem dirigidas, a fim de evitar excesso de execução.

Na verdade, o bloqueio *on line* é conseqüência do avanço da tecnologia, modernização e informatização do Poder Judiciário. O que antes se fazia por meio de ofício datilografado, hoje está se fazendo por meio eletrônico[112].

Com o sucesso da efetividade trazida ao processo trabalhista com o primeiro convênio, em 2005 surgiu o *Bacen Jud* 2.0, segunda versão do bloqueio *on line*, desta feita firmado entre o Superior Tribunal de Justiça, o Conselho da Justiça Federal e o Banco Central.

Assim, com o lançamento da nova versão do bloqueio *on line*, tal instituto começou a ser adotado também por juízes que atuam na área tributária e em ações de cobrança na Justiça comum. No âmbito das execuções fiscais, por exemplo, a Lei Complementar n. 118/05 acrescentou, inclusive, o art. 185-A ao Código Tributário Nacional, instituindo também o bloqueio *on line* na área fiscal[113].

---

(112) Nesse sentido MALLET, Estêvão. Anotações sobre o bloqueio eletrônico de valores no processo do trabalho: penhora *on line*. *Revista do TST*, Brasília, n. 1, 2004. p. 31: "Nada mais é do que simples adoção de novo expediente, propiciado pelo avanço da tecnologia, para a prática do ato já previsto em lei correspondente à penhora, o que se mostra perfeitamente natural e até inevitável", e GOMES, Lineu Miguel. Penhora *on line*. *Suplemento Trabalhista*, São Paulo, n. 30, 2004. p. 127: "Esse procedimento resulta, apenas, da modernização decorrente dos sistemas informatizados, propriamente operação em tempo real, por meio de computadores pessoais e por comunicação via internet. Antes se faz o que se fazia via ofício datilografado, pelo qual o juiz pedia informações, ou por mandado onde o Juízo determinava penhora de numerários do executado na agência bancária."
(113) A Jurisprudência dos Tribunais Regionais Federais já autorizava a medida, porém de forma excepcional: "Execução Fiscal, localização de contas bancárias através do sistema Bacen Jud. Medida excepcional. Em caráter excepcional, quando não localizados outros bens passíveis de constrição, é viável, em execução fiscal, a localização de contas em nome do executado mediante utilização do sistema BacenJud." (TRT da 4ª Região, AI 2003.04.01.0566770-4/SC, j. 9.3.2004)

A expansão da penhora *on line* para outras áreas do direito resultou num aumento de sua utilização no ano de 2007 num percentual de 100,62% em relação ao ano de 2006, conforme informação veiculada em jornal de grande circulação a seguir transcrita:

> O sistema *Bacen-Jud*, que permite a penhora *on line* de contas bancárias de devedores para garantir dívidas em execução na Justiça, fechou 2007 totalizando 2,773 milhões de acessos — um aumento de simplesmente 100,62% em relação a 2006, quando o sistema desenvolvido pelo Banco Central (*Bacen*) contabilizou 1,382 milhões de acessos de juízes. O volume corresponde a ordens judiciais de cobrança. Por trás deste aumento está uma verdadeira revolução no processo de cobrança judicial de dívidas iniciada em 2006 mas colocada plenamente em funcionamento apenas durante o ano passado. Até 2005 considerada alheia ao *Bacen-Jud*, a Justiça estadual multiplicou por 15 vezes o número de acessos ao sistema em dois anos, atingindo 1,234 milhões de ordens judiciais em 2007 — apenas 15% menos do que a Justiça do Trabalho, até então a usuária quase exclusiva da ferramenta. Com isso, o bloqueio instantâneo de contas bancárias chegou efetivamente às disputas comerciais, financeiras e fiscais — e os advogados de bancos, empresas, procuradores e devedores já sentem a mudança no dia-a-dia. Todos com a mesma impressão: ficou mais difícil ser devedor[114].

E o novo art. 655-A do CPC[115]? Nada mais é do que a regulamentação da penhora *on line* surgida no processo do trabalho e agora utilizada no processo civil. Não é possível, pois, diante dos mesmos objetivos de celeridade e efetividade, criarmos um sistema único de execução? Os princípios e objetivos são iguais nos três sistemas: atingir a satisfação do credor da forma mais efetiva e célere possível.

Enfim, após a penhora dos bens do devedor, necessários à satisfação do crédito do exeqüente, a próxima etapa da execução é a avaliação dos referidos bens. Vejamos, pois, como funciona a heterointegração dos sistemas nessa importante fase do procedimento executivo.

1.1.6.4. Avaliação

A Consolidação das Leis do Trabalho disciplinou, expressamente, a oportunidade e modo de proceder da avaliação nos arts. 886[116], § 2º, e 887[117], a qual ocorre logo após ser julgada subsistente a penhora.

---

(114) Jornal *Valor Econômico*, Rio de Janeiro, 18.01.2008. p. E1, Caderno Legislação e Tributos.
(115) Art. 655-A do CPC: "Para possibilitar a penhora de dinheiro em depósito ou aplicação financeira, o juiz, a requerimento do exeqüente, requisitará à autoridade supervisora do sistema bancário, preferencialmente por meio eletrônico, informações sobre a existência de ativos em nome do executado, podendo no mesmo ato determinar sua indisponibilidade, até o valor indicado na execução."
(116) § 2º do art. 886 da CLT: "Julgada subsistente a penhora, o juiz ou presidente mandará proceder logo à avaliação dos bens penhorados."
(117) Art. 887 da CLT: "A avaliação dos bens penhorados em virtude da execução de decisão condenatória, será feita por avaliador escolhido de comum acordo pelas partes, que perceberá as custas arbitradas pelo juiz, ou presidente do tribunal trabalhista, de conformidade com a tabela a ser expedida pelo Tribunal Superior do Trabalho."

A Lei de Execuções Fiscais, conforme dispõe o seu art. 13[118], realiza a avaliação de forma concomitante ao ato de constrição, pelo oficial de justiça, antecipando-a ao momento de lavratura do auto de penhora.

Da mesma forma a redação do art. 721[119] da Consolidação das Leis do Trabalho que tornou os oficiais de justiça também avaliadores, o que demonstra que tais legislações se anteciparam ao processo civil nessa possibilidade de economia de atos processuais.

O fato de o próprio oficial de justiça proceder à avaliação ao realizar o ato de penhora (os formulários para formalização desse ato de constrição contêm campo para tanto) ensejou, inclusive, opiniões doutrinárias defendendo a derrogação tácita dos artigos supracitados que tratam da avaliação no processo do trabalho (arts. 886, § 2º, e 887)[120].

Não corroboramos tais opiniões. Em algumas situações o oficial de justiça não tem condições técnicas para avaliar determinados bens. Preferimos, assim, a sensata opinião de *José Augusto Rodrigues Pinto*:

> De modo algum nos parece que tal circunstância tenha força derrogatória da regra consolidada sobre a oportunidade da avaliação. Não nos parece, igualmente, que o pretexto de maior celeridade processual, unindo num só momento um ato de constrição a outro de avaliação, corresponda ao mínimo ideal de bom senso e segurança para a execução[121].

De toda sorte, como tanto a Consolidação das Leis do Trabalho como a Lei de Execuções Fiscais tratam da matéria, em princípio, não se aplicaria o Código de Processo Civil. Porém, algumas omissões das referidas leis ensejam a aplicação subsidiária de alguns dispositivos. Vejamos.

I) Arts. 680 e 684, I: nomeação de avaliador nas hipóteses em que a atribuição de valor ao bem penhorado dependa de "conhecimentos especializados", dispensa da realização da avaliação quando ocorrer aceitação pelo credor do valor estimado pelo devedor, bem como quando se tratar de títulos ou de mercadorias que possuam cotação em bolsa, comprovada por certidão ou publicação oficial.

II) Art. 424, II: possibilidade de substituição do avaliador que deixar, sem motivo legítimo, de entregar o laudo no prazo legal.

III) Art. 683: a) admissão de nova avaliação quando qualquer das partes argüir, fundamentadamente, a ocorrência de erro na avaliação ou dolo do avaliador; b) verificar-se,

---

(118) Art. 13 da Lei de Execuções Fiscais: "O termo ou auto de penhora conterá, também, a avaliação dos bens penhorados, efetuada por quem o lavrar."
(119) Art. 721 da CLT: "Incumbe aos oficiais de justiça e oficiais de justiça avaliadores da Justiça do Trabalho a realização dos atos decorrentes da execução dos julgados das Juntas de Conciliação e Julgamento e dos Tribunais Regionais do Trabalho, que lhes forem cometidos pelos respectivos presidentes."
(120) Ver MACHADO, Costa (org.); ZAINAGHI, Domingos Sávio (coord.). *CLT interpretada artigo por artigo, parágrafo por parágrafo*. Barueri: Manole, 2007. p. 874-875.
(121) PINTO, José Augusto Rodrigues. *Execução trabalhista*. São Paulo: LTr, 1998. p. 178.

posteriormente à avaliação que houve majoração ou diminuição no valor do bem; ou c) fundada dúvida sobre o valor atribuído ao bem.

Aqui, portanto, não surgem polêmicas em relação à aplicação subsidiária do processo comum. Em suma, *a priori* a avaliação é realizada pelo oficial de justiça, conforme previsão da CLT e Lei n. 6.830/80. Tratando-se de algumas peculiaridades, como nomeação ou substituição de avaliador, bem como admissão de nova avaliação, aplicam-se subsidiariamente as normas supramencionadas.

A Consolidação das Leis do Trabalho é omissa no tocante à possibilidade de impugnação do valor atribuído aos bens penhorados. Já a Lei n. 6.830/80, entretanto, prevê tal possibilidade nos §§ 1º[122] e 2º[123] do art. 13, a qual deve ser concebida como um incidente processual que pode ser suscitado entre a avaliação do bem e a publicação do edital de praça, cujo recurso na seara trabalhista será naturalmente o agravo de petição.

E os atos de alienação do bem já penhorado e avaliado em hasta pública? Como funciona a heterointegração dos sistemas, diante de tantas reformas trazidas ao Código de Processo Civil pelas Leis ns. 11.232/05 e 11.382/06?

1.1.6.5. Hasta pública: arrematação e adjudicação

Após a penhora e avaliação dos bens é necessária a sua alienação a fim de que sejam os mesmos convertidos em pecúnia para pagamento do valor devido ao exeqüente. Quando o bem é adquirido por terceiro, por meio do depósito da importância avaliada ou outro que seja o melhor lanço oferecido num leilão, ocorre a arrematação. Na hipótese de o próprio exeqüente, ou alguém que seja legitimado pela lei processual, preferir adquirir o bem penhorado como forma de pagamento do débito executado, há a chamada adjudicação.

Em suma, a arrematação é a venda efetuada em hasta pública para aquele que melhor preço oferecer, enquanto a adjudicação é o ato judicial que assegura a determinadas pessoas o direito de ficarem com a propriedade dos bens que deveriam ser levados a hasta pública. Ambas consistem, pois, em atos expropriatórios dos bens penhorados.

Evidente que tais procedimentos não ocorrem na hipótese de constrição em dinheiro, como na penhora *on line*, anteriormente comentada, pois nesse caso o valor é transferido para uma poupança judicial nos moldes do estabelecido no art. 32 da Lei n. 6.830/80. E, após o trânsito em julgado da sentença de embargos, há autorização ao credor para levantamento do depósito de seu crédito devidamente atualizado.

---

(122) § 1º do art. 13 da Lei n. 6.830/80: "Impugnada a avaliação, pelo executado, ou pela Fazenda Pública, antes de publicado o edital de leilão, o juiz, ouvida a outra parte, nomeará avaliador oficial para proceder a nova avaliação dos bens penhorados."
(123) § 2º do art. 13 da Lei n. 6.830/80: "Se não houver, na Comarca, avaliador oficial ou este não puder apresentar o laudo de avaliação no prazo de 15 (quinze) dias, será nomeada pessoa ou entidade habilitada a critério do juiz."

É digno de registro, outrossim, que não existe no processo do trabalho a distinção entre praça e leilão existente no processo civil⁽¹²⁴⁾. No sistema trabalhista a classificação é outra: chama-se de praça a primeira tentativa de alienação dos bens em hasta pública, na qual se respeita o valor mínimo, ou seja, o da avaliação, para alienação do bem. Na hipótese de não haver licitante, passa-se à outra fase denominada de leilão⁽¹²⁵⁾, no qual o bem pode ser arrematado por qualquer lanço, mesmo que inferior ao valor da avaliação⁽¹²⁶⁾.

Aqui, mister ressaltar que o sistema utilizado no processo do trabalho é mais simples e rápido que no processo civil. Independente da natureza do bem levado à alienação, esta será promovida por serventuário da Vara do Trabalho e, somente na hipótese de ser negativo o ato expropriatório, poderá o juiz nomear leiloeiro de sua livre escolha para realização do leilão. Demonstra ser um modo mais efetivo do que o utilizado no processo civil.

Após a avaliação, mister se faz para realização da hasta pública a devida publicação do ato. Nesse sentido é o que estabelece o art. 888 da CLT: "Concluída a avaliação, dentro de 10 (dez) dias, contados da data da nomeação do avaliador, seguir-se-á a arrematação que será anunciada por edital afixado na sede do Juízo ou Tribunal e publicado no jornal local, se houver, com a antecedência de 20 (vinte) dias.

O edital é o ato de comunicação ao público em geral da transferência de propriedade dos bens penhorados àquele que oferecer o melhor lanço, no dia e hora designados, de relevante importância para o sucesso da hasta pública. A CLT trata do prazo para a publicação do edital e, assim, não há que se falar em aplicação do novo § 3º do art. 686 do CPC⁽¹²⁷⁾.

Como o edital se destina apenas à cientificação dos terceiros interessados na alienação dos bens penhorados, a exigência da publicação do dia e hora da expropriação pelo art. 888 da CLT não supre a necessidade de o devedor ser intimado. Assim, não vemos óbice à aplicação dos novos §§ 2º⁽¹²⁸⁾ e 5º⁽¹²⁹⁾ do art. 687 do Código de Processo Civil, uma vez que compatíveis com o processo do trabalho.

---

(124) A leitura do inc. IV do art. 686 do CPC estabelece que as modalidades através das quais a arrematação pode ser realizada se diferencia pela natureza do bem: a praça é método reservado para alienação de imóveis e o leilão para móveis.
(125) § 3º do art. 888 da CLT: "Não havendo licitante, e não requerendo o exeqüente a adjudicação dos bens penhorados, poderão os mesmos ser vendidos por leiloeiro nomeado pelo juiz ou presidente."
(126) Desde que não seja considerado preço vil, tendo em vista a aplicação subsidiária do art. 692 do CPC: "não será aceito lanço que, em segunda praça ou leilão, ofereça preço vil."
(127) § 3º do art. 686 do CPC: "Quando o valor dos bens penhorados não exceder 60 (sessenta) vezes o valor do salário mínimo vigente na data da avaliação, será dispensada a publicação de editais; nesse caso, o preço da arrematação não será inferior ao da avaliação."
(128) § 2º do art. 687 do CPC: "Atendendo ao valor dos bens e às condições da comarca, o juiz poderá alterar a forma e a freqüência da publicidade na imprensa, mandar divulgar avisos em emissora local e adotar outras providências tendentes à mais ampla publicidade da alienação, inclusive recorrendo a meios eletrônicos de divulgação."
(129) § 5º do art. 687 do CPC: "O executado terá ciência do dia, hora e local da alienação judicial por intermédio de seu advogado ou, se não tiver procurador constituído nos autos, por meio de mandado, carta registrada, edital ou outro meio idôneo."

O mesmo não se diga, conforme já ressaltado, em relação ao § 3º do art. 686[130] desse diploma legal. A referência à publicação do edital pelo *caput* do art. 888 da CLT (prazo de vinte dias da data da arrematação) impede a aplicação da referida norma. Da mesma forma o art. 22 da Lei n. 6.830/80, que fala em afixação e publicação do edital atinente à arrematação.

Pode-se até tentar forçar uma aplicação da referida norma, como parte da doutrina tem feito tanto nessa como em outras situações de inexistência de omissão da legislação trabalhista, sob alegação de compatibilidade com os princípios da celeridade, simplicidade e gratuidade do processo do trabalho. Mas, além de ofender a legalidade, a dispensa da publicação dos editais poderá trazer alguns problemas, como ressalta *Manoel Antonio Teixeira Filho:*

> a) comparecer à praça ou ao leilão um pequeno número de pessoas, pois a publicidade do ato ficou restrita; b) como a dispensa da publicação do edital está vinculada à imposição de que o valor da arrematação não seja inferior ao da avaliação, esta imposição legal poderá fazer com que não haja interessados em lançar, obrigando, com isso, o juízo a submeter os bens a outras tentativas de expropriação, consumindo, nisso, muito mais tempo do que seria consumido se, publicado o edital, os bens pudessem ser arrematados por quem oferecesse o maior lanço, ainda que este fosse bem inferior ao da avaliação (CLT, art. 888, § 1º), desde que não se revelasse vil[131].

Aliás, importante perquirir se as demais novidades trazidas pela Lei n. 11.382/06, relativas à arrematação e adjudicação no processo civil, se aplicam à execução trabalhista.

O novo art. 685-A[132] trata da possibilidade de o exeqüente exercer o seu direito à adjudicação mesmo antes dos bens serem submetidos à alienação em hasta pública. Conforme exposição de Motivos do Projeto enviado pelo Ministro da Justiça à Câmara dos deputados, a adjudicação passa a ser a forma preferencial de expropriação: "f) propõe-se, assim, como meio expropriatório preferencial a adjudicação pelo próprio credor, por preço não inferior ao da avaliação".

A novidade, portanto, é a possibilidade de o exeqüente requerer a adjudicação do bem antes da realização da hasta pública, o que efetivamente poderá ter o condão de evitar os incidentes ocorridos nesta e, assim, trazer mais efetividade e celeridade ao processo.

Tal novidade se aplica à execução trabalhista? O § 1º do art. 888 da CLT dispõe que "a arrematação far-se-á em dia, hora e lugar anunciados e os bens serão vendidos

---

(130) § 3º do art. 686 do CPC: "Quando o valor dos bens penhorados não exceder 60 (sessenta) vezes o valor do salário mínimo vigente na data da avaliação, será dispensada a publicação de editais; nesse caso, o preço da arrematação não será inferior ao da avaliação."
(131) TEIXEIRA FILHO, Manoel Antonio. *Execução de título extrajudicial — breves apontamentos à Lei n. 11.382/06, sob a perspectiva do processo do trabalho.* São Paulo: LTr, 2007. p. 105-106.
(132) Art. 685-A: "É lícito ao exeqüente, oferecendo preço não inferior ao da avaliação, requerer lhe sejam adjudicados os bens penhorados."

pelo maior lance, tendo o exeqüente preferência para a adjudicação". Podemos concluir com a leitura da parte final do dispositivo que, no processo do trabalho, também há uma prioridade da adjudicação em relação aos demais meios expropriatórios.

O mesmo se diga em relação à Lei de Execução Fiscal, cujo art. 24 rege que "a Fazenda Pública poderá adjudicar os bens penhorados: I — antes do leilão, pelo preço da avaliação, se a execução não for embargada ou se rejeitados os embargos; II — findo o leilão: a) se não houver licitante, pelo preço da avaliação; b) havendo licitantes, com preferência, em igualdade de condições com a melhor oferta, no prazo de 30 (trinta) dias".

Assim, não vemos problema na aplicação do art. 685-A à execução trabalhista, uma vez que é compatível, ou melhor, traz procedimento similar ao já existente nesse sistema. Aliás, pelas regras de subsidiariedade do processo comum ao processo trabalhista, deve-se aplicar o § 1º do art. 888 da CLT e não o mencionado dispositivo do CPC.

É digno de registro, entretanto, que a adjudicação antes da hasta pública no processo civil somente é possível se o exeqüente oferecer preço não inferior ao da avaliação. Assim, com identidade de procedimento na seara trabalhista, há obrigação de depósito da diferença em favor do executado, na hipótese de o valor do crédito exeqüendo ser inferior ao do bem. No caso oposto, ou seja, valor do bem ser inferior ao do crédito executado, a execução prossegue pela diferença[133].

Como nada impede o credor de arrematar o bem em hasta pública, nesse caso a compra judicial do bem pelo exeqüente poderá ser por preço inferior ao da avaliação, isto na seara trabalhista em hipótese de leilão e não de praça. Mas lógico que sofrerá o risco de perder o bem para outro arrematante que ofereça um preço maior.

Na hipótese da hasta pública, pois, haja vista a concorrência, o que prevalece é o maior lanço, desde que não seja vil. O Código de Processo Civil ampliou o leque dos legitimados e, assim, assegura o direito de adjudicação ao credor com garantia real, aos credores concorrentes que tenham penhorado o mesmo bem e aos cônjuges e aos descendentes ou ascendentes do executado, nessa ordem de preferência[134].

A referida preferência, na interpretação do § 3º do art. 685-A[135], que trata de eventual licitação na hipótese de haver mais de um pretendente, conforme destacam *Edilton Meireles* e *Leonardo Dias Borges,*

> [...] deve prevalecer mesmo que o concorrente seja o credor trabalhista. Isso porque existem maiores razões para que o bem possa ser adjudicado pelo cônju-

---

(133) § 1º do art. 685-A: "Se o valor do crédito for inferior ao dos bens, o adjudicante depositará de imediato a diferença, ficando esta à disposição do executado; se superior, a execução prosseguirá pelo saldo remanescente."
(134) § 2º do art. 685-A: "Idêntico direito pode ser exercido pelo credor com garantia real, pelos credores concorrentes que hajam penhorado o mesmo bem, pelo cônjuge, pelos descendentes ou ascendentes do executado."
(135) § 3º do art. 685-A: "Havendo mais de um pretendente, proceder-se-á entre eles à licitação; em igualdade de oferta, terá preferência o cônjuge, descendente ou ascendentes do executado."

ge ou descendente ou ascendente do executado, do que pelo credor trabalhista. O que move a lei é a conservação do bem no patrimônio da família. E inexistem razões para o credor trabalhista gozar de maior preferência em relação a estas pessoas[136].

Em sentido parecido é a norma que estabelece preferência dos sócios para adjudicação em eventual penhora de cota social, quando esta for procedida por credor alheio à sociedade, a qual visa proteger os sócios em relação ao ingresso na sociedade de quem não tem qualquer relacionamento com estes[137].

Concretizada a adjudicação esta deverá ser homologada pelo Juízo. No texto anterior do CPC a adjudicação era concedida por sentença. No atual, faz-se por lavratura de auto de adjudicação[138]. Isto se houver apenas um pretendente, pois, na hipótese de licitação, é necessário que a adjudicação seja objeto de sentença resolutiva da mesma.

Diante de omissão da Consolidação das Leis do Trabalho e, até mesmo por bom senso, não há como negar a aplicação do art. 685-B ao processo do trabalho, uma vez que é mister distinguir se o objeto da adjudicação se trata de bem móvel ou imóvel. Neste será expedida respectiva carta, cujos requisitos estão no parágrafo único do art. 685-B, naquele haverá emissão de mandado de entrega ao adjudicatário[139].

E quanto à possibilidade de alienação por iniciativa particular na hipótese de não ocorrer adjudicação e antes de realização da hasta pública, a novidade do art. 685-C é cabível no processo do trabalho?

Edilton Meireles e *Leonardo Dias Borges* não vêem qualquer obstáculo à aplicação do art. 685-C na execução trabalhista, ao aduzirem que "nada impede a adoção do procedimento de alienação por iniciativa particular, cabendo ao juiz executor dispor quanto ao rito a ser observado, bem como quanto ao credenciamento dos corretores. Aliás a este respeito, entendemos que os sindicatos e as associações profissionais, inclusive dos advogados trabalhistas, muito têm a contribuir. Isso porque eles podem diligenciar para o credenciamento de corretores que possam exercer esse múnus público de vendedor judicial."[140]

Data maxima venia, não concordamos com os referidos autores sobre a possibilidade de aplicação do art. 685-C na execução trabalhista. Isto porque nesta não há possibilidade de os bens serem expropriados por iniciativa do próprio exeqüente ou por meio de credor credenciado, diante do que estabelece o § 3º do art. 888 da CLT

---

(136) MEIRELES, Edilton; BORGES, Leonardo Dias. *A nova reforma processual e seu impacto no processo do trabalho*. São Paulo: LTr, 2007. p. 227.
(137) § 4º do art. 685-A: "No caso de penhora de quota, procedida por exeqüente alheio à sociedade, esta será intimada, assegurando preferência aos sócios."
(138) § 5º do art. 685-A: "Decididas eventuais questões, o juiz mandará lavrar o auto de adjudicação."
(139) Art. 685-B: "A adjudicação considera-se perfeita e acabada com a lavratura e assinatura do auto pelo juiz, pelo adjudicante, pelo escrivão e, se for presente, pelo executado, expedindo-se a respectiva carta, se bem imóvel, ou mandado de entrega ao adjudicante, se bem móvel."
(140) MEIRELES, Edilton; BORGES, Leonardo Dias. *A nova reforma processual e seu impacto no processo do trabalho*. São Paulo: LTr, 2007. p. 229.

para a hipótese de não haver licitantes e o exeqüente não requerer a adjudicação dos bens penhorados: "poderão os mesmos ser vendidos por leiloeiro nomeado pelo Juiz ou Presidente".

A supracitada norma, bem como os já analisados arts. 769 e 889 do mesmo diploma legal trabalhista, representam claro impedimento à incidência do art. 685-C ao processo do trabalho. Como se não bastasse, o art. 23 da Lei de Execução Fiscal (6.830/80) dispõe que "a alienação de quaisquer bens penhorados será feita em leilão público, no lugar designado pelo juiz".

Assim, apesar de a alienação por iniciativa particular ser mais célere e menos burocrática do que o leilão e a praça, a existência de normas na CLT e na Lei n. 6.830/80 sobre a matéria e, conseqüentemente, ausência do requisito da omissão para aplicação do art. 685-C do Código de Processo Civil, leva o jurisdicionado a não poder se beneficiar dessa novidade na seara trabalhista.

E aqui, mais um exemplo a justificar nossa proposta de uniformização dos sistemas na execução, uma vez que o ordenamento jurídico, como já dito e repetido, deve estar voltado para aqueles que o utilizam, os seus usuários. Nesse diapasão, não se pode olvidar a tendência moderna de se priorizar o consumidor dos serviços judiciários, na busca por um processo de resultados.

O mesmo se pode dizer em relação à impossibilidade de aplicação na seara trabalhista dos novos arts. 690[141] e 695[142] do CPC, isto porque o § 2º do art. 888 da Consolidação das Leis do Trabalho dispõe que "o arrematante deverá garantir o lance com o sinal correspondente a 20% (vinte por cento) do seu valor" e, diante da inexistência de omissão, não há que se falar em aplicação subsidiária do CPC. Mas, sem dúvida, os dispositivos do diploma processual civil são mais rigorosos e têm mais força para impedir tentativas de tumultuar a execução por meio de atos fraudulentos de arrematação, uma vez que nele o arrematante perde a caução no valor total do bem, enquanto na execução trabalhista perde apenas 20% do sinal[143].

Novidade interessante e que é compatível com a execução trabalhista é a do art. 689-A do CPC, que faculta ao exeqüente o uso da internet para a prática dos atos de expropriação dos bens. Conforme já vimos, a possibilidade de tal prática, isto é, utilização de meios eletrônicos no processo judicial consiste no acompanhamento do Poder Judiciário à evolução tecnológica. É o caso de os Tribunais do Trabalho criarem páginas eletrônicas com tal fim. É mister ressaltar que se trata de uma faculdade e, portanto,

---

(141) Art. 690 do CPC: "A arrematação far-se-á mediante o pagamento imediato do preço pelo arrematante ou, no prazo de até 15 (quinze) dias, mediante caução."
(142) Art. 695 do CPC: "Se o arrematante ou seu fiador não pagar o preço no prazo estabelecido, o juiz impor-lhe-á, em favor do exeqüente, a perda da caução, voltando os bens a nova praça ou leilão, dos quais não serão admitidos a participar o arrematante e o fiador remissos."
(143) § 4º do art. 888 da CLT: "Se o arrematante, ou seu fiador, não pagar dentro de 24 (vinte e quatro) horas o preço da arrematação, perderá, em benefício da execução, o sinal de que trata o § 2º deste artigo, voltando à praça os bens executados."

o uso dos meios eletrônicos para esse mister deve ser requerido pelo exeqüente ou adotado de forma *ex officio* pelo magistrado, porém, sem qualquer obrigatoriedade para este.

Por fim, o art. 694 dispõe que "assinado o auto pelo juiz, pelo arrematante e pelo serventuário da justiça ou leiloeiro, a arrematação considerar-se-á perfeita, acabada e irretratável, ainda que venham a ser julgados procedentes os embargos do executado" e o art. 693 estabelece que "a arrematação constará de auto que será lavrado de imediato, nele mencionadas as condições pelas quais foi alienado o bem", ambos do CPC.

O art. 694 denota a preocupação do legislador em atribuir segurança jurídica[144] às pessoas interessadas na aquisição dos bens penhorados, mesmo que os embargos do devedor sejam acolhidos[145]. Não há como aplicar o referido dispositivo à execução trabalhista, tendo em vista que, nesta, os embargos do devedor têm efeito suspensivo, de tal sorte que não podem ser praticados quaisquer atos que suscitem expropriação dos bens objeto de penhora antes de seu julgamento.

Quanto ao art. 693, digno de registro que a reforma eliminou o prazo de 24 horas para lavratura do auto de arrematação (diante da omissão da lei trabalhista, o atual prazo deve ser lapidado pela jurisprudência), o qual era necessário para permitir ao credor requerer a adjudicação e o devedor a remição. Em relação a este último instituto, vejamos como restou a aplicação subsidiária, tendo em vista as alterações trazidas pelas leis que alteraram o Código de Processo Civil.

1.1.6.6. Remição

Em primeiro lugar é mister distinguir remição de bens e remição da execução. Nesta há quitação da totalidade da dívida em troca da liberação do patrimônio que a garantia o que, conseqüentemente, tem o condão de pôr fim à relação processual. Aquela consiste na liberação de algum ou alguns dos bens penhorados, em troca de seu valor de avaliação, sem que haja o desfecho da execução. Trata-se de "uma sub-rogação voluntária do objeto da penhora, de modo que se libera o bem e não se libera o devedor, satisfaz-se o juízo e não se solve a dívida", utilizando as palavras de *Pontes de Miranda*[146].

A remição da dívida constitui uma das formas de extinção da execução, nos termos do art. 794, inc. II, do Código de Processo Civil, embora o legislador tenha utilizado

---

(144) O § 1º do art. 694 já estabelece quais as situações que a arrematação poderá ser tornada sem efeito: "I — por vício de nulidade; II — se não for pago o preço ou se não for prestada a caução; III — quando o arrematante provar, nos 5 (cinco) dias seguintes, a existência de ônus real ou de gravame (art. 686, inc. V) não mencionado no edital; IV — a requerimento do arrematante, na hipótese de embargos à arrematação (art. 746, §§ 1º e 2º); V — quando realizado por preço vil (art. 692); VI — nos casos previstos neste Código (art. 698)".
(145) O § 2º do art. 694 ainda dispõe que "no caso de procedência dos embargos, o executado terá direito a haver do exeqüente o valor por este recebido como produto da arrematação; caso inferior ao valor do bem, haverá do exeqüente também a diferença".
(146) MIRANDA, Francisco Cavalcanti Pontes de. *Comentários ao Código de Processo Civil*. Rio de Janeiro: Forense, 1949. p. 331.

equivocadamente a terminologia remissão. Remição tem o sentido técnico de remir, de resgatar, de readquirir, de reaver, de salvar algo, enquanto remissão significa indulgência, misericórdia, compaixão.

Pois bem. A Lei n. 11.382/06 revogou o Título V, do Livro II, do Código de Processo Civil e, assim, os arts. 787 a 790 que permitiam ao cônjuge, descendente ou ascendente do executado realizar a remição de "todos ou quaisquer bens penhorados, ou arrecadados no processo de insolvência, depositando o preço por que foram alienados ou adjudicados".

Atualmente, portanto, somente o próprio executado pode remir a execução por meio do pagamento da dívida, atualizada monetariamente e acrescida dos juros de mora, além das custas, dos honorários de advogado ou do perito, uma vez que se manteve tal possibilidade por meio do art. 651 do CPC[147].

Aos cônjuges, descendentes e ascendentes do executado, anteriormente legitimadas a realizar a remição, resta a possibilidade de adjudicar o bem, em concorrência com o credor que tenha garantia real sobre o bem penhorado e o credor que tenha penhorado o mesmo bem em outra execução, conforme os termos do § 2º do novo art. 685-A do CPC.

As alterações realizadas no processo civil em relação ao instituto da remição estão em consonância com o processo do trabalho, uma vez que o art. 13 da Lei n. 5.584/70, que dispõe sobre normas de direito processual do trabalho, estabelece que, "em qualquer hipótese, a remição só será deferível ao executado se este oferecer preço igual ao valor da condenação".

De acordo com a leitura da norma supratranscrita, a liberação do ônus que recai sobre os bens, por meio do instituto da remição, enseja o cumprimento e extinção da execução. Assim, mesmo que o valor dos referidos bens seja inferior, o executado deverá realizar a complementação da dívida executada, para total quitação desta.

A sintonia aqui demonstrada entre as normas processuais civis e trabalhistas, na busca do mesmo objetivo de alcançar um processo célere e efetivo, apenas corrobora nossa proposta de uniformização dos sistemas na execução. Vejamos, pois, as demais hipóteses de extinção da execução.

1.1.6.7. Extinção da execução

O art. 794 do Código de Processo Civil estabelece que "Extingue-se a execução quando: I — o devedor satisfaz a obrigação; II — o devedor obtém, por transação ou por qualquer outro meio, a remissão total da dívida; III — o credor renunciar ao crédito."

O inciso I consiste no cumprimento da obrigação pelo devedor, em suas diferentes modalidades. Por exemplo, nas mais comuns obrigações de pagar, o executado quita

---

(147) Art. 651 do CPC: "Antes de adjudicados ou alienados os bens, pode o executado, a todo tempo, remir a execução, pagando ou consignando a importância atualizada da dívida, mais juros, custas e honorários advocatícios."

a dívida; numa obrigação de fazer, consistente, por exemplo, numa reintegração de um empregado com estabilidade, no ato do empregador de readmiti-lo ao emprego; ou numa obrigação de não fazer, podemos conceber o cumprimento da obrigação de o empregador não transferir o empregado. Em todas essas hipóteses, o devedor satisfaz a obrigação e, conseqüentemente, a execução deve ser extinta.

Como forma de estimular o devedor a quitar de imediato a dívida na execução extrajudicial, o legislador inseriu o parágrafo único no arf. 652-A do CPC, o qual estabelece que "no caso de integral pagamento no prazo de 3 (três) dias, a verba honorária será reduzida pela metade", o que consiste, como já visto, numa forma de execução indireta.

Na Justiça do Trabalho, são devidos honorários de advogado pela parte contrária, em razão do ônus da sucumbência, somente quando o exeqüente está assistido por sindicato representativo de sua categoria profissional, conforme as Súmulas ns. 219[148] e 329[149] do Tribunal Superior do Trabalho e art. 14 da Lei n. 5.584/70[150].

Assim, tratando-se de execução que tenha como título extrajudicial o Termo de Ajustamento de Conduta, celebrado com o Ministério Público do Trabalho, como não há participação do sindicato do trabalhador, não há condenação do executado ao pagamento de honorários e, assim, não há como aplicar-se o parágrafo único do art. 652-A. Já no caso, por exemplo, de uma execução que tenha como título extrajudicial o Termo de Conciliação firmado em Comissão de Conciliação Prévia, em que o exeqüente for assistido pelo advogado de seu sindicato, pode-se conceber a aplicação da comentada norma, haja vista omissão da CLT e compatibilidade desta com o processo do trabalho.

O inciso II refere-se à transação ou qualquer outro meio de remissão da dívida. Já realizamos a devida crítica à equivocada utilização do termo remissão ao invés de remição no capítulo anterior, bem como a análise do referido instituto. A transação também enseja a extinção da execução. Aliás, a conciliação é princípio que rege o processo do trabalho e, em qualquer momento, deve ser incentivada[151]. Tal princípio influenciou inclusive o processo civil, no qual foi criada a audiência de conciliação, posteriormente denominada audiência preliminar.

---

(148) Súmula n. 219 do TST: "Honorários Advocatícios — Hipótese de Cabimento — Na Justiça do Trabalho, a condenação em honorários advocatícios, nunca superiores a 15%, não decorre pura e simplesmente da sucumbência, devendo a parte estar assistida por sindicato da categoria profissional e comprovar a percepção de salário inferior ao dobro do mínimo legal, ou encontrar-se em situação econômica que não lhe permita demandar sem prejuízo do próprio sustento ou da respectiva família."
(149) Súmula n. 329 do TST: "Honorários Advocatícios — Art. 133 da Constituição da República de 1988 — Mesmo após a promulgação da Constituição da República de 1988, permanece válido o entendimento consubstanciado no Enunciado n. 219 do Tribunal Superior do Trabalho."
(150) Art. 14 da Lei n. 5.584/70: "Na Justiça do Trabalho, a assistência judiciária a que se refere a Lei n. 1.060, de 5 de fevereiro de 1950, será prestada pelo Sindicato profissional a que pertencer o trabalhador."
(151) Aqui, registramos nossa consternação e crítica a alguns magistrados trabalhistas que indeferem pedidos de designação de audiência de conciliação na fase executiva, sob o argumento de que esta tentativa conciliatória deve estar restrita ao processo de conhecimento.

Outra novidade, digna de registro foi inserida no art. 745-A do Código de Processo Civil, que faculta ao executado, no prazo para os embargos, ao invés de discutir a dívida por meio da oposição de embargos à execução, pagá-la em até sete prestações[152].

Assim, para que o devedor possa utilizar esse novo instituto, deve reconhecer a existência da dívida, sem poder discutir qualquer aspecto do crédito pretendido, além de realizar depósito de 30% do valor da execução. Entendemos que pode o devedor assim proceder após o prazo para oposição de embargos à execução, desde que haja a concordância do exeqüente, uma vez que ambos poderão se beneficiar da medida.

A crítica que fazemos à novidade é a inexigência de qualquer garantia do devedor para cumprimento do pagamento parcelado (afora o necessário depósito de 30% do valor da execução), apesar de precluir para este o direito de opor embargos. Entretanto, não há como negar que a novidade consiste num valioso incentivo ao pagamento de débitos executados, o que permite uma maior celeridade na prestação jurisdicional, pois, certamente, a execução não atingiria a sua finalidade no mesmo prazo, em hipótese de o devedor optar por opor embargos à execução.

Infelizmente, entretanto, há previsão na Lei de Execuções Fiscais que impede a aplicação do referido dispositivo na execução trabalhista. O § 6º do art. 9º da Lei n. 6.830/80 estabelece que o executado "poderá pagar parcela da dívida, que julgar incontroversa, e garantir a execução do saldo devedor".

Assim, pois, inexiste lacuna para a incidência do art. 745-A do CPC no processo do trabalho, uma vez que, conforme vimos, aplica-se primordialmente a lei de execuções fiscais na execução trabalhista para, somente na hipótese de inexistência de regulamentação da matéria, aplicar-se o processo comum, conforme os termos do art. 889 da CLT.

Nesse diapasão, discordamos da opinião de *Manoel Antonio Teixeira Filho*, que doutrina em sentido diametralmente oposto:

> Entrementes, considerando que o parcelamento da dívida é algo que possa interessar não apenas ao devedor, mas ao próprio credor (CPC, art. 612), e que, na prática, têm sido freqüentes os casos em que as partes transacionam no processo de execução, pensamos ser possível aplicar-se ao processo do trabalho o art. 475-A, do CPC, a despeito do art. 9º, § 6º, da Lei n. 6.830/80.

Com todo respeito ao festejado Professor, os seus argumentos de serem freqüentes os casos de transação na Justiça do Trabalho, bem como o parcelamento poder interessar tanto ao devedor como ao credor, não são suficientemente fortes para aplicação do dispositivo e, conseqüentemente, violação da lei (art. 889 da CLT). Além de jamais se poder conceber a violação do princípio da legalidade no Estado de Di-

---

(152) Art. 745-A do CPC: "No prazo para embargos, reconhecendo o crédito do exeqüente e comprovando o depósito de 30% (trinta por cento) do valor em execução, inclusive custas e honorários de advogado, poderá o executado requerer seja admitido a pagar o restante em até 6 (seis) parcelas mensais, acrescidas de correção monetária e juros de 1% (um por cento) ao mês."

reito, não são tão freqüentes os casos de transação em execução na Justiça do Trabalho e, tendo em vista a carga emocional que envolve o litígio trabalhista, nem sempre o credor aceita receber o seu crédito parcelado, preferindo aguardar o desfecho do processo.

De qualquer sorte, diante da impossibilidade de utilização do art. 745-A do CPC, quem resta prejudicado? Lógico que os jurisdicionados. E, aqui, mais uma vez, mostra-se patente a necessidade de solução *de lege ferenda* a unificar os sistemas na execução, a fim de que o ordenamento jurídico se volte para aqueles que o utilizam e que dele necessitam. Ainda mais, pela possibilidade de alguns magistrados aplicarem a norma e outros não, o que pode gerar a indesejada insegurança jurídica tão nociva à estabilidade das relações jurídicas.

O inciso III do art. 794 do CPC trata da possibilidade de o credor renunciar ao crédito como última forma de extinção da execução. Tal possibilidade deve ser vista com restrição no processo do trabalho, tendo em vista a natureza alimentar de seu crédito e a comum debilidade econômico-financeira do empregado litigante.

Nesse sentido é a lição de *Arnaldo Süssekind:*

[...] o que devemos examinar neste ensejo, é se o estado de dependência econômica, capaz de constituir uma coação econômica, cessa no momento em que o trabalhador deixa de ser empregado da empresa. Com o término do contrato de trabalho, reconhece a melhor doutrina que, sem embargo de cessar a *soggezione impiegatizia,* pode persistir o estado de inferioridade e dependência econômica do trabalhador, capaz de o levar a renunciar a certos direitos, a fim de obter o pagamento imediato de salários em atraso, ou mesmo, sua indenização. Neste caso, a renúncia corresponde a uma transação oculta, que não pode ter validade pela inexistência da *res dubia*[153].

No mesmo diapasão a jurisprudência trabalhista:

Não há como se negar que no momento do término do contrato de trabalho, quando o empregado ainda tem para receber seus haveres rescisórios, persiste o estado de inferioridade e dependência econômica, capaz de o levar a renunciar a certos direitos, afim de obter o pagamento de pelo menos uma parte do que lhe é devido. Partindo-se desta premissa, de se ter como nulo acordo onde se transaciona parcelamento de verbas rescisórias, pois nele não se vislumbra a inexistência da *res dubia*, mormente se o ato não conta sequer com chancela do sindicato profissional ou da Delegacia Regional do Trabalho. (TRT da 9ª Região, 2ª Turma, Ac. 28181/95, Rel. Mário A. Ferrari, *DJSP* 24.11.1995. p. 11)

Transação extrajudicial — Renúncia a direitos trabalhistas — Ineficácia. Em se tratando de Direito do Trabalho, a despeito das novas tendências flexibilizantes, *o pressuposto essencial que o permeia é o de que as partes (empregado e empregador) estão em desigualdade de condições,* advindo dessa premissa a própria razão da existência desse direito especial.

---

(153) SÜSSEKIND, Arnaldo. *Instituições de direito do trabalho.* São Paulo: LTr, 1995. p. 214.

Neste sentido, *não há como dar validade à transação realizada extrajudicialmente, que importou evidente prejuízo aos empregados*, tanto mais se no negócio jurídico não se envolveu o sindicato da categoria profissional. (TRT da 3ª Região, RO 18945/97, Rel. Marcus M. Ferreira, *DJMG* 5.9.1998. p. 4 — *RDT* 10/98. p. 41)

Transação extrajudicial — Validade — Limitação — Princípio da irrenunciabilidade. A transação extrajudicial, ainda que válida, subordina-se à livre manifestação de vontade por parte do trabalhador a respeito do que pretende ver alcançado por ela. *Tal manifestação deve ser expressa e explícita, e por ainda subsistir algum tipo de dependência econômica, mesmo na rescisão contratual, não pode ser admitida a transação para satisfação completa de qualquer direito trabalhista do empregado, prevalecendo ainda o princípio da irrenunciabilidade neste caso.* (TRT da 15ª Região, 3ª Turma, Ac. 26017/01, Rel. Carlos Eduardo O. Dias, *DJSP* 25.6.2001. p. 51 — *RDT* 07/01. p. 49)

Não se pode olvidar, pois, que a legislação trabalhista se reveste de normas de ordem pública, de caráter imperativo, inderrogáveis pelas partes. Tal se justifica diante da desigualdade fática existente entre as partes envolvidas. Nesse sentido são as normas esculpidas nos arts. 9º[154], 444[155] e 468[156] da CLT.

As normas do Direito do Trabalho, portanto, são de ordem pública e, assim, o empregado não pode renunciar a verba trabalhista, de natureza alimentar, sem que tal renúncia implique violação do ordenamento jurídico e, conseqüentemente, seja ineficaz. A menos que se trate de um empregado de alto nível de instrução, como aqueles que desempenham funções de gerência e diretoria ou haja a assistência do Sindicato de Classe ou Delegacia Regional do Trabalho, isto, lógico, se a renúncia for realizada extrajudicialmente. Judicialmente, sempre haverá a possibilidade de assistência do advogado do trabalhador e fiscalização do magistrado trabalhista.

Nem se diga que tal realidade enseja um obstáculo à unificação aqui proposta. Basta que se faça pequena distinção na legislação unificada a ser elaborada que, certamente, será mais eficaz e produtiva do que a existência de dois sistemas. No que tange à renúncia, por exemplo, basta acrescentar um parágrafo ao artigo que tratar a matéria, estabelecendo que se esta ocorrer na execução trabalhista deverá ter a participação e ratificação do Sindicato da categoria do empregado, sob pena de não surtir efeito.

É o que ocorre, como veremos, em alguns ordenamentos do direito comparado, em que há um único sistema processual de execução a tutelar diferentes direitos materiais, seja civil, fiscal ou trabalhista.

---

(154) Art. 9º da CLT: "Serão nulos de pleno direito os atos praticados com o objetivo de desvirtuar, impedir ou fraudar a aplicação dos preceitos contidos na presente Consolidação."
(155) Art. 444 da CLT: "As relações contratuais de trabalho podem ser objeto de livre estipulação das partes interessadas em tudo quanto não contravenha às disposições de proteção do trabalho, aos contratos coletivos que lhe sejam aplicáveis e às decisões das autoridades competentes."
(156) Art. 468 da CLT: "Nos contratos individuais de trabalho só é lícita a alteração das respectivas condições por mútuo consentimento, e, ainda assim, desde que não resultem, direta ou indiretamente, prejuízos ao empregado, sob pena de nulidade da cláusula infringente."

É digno de registro, outrossim, que as hipóteses de causas de extinção da execução do art. 794 do CPC não é exaustivo. A decisão exarada numa exceção de pré-executividade que reconhece a ausência de algum pressuposto processual relacionado ao título executivo, como a sua prescrição, por exemplo, também tem o condão de ensejar a extinção da execução. E o que dizer da sentença que acolhe *in totum* os embargos à execução opostos pelo devedor? Aproveitemos, pois, para analisar esse instituto, uma vez que não há como estudar a execução e se descuidar dos embargos opostos pelo devedor que podem desconstituí-la.

1.2. Embargos à execução

Entre as inúmeras alterações do Código de Processo Civil realizadas pela Lei n. 11.232/05, destacou-se a extinção dos embargos na execução de título judicial. O art. 475-J, em seu § 1º, dispõe que, após a intimação do auto de penhora o executado poderá "oferecer impugnação, querendo, no prazo de quinze dias". O instituto dos embargos tem utilização agora limitada à execução extrajudicial.

O executado poderá alegar na sua impugnação[157] falta ou nulidade da citação, se o processo correu à revelia, inexigibilidade do título, penhora incorreta ou avaliação errônea, ilegitimidade das partes, excesso de execução, ou qualquer outra causa impeditiva, modificativa ou extintiva da obrigação, como pagamento, novação, compensação, transação ou prescrição, desde que superveniente à sentença, conforme os temos do art. 475-L do diploma processual civil.

É necessário perquirir se tais inovações, tanto em relação à nova feição da defesa do executado quanto às matérias que podem ser alegadas nesse incidente processual, aplicam-se à execução trabalhista.

O mesmo questionamento se faz aos embargos à execução de título extrajudicial tratado no art. 745 do CPC, cuja matéria a ser alegada pode ser nulidade da execução, por não ser executivo o título apresentado, penhora incorreta ou avaliação errônea, excesso de execução ou cumulação indevida desta, retenção de benfeitorias necessárias ou úteis no caso de título de entrega de coisa certa e qualquer matéria que se possa deduzir como defesa em processo de conhecimento.

Não há como aproveitar as referidas normas processuais civis no âmbito do processo do trabalho, tendo em vista que a CLT expressamente regula os embargos no seu

---

(157) Quanto à configuração da impugnação como ação e não defesa, muito pertinente as ponderações de Paulo Henrique dos Santos Lucon no texto Nova execução de títulos judiciais. In: GRINOVER, Ada Pellegrini; CALMON, Petrônio (orgs.). *Direito processual comparado*. Rio de Janeiro: Forense, 2007. p. 713: "Por esse prisma, a falta de impugnação não acarreta a perda do direito material ou mesmo a impossibilidade de se promover ações relativas ao débito. Caso contrário, o prazo de impugnação de 15 dias instituiria uma preclusão com força de coisa julgada que a lei processual não estabeleceu. Mais ainda: alteraria prazos prescricionais previstos na lei material para o regular exercício e exigibilidade de um direito. Definitivamente, não foi essa a intenção do legislador e não é esse o conteúdo da norma. [...] Ao reverso, se considerarmos a impugnação como ação, com a perda do prazo para a sua apresentação operar-se-ia apenas preclusão processual e esse título poderia ser questionado por meio de ação cognitiva autônoma."

art. 884: "garantida a execução ou penhorados os bens, terá o executado 5 (cinco) dias para apresentar embargos, cabendo igual prazo ao exeqüente para impugnação." E tal instituto é utilizado também para a execução de título extrajudicial, a exemplo da execução de termo de conciliação realizado perante Comissão de Conciliação Prévia.

Quanto à utilização das matérias relacionadas no art. 475-L do Código de Processo Civil, importadas do antigo art. 741 desse diploma legal, entendemos que não se aplicam de forma subsidiária, tendo em vista que o § 1º do art. 884 da CLT discrimina a matéria de defesa, inclusive utilizando-se da expressão "será restrita": "a matéria da defesa **será restrita** às alegações de cumprimento da decisão ou do acordo, quitação ou prescrição da dívida".

Concordamos, assim, com a posição de *Edilton Meireles* e *Leonardo Dias Borges*:

Com efeito, vigorava, de modo dominante, a utilização das questões versadas pelo antigo art. 741 do CPC, com inexplicável extensão das matérias já descritas na CLT. Ora, se a CLT, em seu art. 884, § 1º, traz as matérias que podem ser alegadas em sede de embargos, inclusive valendo a lei da expressão "será restrita", não fazia sentido se admitir a incidência do CPC, mormente porque não é a CLT omissa. Agora que não há mais embargos à execução no processo civil, afigura-se-nos mais adequado não se admitir os embargos trabalhistas em situações que se encontram fora do foco do § 1º do art. 884 da CLT[158].

Existem, entretanto, respeitadas posições na doutrina e jurisprudência admitindo a utilização das matérias elencadas no art. 475-L do Código de Processo Civil, as quais foram transportadas do art. 741 desse diploma legal pela Lei n. 11.232/05.

Em recentíssimos "Comentários à Consolidação das Leis do Trabalho", por exemplo, *Erotilde Ribeiro S. Minharro* aduz que:

Doutro turno, embora o dispositivo legal em análise faça restrições às matérias alegáveis em sede de embargos à execução, este é o momento adequado para insurgir-se quanto à inexigibilidade do título, das partes, cumulação indevida de execuções, excesso de execução ou nulidade desta até a penhora, incompetência do juízo da execução, suspeição ou impedimento do juiz etc., nos termos da relação exemplificativa exposta no art. 741 do Código de Processo Civil, com redação dada pela Lei n. 11.232/05[159].

A divergência doutrinária quanto à possibilidade de utilização da matéria prevista no art. 475-L nos embargos opostos na execução trabalhista, que é acompanhada pela jurisprudência, enseja, como em outras situações aqui demonstradas insegurança jurídica.

---

(158) MEIRELES, Edilton; BORGES, Leonardo Dias. A nova execução cível e seus impactos no processo do trabalho. *Revista do Tribunal Superior do Trabalho*, Brasília, v. 72, n. 1, jan./abr. 2006. p. 38.
(159) In: MACHADO, Antônio Cláudio da Costa (org.); ZAINAGHI, Domingos Sávio (coord.). *CLT interpretada artigo por artigo, parágrafo por parágrafo*. Barueri: Manole, 2007. p. 871-872.

Em relação ao art. 745 do CPC que trata dos embargos de título extrajudicial, cuja matéria de defesa foi acima transcrita, pode-se dizer o mesmo quanto à vedação de aplicação subsidiária. A única exceção concebível é relativa à retenção por benfeitorias necessárias ou úteis, para a hipótese de obrigação de entrega de coisa certa, tendo em vista que a CLT nada dispõe sobre tal espécie de execução.

E quanto à ausência de efeito suspensivo dos embargos inserido no Código de Processo Civil pela Lei n. 11.382/06? Apesar de a aplicação de tal dispositivo ensejar a celeridade e efetividade da execução, há óbice de sua aplicação na seara trabalhista pelo fato de, como visto, a CLT tratar do instituto e seu procedimento, sem o conceber com tal perfil. A norma processual civil, portanto, revela-se nesse ponto mais atual e efetiva que a trabalhista.

Não podemos conceber a aplicação de dispositivos do Código de Processo Civil quando a matéria é tratada na Consolidação das Leis do Trabalho e, conseqüentemente, não há omissão. Assim também nos posicionamos em relação à multa do art. 475-J, intimação por advogado, dispensa de editais para realização de hasta pública, alienação particular de bens, parcelamento forçado da dívida, entre outros institutos e novidades trazidos pelas reformas do CPC.

A aplicação de qualquer dispositivo do CPC nessas situações, ou em qualquer outra semelhante, enseja:

1º) alteração do sistema, procedimento e estrutura do processo do trabalho;

2º) violação do art. 769 da CLT, que somente autoriza a aplicação subsidiária do Código de Processo Civil quando a lei trabalhista é efetivamente omissa;

3º) violação do art. 889 da CLT que estabelece na execução trabalhista a preeminência supletiva da Lei n. 6.830/80 em relação ao Código de Processo Civil;

4º) em função das conseqüências anteriores, o desrespeito ao princípio da legalidade, esculpido no art. 5º, inc. II, e à garantia do devido processo legal assegurado no mesmo art. 5º, inc. LIV, ambos da Constituição Federal.

Diante de tal contexto, ante o fato de o CPC ter se tornado na seara da execução mais efetivo que a CLT (basta analisar todas as novidades trazidas pelas reformas), optamos por sugerir a adoção de uma solução *de lege ferenda* para a referida situação, por demais contraditória (o direito material objeto do processo do trabalho é de natureza alimentar e, portanto, merecedor de uma tutela mais célere e efetiva), ao invés de violar os sistemas e as normas federais e constitucionais.

No tocante à defesa na execução, entretanto, não descartamos a possibilidade de utilização da exceção de pré-executividade, na seara da Justiça do Trabalho, para alegação daquelas matérias de ordem pública, relacionadas às condições da ação e pressupostos processuais de desenvolvimento válido e regular da execução, inclusive previstas no art. 475-L do CPC: falta ou nulidade da citação, inexigibilidade do título, ilegitimidade das partes, pagamento, novação, compensação, transação ou prescrição da dívida.

Como o incidente é suscitado no bojo da execução, o recurso da decisão deve ser o agravo de petição, interposto para o Tribunal Regional do Trabalho competente territorialmente[160].

Por fim, antes de passar à análise da aplicação do CPC à execução fiscal, a fim de concluir a demonstração da necessidade de uniformização dos sistemas, vejamos a aplicação subsidiária das normas do processo civil à execução provisória trabalhista.

1.3. Execução provisória

Conforme já visto, no capítulo X, inserido no Código de Processo Civil pela Lei n. 11.232/05 e denominado Cumprimento de Sentença, posterior ao capítulo que trata da liquidação, o legislador incluiu os arts. 475-I a 475-R, que abordam de maneira seqüenciada as etapas para cumprimento forçado das obrigações de pagar quantia certa.

O § 1º do art. 475-I[161] do Código de Processo Civil reproduziu de forma desnecessária o conceito de execução definitiva e provisória já existente no art. 587 desse diploma legal[162].

A novidade, entretanto, no que tange à execução provisória foi a sua nova disciplina trazida pelo art. 475-O[163], em substituição àquela prevista anteriormente entre os arts. 588 a 590 do diploma processual civil.

O inciso I do referido dispositivo reproduz a já conhecida regra da responsabilidade objetiva do credor, o qual tem o dever de reparar eventual dano que o executado venha a sofrer pelos atos executivos em caso de posterior reforma da decisão exeqüenda.

O seu inciso II dispõe sobre a restituição das coisas ao estado anterior, na hipótese de anulação ou modificação da sentença provisoriamente executada, cujos eventuais prejuízos serão liquidados nos próprios autos e por arbitramento pelo juiz.

Não há qualquer impedimento à aplicação desses dispositivos na execução trabalhista, pois, a suposta menor capacidade econômica do empregado (nem sempre essa situação se configura), não tem o condão de eximir sua responsabilidade pelos prejuízos que causar ao executado, em caso de reforma ou anulação da sentença.

---

(160) Art. 897 da CLT: "Cabe agravo, no prazo de 8 (oito) dias: de petição, das decisões do Juiz ou Presidente, nas execuções."
(161) Art. 475-I do CPC: "É definitiva a execução da sentença transitada em julgado e provisória quando se tratar de sentença impugnada mediante recurso ao qual não foi atribuído efeito suspensivo."
(162) Art. 587 do CPC: "A execução é definitiva, quando fundada em sentença transitada em julgado ou em título extrajudicial; é provisória, quando a sentença for impugnada mediante recurso, recebido só no efeito devolutivo."
(163) Art. 475-O do CPC: "A execução provisória da sentença far-se-á, no que couber, do mesmo modo que a definitiva, observadas as seguintes normas: I — corre por iniciativa, conta e responsabilidade do exeqüente, que se obriga, se a sentença for reformada, a reparar os danos que o executado haja sofrido; II — fica sem efeito, sobrevindo acórdão que modifique ou anule a sentença objeto da execução, restituindo-se as partes ao estado anterior e liquidados eventuais prejuízos nos mesmos autos, por arbitramento; III — o levantamento de depósitos em dinheiro e a prática de atos que importem alienação de propriedade ou dos quais possa resultar grave dano ao executado dependem de caução suficiente e idônea, arbitrada de plano pelo juiz e prestada nos próprios autos."

Já o inciso III, que possibilita o levantamento de depósito em dinheiro e a prática de atos que importem em alienação de propriedade, desde que mediante caução suficiente e idônea, enseja fervoroso debate na doutrina.

Luciano Athayde Chaves, por exemplo, não vê impedimento para aplicação do referido dispositivo na execução trabalhista. Inclusive, reverencia o § 2º[164] que dispensa a caução em algumas situações:

> Ora, ambas as exceções são de grande alcance no panorama da jurisdição trabalhista, especialmente a referida no inciso I, em face da natureza alimentar do crédito trabalhista e o presumido estado de necessidade do trabalhador, num regime de produção onde, de regra, ele somente dispõe de sua força de trabalho como mercadoria a ser ofertada no sistema de trocas[165].

Já *Estêvão Mallet* não concorda com a aplicação de tal dispositivo ao processo do trabalho, tendo em vista que ele colide com a norma do art. 899[166] da CLT:

> Já o inciso III, associado com as hipóteses de dispensa de caução para levantamento de valores — que tanto significado teria no processo do trabalho —, colide com o disposto no art. 899, *caput*, da Consolidação das leis do trabalho, que somente permite o prosseguimento da execução provisória "até a penhora"[167].

Preferimos a opinião deste último, uma vez que a aplicação das normas do processo comum ao processo do trabalho só ocorre de forma subsidiária e, assim, conforme já visto, na hipótese de *omissão* da norma trabalhista, o que não ocorre na presente situação, em face do disposto no art. 899 da CLT.

Aliás, no sistema trabalhista, diante da Orientação Jurisprudencial n. 62 da SDI-II do Tribunal Superior do Trabalho, não há possibilidade de constrição em dinheiro na execução provisória, quem dirá alienação de bens penhorados, conforme ressalta *Valton Pessoa*: "não será possível a realização de atos de alienação dos bens eventualmente penhorados para garantia da execução e tampouco que a penhora, nestes casos (execução provisória) recaia sobre dinheiro — Orientação Jurisprudencial n. 62, da SDI-II do TST"[168].

Não há como negar, entretanto, que a norma do processo civil foi mais adiante e é mais benéfica que aquela trazida pela CLT para a execução provisória e, assim, a

---

(164) "A caução a que se refere o inciso III do *caput* deste artigo poderá ser dispensada: I — quando, nos casos de crédito de natureza alimentar ou decorrente de ato ilícito, até o limite de sessenta vezes o valor do salário mínimo, o exeqüente demonstrar situação de necessidade; II — nos casos de execução provisória em que penda agravo de instrumento junto ao Supremo Tribunal Federal ou ao Superior Tribunal de Justiça (art. 544), salvo quando da dispensa possa manifestamente resultar risco de grave dano, de difícil ou incerta reparação."
(165) CHAVES, Luciano Athayde. *A recente reforma do processo comum — reflexos no direito judiciário do trabalho*. São Paulo: LTr, 2007. p. 51.
(166) "Os recursos serão interpostos por simples petição e terão efeito meramente devolutivo, salvo as exceções previstas nesse título, *permitida a execução provisória até a penhora*."
(167) O processo do trabalho e as recentes modificações do código de processo civil. *Revista do Advogado*, São Paulo, n. 85, ano XXVI, maio 2006.
(168) PESSOA, Valton. *Manual de processo do trabalho*. Salvador: JusPodivm, 2007. p. 215.

impossibilidade de sua utilização em face das regras de heterointegração dos sistemas somente prejudica o jurisdicionado.

De qualquer sorte, ainda é patente a insegurança jurídica que surge da dúvida sobre a aplicabilidade ou não dos dispositivos em questão. Na prática, conforme pesquisa de campo que realizamos e será exposta no item 3 do capítulo IV do trabalho, vemos alguns juízes do trabalho aplicando o dispositivo e outros, em posição diametralmente oposta, preferindo respeitar o art. 899 da CLT. Ou seja, situações idênticas, tendo tratamento distinto por aqueles que exercem a jurisdição e dizem o direito.

Aqui, trata-se de mais uma situação que, diante da insegurança jurídica gerada e do prejuízo processual para o jurisdicionado, nos leva a ter a certeza de que um processo uniforme de execução seria o mais salutar tanto para os operadores do Direito, como para aqueles a quem devem ser elaboradas e direcionadas as leis, os usuários dos serviços judiciários.

Essa conclusão também é extraída da análise da aplicação subsidiária do Código de Processo Civil à execução fiscal. Senão vejamos.

2. Análise da aplicação do CPC à execução fiscal

As reformas do CPC trouxeram repercussões não somente para a execução trabalhista, mas, também, para a execução fiscal tratada na Lei n. 6.830/80 e, assim, dentro de uma proposta de unificação dos sistemas, também é necessário analisar a integração das normas nessa seara.

A própria lei de execução fiscal, conforme já visto, disciplina logo no seu art. 1º a aplicação subsidiária das normas do CPC: "A execução judicial para cobrança da dívida ativa da União, dos Estados, do Distrito Federal, dos Municípios e respectivas autarquias será regida por esta Lei e, subsidiariamente, pelo Código de Processo Civil."

A modalidade de aplicação subsidiário do CPC à execução fiscal, portanto, é genérica. Parte da doutrina nacional, inclusive, entende supérflua a previsão do art. 1º da Lei da Execução Fiscal, tendo em vista que o CPC como lei genérica se aplica sempre que as leis especiais forem omissas[169].

Da mesma forma que a execução trabalhista tratada na Consolidação das Leis do Trabalho, a disciplina da execução fiscal pela Lei n. 6.830/80 não se caracteriza pela minuciosidade, sendo omissa em diversas questões e fases procedimentais, o que exige constante remissão às normas do Código de Processo Civil.

Diante da quantidade de alterações e novidades trazidas ao CPC pelas reformas, cabe aqui perquirir se a sua aplicação subsidiária à execução fiscal ocorre de forma

---

(169) NERY JUNIOR, Nelson; NERY, Rosa Maria de Andrade. *Código de Processo Civil comentado e legislação extravagante*. 8. ed. São Paulo: Revista dos Tribunais, 2005. p. 1601.

harmônica e uniforme ou enseja os mesmos problemas vividos na seara da execução trabalhista, a justificar nossa proposta de unificação.

A resposta mais apropriada é a segunda. E, como prova desse quadro de insegurança jurídica, a Procuradoria-Geral da Fazenda Nacional elaborou um parecer, Parecer/PGFN/CRJ n. 1.732/07, no intuito de orientar todos os Procuradores a como agir para a defesa da União em Juízo, diante desse complexo quadro de interpretação normativa, o que denota a atualidade e necessidade de estudo de nosso tema[170].

Assim, passaremos a analisar a aplicação subsidiária do Código de Processo Civil à Lei n. 6.830/80, nos principais pontos da execução fiscal: o seu início, a averbação do ajuizamento da ação, os aspectos relacionados à penhora, o parcelamento da dívida, a expropriação dos bens e os embargos.

2.1. Início da execução

O início da execução fiscal se dá após a regular inscrição da dívida ativa da União, dos Estados, do Distrito Federal, dos Municípios ou respectivas autarquias. Tal inscrição constitui ato de controle administrativo da legalidade e é realizado pelo órgão competente para apurar a liquidez e certeza do débito.

A dívida ativa regularmente inscrita, conforme rege o art. 3º da Lei n. 6.830/80[171], goza da presunção de certeza e liquidez e, assim, não sendo quitada, constitui título executivo que autoriza o início da execução fiscal. É o que dispõe, inclusive, o inc. VII do art. 585 do CPC[172].

Toda a sistemática prevista na Lei de execuções fiscais referente à inscrição da dívida ativa não sofreu qualquer repercussão das reformas do CPC e, assim, permanece inalterada.

O mesmo se diga em relação ao início da execução por meio da citação do devedor, prevista no seu art. 8º: "O executado será citado para, no prazo de 5 (cinco) dias, pagar a dívida com os juros e multa de mora e encargos indicados na Certidão de Dívida Ativa, ou garantir a execução [...]". Não se aplica, pois, a alteração do art. 652 do CPC que alargou de 24 (vinte e quatro) horas para 3 (três) dias, após a citação, o prazo para pagamento da dívida, haja vista a expressa previsão da matéria na Lei n. 6.830/80.

Diante da omissão da Lei de Execuções Fiscais, não vemos, entretanto, problema para a aplicação da novidade incluída no parágrafo único do art. 652-A do CPC pela

---

(170) Ante a importância e repercussão no mundo jurídico do referido parecer, durante a análise da aplicação subsidiária do CPC à execução fiscal, sempre que se mostrar necessário será realizada uma remissão a este documento.
(171) Art. 3º da Lei n. 6.830/80: "A Dívida Ativa regularmente inscrita goza da presunção de certeza e liquidez."
(172) Inc. VII do Art. 585 do CPC: "São títulos executivos extrajudiciais: VII- a certidão da dívida ativa da Fazenda Pública da União, dos Estados, do Distrito Federal, dos Territórios e dos Municípios, correspondente aos créditos inscritos na forma da lei;"

Lei n. 11.382/06 e, assim, na hipótese de o executado efetuar o pagamento integral da dívida no prazo de cinco dias, a verba honorária arbitrada pelo juiz poderá ser reduzida pela metade.

Nesse sentido são as lições do Ministro *José Augusto Delgado:*

A Lei n. 6.830, de 22.09.80, não determina que o juiz, ao despachar a petição inicial de execução fiscal, fixe de plano, os honorários de advogado a serem pagos pelo executado. Com a inclusão do art. 652-A, no CPC, pela Lei n. 11.382, de 6.12.2006, está obrigado o juiz, ao despachar a inicial da execução, fixar, de plano, os honorários de advogado suportados pela parte executada. Ocorrendo essa situação, se a dívida tributária ou não cobrada pela execução fiscal for paga no prazo de 5 (cinco) dias, de conformidade com o art. 8º da Lei n. 6.830/80 (não no prazo de 3 (três) dias, conforme está no parágrafo único do art. 652-A), a verba honorária será reduzida pela metade. É o que dispõe o parágrafo único do art. 652-A, atualmente[173].

Vejamos, pois, a aplicação subsidiária do CPC nos demais atos processuais da execução fiscal.

2.2. Averbação do ajuizamento da ação

O art. 615-A do CPC confere ao credor a faculdade de, no ato de distribuição da ação de execução, obter certidão comprobatória do ajuizamento desta para proceder à sua averbação nos registros de imóveis ou outros bens, a fim de evitar a realização de fraudes à execução, por meio da alienação do patrimônio que responda pela dívida do executado.

O § 3º do art. 615-A presume fraudulenta a alienação ou oneração de bens efetuadas após a averbação e, assim, torna ineficaz o negócio jurídico realizado que teria o condão de prejudicar o credor.

Quanto à aplicação do art. 615-A do CPC à execução fiscal, *a priori* parece que não há proveito para a Fazenda Pública, diante do que rege o art. 185 do Código Tributário Nacional, o qual considera fraudulenta a alienação ou oneração de bens ou rendas por sujeito passivo em débito com a Fazenda Pública, por crédito tributário regularmente inscrito.

A Lei Complementar n. 118/05 alterou a redação desse dispositivo e suprimiu a expressão "em execução", o que extinguiu a discussão sobre a necessidade de ajuizamento e citação do executado ou a simples inscrição do crédito em dívida ativa para caracterização da fraude. De tal forma, a presunção de fraude contra o crédito tributário se dá desde o momento em que este é inscrito em dívida ativa e, assim, a norma do

---

(173) DELGADO, José Augusto. *A reforma do processo civil (2005 a 2007) e sua repercussão no processo judicial tributário.* Conferência proferida no III Congresso Internacional de Direito Tributário do Paraná, no dia 30.3.2007, às 16h30, sexta-feira, no Hotel Four Points Sheraton, durante a mesa de debates "Modificações no Processo Judicial Tributário".

CTN é mais ampla que a do processo civil, por alcançar momento anterior à própria distribuição da ação.

Apesar de a novidade do art. 615-A do CPC não aparentar utilidade na execução de crédito tributário, não há proibição para que a Fazenda proceda às averbações que julgar conveniente. Aliás, o parecer da Procuradoria-Geral da Fazenda Nacional é nesse sentido, tendo em vista particular jurisprudência do STJ[174] que exige registro da penhora do bem como condição absoluta de conhecimento de terceiros e caracterização do instituto da fraude à execução:

> O receio que se afigura é da possibilidade do STJ manter seu entendimento, mesmo diante da nova redação do art. 185 do CTN, corroborada com a possibilidade trazida no art. 185-A desse Diploma, no sentido de que a averbação junto ao registro do bem seja imprescindível para caracterizar a presunção do conhecimento de terceiros (requisito da fraude à execução exigida pelo STJ). Sim, pois a mera supressão do trecho "em fase de execução" no *caput* e no parágrafo único do dispositivo, *data venia*, não terá o condão de alterar a jurisprudência do Tribunal no particular. Caso essa possibilidade se confirme, exigindo o STJ a averbação da penhora para caracterizar a presunção do conhecimento de terceiros, e não a simples inscrição em dívida ativa, exsurge a utilidade do art. 615-A do CPC na execução fiscal. Dessa forma, diante da expectativa sobre a jurisprudência do STJ no particular, deparando-se os PFNs com situações potenciais de fraude à execução, devem se utilizar do novel expediente criado pela reforma processual, denominado doutrinariamente como averbação premonitória[175].

De qualquer sorte, parece-nos que, diante desse quadro, a aplicação ou não do art. 615-A do CPC gera dúvidas, o que enseja, da mesma forma que a aplicação subsidiária do processo comum à execução trabalhista, insegurança jurídica.

2.3. Penhora

Conforme já exposto no tópico da execução trabalhista, a penhora é o ato de constrição de bens necessários à concretização da responsabilidade patrimonial, na

---

(174) Acórdãos citados no parecer da PGFN: "Fraude. Execução. Citação. Devedor. Registro. Penhora. No processo de execução fiscal, após a citação do devedor em débito com a Fazenda Pública é que se pode presumir que seja fraudulenta a alienação de bens, não sendo suficiente para tanto a inscrição regular do crédito tributário na dívida ativa (art. 185 do CTN). Anote-se, também, ser imprescindível para a configuração da fraude que haja registro da penhora ou que o exeqüente prove que o adquirente sabia da existência da ação. Precedentes citados: EREsp 40.224-SP, DJ 28.2.2000, e EREsp 31.321-SP, DJ 16.11.1999. (REsp 460.786-MA, Rel. Min. Eliana Calmon, julgado em 3.6.2004); "Tributário — Embargos de Terceiro — Execução Fiscal — Fraude à execução — Alienação posterior à citação do executado, mas anterior ao registro de penhora ou arresto — necessidade de comprovação do *concilium fraudis*. A jurisprudência do STJ, interpretando o art. 185 do CTN, pacificou-se, por entendimento da Primeira Seção (EREsp 40.224/SP), no sentido de só ser possível presumir-se em fraude à execução a alienação de bem de devedor já citado em execução fiscal... Assim, em relação ao terceiro, somente se presume fraudulenta a alienação de bem imóvel realizada posteriormente ao registro de penhora ou arresto. Recurso Especial improvido." (REsp 811.898/CE, Recurso Especial n. 2006/0014865-0, Rel. Min. Eliana Calmon, 2ª Turma, j. 5.10.2006, *DJU* 18.10.2006. p. 233)
(175) Parecer/PGFN/CRJ n. 1.732/07, p. 14, elaborado pela Procuradoria-Geral da Fazenda Nacional, com o fim de "identificar quais os principais pontos da reforma que podem ser aproveitados pela Fazenda Nacional na efetivação de seu crédito".

execução, consistente na sujeição do patrimônio do devedor às medidas executivas. Individualizam-se, mediante apreensão judicial, bens para a satisfação do crédito que se executa, por meio de sua venda em hasta pública. Como na execução trabalhista, na fiscal também há uma série de relevantes questões a serem analisadas.

Inicialmente cumpre analisar a aplicação do § 2º do art. 652 do CPC, que traz a faculdade de o credor indicar os bens a serem penhorados já na sua petição inicial. *A priori* não concebemos a aplicação da novidade na seara da execução fiscal, uma vez que a Lei n. 6.830/80 possui regramento específico sobre o tema no art. 8º já transcrito e no art. 10: "Não ocorrendo o pagamento, nem a garantia da execução de que trata o art. 9º, a penhora poderá recair em qualquer bem do executado, exceto os que a lei declare absolutamente impenhoráveis."

Cada uma dessas disposições normativas, conforme corretamente exposto à p. 9 do Parecer da Procuradoria-Geral da Fazenda Nacional, "nos conduz à idéia de que o executado, no executivo fiscal, ainda possui a prerrogativa de indicar os bens a serem penhorados, antes que o credor o faça", o que não impede "que a Fazenda Pública, já na sua petição inicial, forneça ao magistrado a relação de bens que pretende ver penhorados". Ou seja, caso o executado não indique outros bens em garantia, o magistrado poderá levar em consideração a lista apresentada pela Fazenda Pública.

Até porque, mesmo antes da inclusão do § 2º ao art. 652 do Código de Processo Civil, jamais houve qualquer obstáculo para que o exeqüente, querendo e conhecendo bens do executado, já os indicasse na petição inicial como passíveis de penhora.

Tal interpretação normativa constitui em tese uma forma de forçar o executado a indicar bens idôneos à penhora. E, se este não indicar e, muito menos a Fazenda Pública souber onde eles se encontram, ainda é possível esta se socorrer da novidade incluída no inc. IV, do art. 600 do CPC, que considera atentatório à dignidade da justiça e, conseqüentemente, sujeito a multa, o ato do executado que intimado não indica ao juiz em 5 (cinco) dias, quais e onde se encontram os bens sujeitos à penhora e seus respectivos valores.

O § 2º do art. 652, entretanto, não tem aplicação para as execuções movidas pela União, suas autarquias e fundações, tendo em vista o art. 53 da Lei n. 8.212/91, *in verbis*: "Na execução judicial da dívida ativa da União, suas autarquias e fundações, será facultado ao exeqüente indicar bens à penhora, a qual será efetivada concomitantemente com a citação do devedor."

A supratranscrita norma revela-se mais vantajosa para o Fisco, tendo em vista que autoriza a constrição dos bens do devedor antes do prazo de cinco dias, ou seja, de forma concomitante à citação do executado.

Numa unificação dos sistemas de execução, poder-se-ia assegurar o benefício de indicação de bens na petição inicial a qualquer credor, na seara trabalhista, civil ou fiscal e, assim, as fazendas municipais e estaduais também seriam beneficiadas, respeitando-se o tratamento isonômico das partes no processo. O mesmo se diga em relação ao credor trabalhista que, a despeito da natureza alimentar de seu crédito, em face do regramento específico da matéria pela CLT, também não pode se beneficiar da indicação imediata de bens à penhora.

Não custa lembrar, entretanto, que, independente da preferência para indicação, quem sempre dará a palavra final sobre o controle dos fatos e da ordem de preferência legal para penhora será o órgão julgador. E, a grande dificuldade será sempre, por óbvio, a localização dos bens para concretização da desejada garantia.

Quanto à penhora por meio de bloqueio eletrônico de numerários depositados em instituições financeiras, autorizado pelo novo art. 655-A do CPC, conforme vimos tal previsão já foi incluída no art. 185-A do Código Tributário Nacional para as execuções de créditos tributários. E a expansão da medida para a seara fiscal foi objeto da segunda versão do convênio com o Banco Central, Bacen Jud 2.0, seguindo a jurisprudência que já admitida a constrição eletrônica na execução fiscal:

> EXECUÇÃO FISCAL — PENHORA ELETRÔNICA DE ATIVOS FINANCEIROS — SISTEMA *BACEN JUD* — DEVIDO PROCESSO LEGAL. O convênio *BACEN JUD* foi celebrado entre o E. STJ e o Banco Central, a fim de disponibilizar ao Poder Judiciário um procedimento mais célere para a penhora de aplicações financeiras. Esse convênio vem de encontro com a própria vontade do legislador, tendo em vista o acréscimo do inciso LXXVIII ao art. 5º da CF, através da EC n. 45/04, bem como a nova redação do art. 185-A do CTN, dada pela LC n. 118/05. Não há ilegalidade ou inconstitucionalidade na utilização do sistema eletrônico, vez que, na perspectiva de uma nova metodologia, os atos observam as normas legais e o devido processo legal que assegura a preferência e precedência da penhora em dinheiro sobre qualquer outro bem. É pressuposto para este procedimento a prévia citação do devedor. O referido dispositivo aplica-se ao procedimento de execução forçada, quando o devedor citado para pagamento do débito não o faz nem apresenta bens à penhora ou quando não forem encontrados bens penhoráveis. Agravo de Instrumento a que se nega provimento. (TRF da 3ª Região, 5ª Turma, AG 280.199, Processo 200603000939328/SP, Rel. Juíza Suzana Camargo, j. 18.12.2006, *DJ* 14.2.2007. p. 294)

A redação do art. 185-A do CTN (que autoriza a "indisponibilidade" de bens e direitos do devedor, sempre que "citado não pagar nem apresentar bens à penhora e não forem encontrados bens penhorados") ensejou durante algum tempo o entendimento de que a penhora eletrônica somente seria possível depois de esgotadas todas as possibilidades disponíveis ao credor ou ao juízo de localização de outros bens penhoráveis. Porém, não foi essa a interpretação que prevaleceu na jurisprudência:

> PREVIDENCIÁRIO E PROCESSUAL CIVIL — EXECUÇÃO FISCAL — BLOQUEIO DE ATIVOS FINANCEIROS VIA BACENJUD: LEGITIMIDADE. [...] 4. O bloqueio (até o limite do débito) de ativos financeiros pelo BacenJud, recentemente regulamentado pela Lei n. 11.382/06, sobre atender à ordem preferencial de penhora nas execuções fiscais (CPC, art. 655, I), imprescinde da exaustão das diligências para localização de outros bens penhoráveis que não "dinheiro". (TRF da 1ª Região, 1ª Turma, AGTAG 2006.01.00.046894-5/MG, Rel. Des. Fed. Luciano Tolentino Amara, j. 6.2.2007, *DJ* 2.3.2007. p. 143)

O crescimento e expansão da utilização da penhora *on line* para a área fiscal, inclusive, foi destaque em matéria publicada no Jornal *Valor Econômico*, que divulgou os seus ótimos resultados no ano de 2007:

> A migração da penhora *on line* para as ações fiscais parecer estar começando — e com ótimos resultados para o fisco. A Procuradoria Geral do Estado do Rio de Janeiro conseguiu implantar a utilização em larga escala do sistema Bacen-Jud, elevando o volume de recursos bloqueados pelo sistema de R$ 50 milhões em 2006 para R$ 200 milhões em 2007. O volume de depósitos na vara de execuções da capital bateu um recorde, chegando a R$ 600 milhões, e o volume de parcelamentos fechados pela procuradoria foi 70% maior[176].

O inciso VI do art. 655 inovou o processo comum ao explicitar a possibilidade de penhora de ações e quotas de sociedades empresariais. O legislador, na verdade, ratificou entendimento que já havia se consolidado na jurisprudência, admitindo a penhora de participação societária mesmo no caso de quotas de responsabilidade limitada, tradicionalmente consideradas sociedades de pessoas. A Lei n. 6.830/80 já previa a possibilidade de penhora de direitos e ações no inc. VIII de seu art. 11.

A penhora de faturamento da empresa foi outra novidade que recebeu aplausos da doutrina. A Lei n. 11.382/06, ao alterar a ordem de gradação dos bens passíveis de penhora, incluiu tal possibilidade no inc. VII do art. 655 do CPC. Antes da referida alteração a matéria era regida, por analogia, tanto pelo chamado usufruto sobre empresa (uma das formas de expropriação na execução para pagar quantia certa, regida pelos arts. 716 a 724 do CPC, os quais agora cuidam do "usufruto sobre móvel ou imóvel") como pelo instituto da "penhora, depósito e administração de empresa e de outros estabelecimentos (regras dos arts. 677 e 678, que regulam as denominadas penhoras especiais)".

Tal forma de penhora, por não ter sido incluída em último lugar no rol do art. 655 do CPC, está em dissonância com a jurisprudência do Superior Tribunal de Justiça, que relaciona como pressupostos para a realização da penhora sobre o faturamento: (I) esgotamento dos demais meios de constrição patrimonial; (II) nomeação de administrador (arts. 678 e 719); (III) manutenção da viabilidade do funcionamento da empresa:

> PROCESSUAL CIVIL E TRIBUTÁRIO. RECURSO ESPECIAL. ARTS. 165, 458, II, E 535 DO CPC. AUSÊNCIA DE OFENSA. PENHORA SOBRE O FATURAMENTO DA EMPRESA. EXCEPCIONALIDADE. [...] 2. Em sede de execução fiscal, somente se admite a penhora do faturamento da empresa em casos excepcionais, desde que não existam outros bens a serem penhorados e sejam atendidas as exigências previstas nos arts. 677 a 679 e 716 a 720 do CPC. 3. Recurso especial improvido. (STJ, 2ª Turma, REsp 436.847/RS, Processo 2002/0067315-3, Rel. Min. João Otávio de Noronha, j. 06.06.2006, *DJ* de 03.08.06. p. 239)[177]

---

(176) Jornal *Valor Econômico*, Rio de Janeiro, 20.01.2008. p. E1, Caderno Legislação & Tributos.
(177) Nesse sentido também é o REsp 901.373/SP.

Como a Lei n. 6.830/80 estabelece no § 1º do art. 11 que "excepcionalmente, a penhora poderá recair sobre estabelecimento comercial, industrial ou agrícola, bem como em plantações ou edifícios em construção", há possibilidade de penhora de faturamento da empresa na execução fiscal, porém, respeitados os requisitos exigidos pela jurisprudência do STJ. É digno de aplausos o parecer da Procuradoria-Geral da Fazenda Nacional por orientar os Procuradores a agir nesse sentido:

> Tendo em vista que não foram revogados os arts. 677 a 679 do CPC (devendo ser utilizados em sintonia com a penhora sobre o faturamento da empresa), que tratam da penhora sobre estabelecimento comercial, industrial ou agrícola, e diante da existência de rol específico no art. 11 da LEF (não contemplando, nos incisos, a penhora sobre o faturamento da empresa, mas prevendo excepcionalmente a penhora do estabelecimento comercial no § 1º do dispositivo) pensamos que os requisitos acima exigidos pela jurisprudência ainda o serão no executivo fiscal[178].

O inciso IX do art. 655 do CPC trouxe para a execução civil exigência que já constava do inciso II do art. 11 da Lei n. 6.830/80: penhoráveis serão apenas os títulos da dívida pública da União, Estados e Distrito Federal "com cotação em bolsa", matéria já pacificada na jurisprudência quanto à impossibilidade de oferecimento de títulos da dívida pública emitidos no início do século XX e, pois, evidentemente prescritos.

É possível, pois, a convivência entre o art. 11 da Lei n. 6.830/80 e o art. 655 do CPC, alterado pela Lei n. 11.382/06, até porque este dispositivo do processo comum não impõe que a ordem indicada para penhora de bens seja seguida de modo absoluto. Aliás, a similaridade de tratamento da matéria entre o art. 655 do CPC e o art. 11 da Lei n. 6.830/80 demonstram a possibilidade da unificação aqui proposta.

A possibilidade de intimação da penhora na pessoa do advogado, conforme estabelece o § 4º do art. 652 do CPC, não se aplica à execução fiscal, em virtude da existência de regramento específico na Lei n. 6.830/80. O art. 12 dessa Lei determina expressamente que: "Na execução fiscal, far-se-á a intimação da penhora ao executado, mediante publicação, no órgão oficial, do ato de juntada do termo ou do auto de penhora."

O mesmo se diga em relação ao § 5º deste dispositivo do processo comum, que faculta ao juiz dispensar a intimação da penhora se não for localizado o devedor, após o oficial de justiça detalhar as diligências empreendidas. A intimação da penhora na execução fiscal é ato indispensável para assegurar o contraditório por meio dos embargos e, assim, o juiz deve determinar novas diligências.

Aqui, importante tecer severa crítica ao Parecer elaborado pela Procuradoria-Geral da Fazenda Nacional, que opina pela aplicação de tais regras ao executivo fiscal,

---

(178) Parecer/PGFN/CRJ n. 1.732/07, p. 18, elaborado pela Procuradoria-Geral da Fazenda Nacional, cujos requisitos que menciona como exigidos pela jurisprudência são justamente aqueles do REsp 901.373/SP: "esgotamento dos demais meios de constrição patrimonial, nomeação de administrador (art. 678 e 719) e manutenção da viabilidade do funcionamento da empresa".

conforme conclusão da p. 11 do referido parecer: "A aplicação de tal regramento a execução fiscal constitui, efetivamente, uma postura de vanguarda na efetivação dos créditos fiscais, devendo os Procuradores da Fazenda Nacional postularem a observância de tais ditames."

Data maxima venia, não há como aplicar a lei geral quando a especial trata a matéria. Conforme visto, os termos do art. 1º da Lei n. 6.830/80 tratam a aplicação do CPC à execução fiscal com subsidiária, ou seja, somente quando aquela é omissa se aplica esta. E, aqui, repetimos tudo que foi dito em relação à execução trabalhista, isto é, o fato de a lei processual comum ter se tornado mais efetiva que a especial, não é motivo, dentro de nosso sistema, a justificar a violação das regras previstas em lei para a subsidiariedade das normas, sob pena de ensejar insegurança jurídica e desrespeito ao princípio da legalidade.

A postura da Procuradoria-Geral da Fazenda Nacional, determinando a todos os Procuradores que postulem a aplicação de tais dispositivos, certamente ensejará diferentes posicionamentos dos magistrados, com decisões díspares diante de casos iguais a gerar, conforme já dito e repetido, insegurança jurídica. E o pior, os argumentos invocados para tanto, conforme os termos do parecer se baseiam numa teoria importada da Alemanha, criada por Erik Jayme e denominada "Teoria do Diálogo das Fontes" que propõe derrogação de lei especial por lei geral. Pergunta-se: como pretender que uma teoria desenvolvida na Alemanha revogue uma norma do ordenamento jurídico nacional?

Num item dedicado à penhora, não podemos olvidar as hipóteses de impenhorabilidade dos bens positivadas no art. 649 do Código de Processo Civil, o qual inclusive sofreu algumas alterações pelas reformas, como a inclusão entre os bens impenhoráveis da quantia depositada em caderneta de poupança, até o limite de quarenta salários mínimos[179].

O art. 10 da Lei de Execuções Fiscais, em referência expressa à legislação processual comum, excetua à penhora os bens que "a lei declare absolutamente impenhoráveis". No mesmo diapasão, o art. 184 do Código Tributário Nacional estabelece expressamente que os bens e rendas declarados por lei absolutamente impenhoráveis não respondem pelo pagamento do crédito tributário.

Assim, não há qualquer empecilho à aplicação do art. 649 do CPC, que trata da impenhorabilidade de bens, à execução fiscal, de forma que integre a lei especial. A única exceção ocorre em relação ao inciso I do referido artigo, o qual declara impe-

---

(179) Duas outras alterações de grande repercussão nessa seara tiveram seus textos suprimidos pelo veto presidencial. O § 3º do art. 649 estabelecia limite para a impenhorabilidade de parcelas remuneratórias do trabalho, o qual admitia que pudesse ser penhorado "até 40% (quarenta por cento) do total recebido mensalmente acima de 20 (vinte) salários mínimos, calculados após efetuados os descontos de imposto de renda retido na fonte, contribuição previdenciária oficial e outros descontos compulsórios". E, o parágrafo único do art. 650 admitia a penhora "sobre o imóvel considerado bem de família, se de valor superior a 1000 (mil) salários mínimos, caso em que, apurado o valor em dinheiro, a quantia até aquele limite será entregue ao executado, sob cláusula de impenhorabilidade".

nhoráveis os bens inalienáveis e os declarados, por ato voluntário, não sujeitos a constrição em execução. Tal se dá uma vez que a Lei n. 6.830/80 e o Código Tributário Nacional exigem que a impenhorabilidade decorra diretamente da lei e, assim, os bens declarados impenhoráveis por ato voluntário não estão imunes à penhora na execução fiscal.

Nesse sentido são as lições sempre esclarecedoras de *Hugo de Brito Machado:*

Note-se, porém, que a referência na letra "a" da precedente enumeração, a bens declarados, por ato voluntário, não sujeitos a execução há de ser entendida em harmonia com o disposto no art. 184 do CTN. A impenhorabilidade decorrente de ato de vontade não opera efeitos contra o fisco. A regra do art. 649 do CPC é geral, enquanto a do art. 184 do CTN é específica. A primeira cuida da impenhorabilidade contra os credores de um modo geral, enquanto a última estabelece uma exceção, admitindo a penhora, quando se trate de crédito tributário, de bens gravados com cláusula de impenhorabilidade[180].

Não há qualquer empecilho de numa unificação dos sistemas incluir-se tal peculiaridade em relação à execução de crédito fiscal. Não há dúvida de que a Lei n. 6.830/80 foi editada, conforme observou Humberto Theodoro Jr., com "o claro e expresso propósito de agilizar a execução fiscal, criando um procedimento especial diverso da execução forçada comum de quantia certa, regulado pelo Código de Processo Civil"[181].

A especialidade desse procedimento, porém, não é empecilho para a unificação aqui proposta. Até porque as recentes reformas do Código de Processo Civil o tornaram mais avançado que a Lei n. 6.830/80. Conforme será visto no capítulo que trata da justificação de nossa tese, outrossim, já há em nosso ordenamento jurídico uma espécie de unificação, inclusive de crédito de natureza tributária, consistente na execução de encargos previdenciários na justiça do trabalho.

Ainda na seara das questões relacionadas à penhora, é necessário analisar a aplicação subsidiária do novel art. 655-B do CPC: "tratando-se de penhora em bem indivisível, a meação do cônjuge alheio à execução recairá sobre o produto da alienação do bem". Tal dispositivo visa eliminar os obstáculos que o cônjuge do devedor poderia criar quanto à penhora incidente sobre o patrimônio do casal, na hipótese de inexistir sua responsabilidade patrimonial pelo débito executado. Diante do silêncio da Lei de Execução Fiscal, entendemos que a penhora é admitida e o cônjuge deve aguardar a fase posterior à expropriação para ter a devolução em pecúnia da parte que lhe cabe.

A questão, entretanto, não é tão simples e poderá suscitar algumas discussões quanto à sua aplicação, tendo em vista a jurisprudência do Superior Tribunal de Jus-

---

(180) MACHADO, Hugo de Brito. *Curso de direito tributário.* São Paulo: Malheiros, 2002. p. 240.
(181) THEODORO JÚNIOR, Humberto. *Lei de execução fiscal.* 6. ed. São Paulo: Saraiva, 1999.

tiça tendo em vista que, em sede de execução fiscal, a meação do cônjuge só deve ser atingida quando for provado que o valor da dívida foi revertido em favor da família:

> Tributário. Execução Fiscal. Penhora. Totalidade. Imóvel. Meação. Cônjuge. 1. O cônjuge responde com sua meação somente pela dívida contraída exclusivamente pelo consorte, desde que esta tenha sido revertida em benefício da família, competindo ao credor comprovar tal situação. 2. Recurso especial parcialmente conhecido e, nessa parte, improvido. (STJ, 2ª Turma, REsp 522.263/PR, Rel. Min. João Otávio de Noronha, j. 19.10.2006, *DJU* 6.12.2006. p. 234)

> Processual Civil. Recurso Especial. Execução Fiscal. Meação da Mulher. Ônus da Prova. 1. Em execução fiscal, há de se resguardar a meação da esposa, exceto quando comprovado que do objeto da execução houve benefício para o casal. Cabe ao credor a comprovação desse fato. Súmula n. 251/STJ. 2. Recurso Especial conhecido e provido. (REsp 148.911, 2ª Turma, Rel. Min. Castro Meira, j. 3.5.2005, *DJU* 1º.8.2005. p. 365)

É necessário analisarmos, outrossim, a possibilidade de aplicação das normas de substituição da penhora, inseridas pela Lei n. 11.382/06 e positivadas nos arts. 656[182] e 668[183] do Código de Processo Civil à execução fiscal. O primeiro dispositivo trata da possibilidade de tanto o exeqüente como o executado requererem a substituição e a segunda limita-se à hipótese de pedido de substituição exclusiva do executado.

Já abordamos a questão em relação à execução trabalhista. Na oportunidade, lembramos que a regra de subsidiariedade prevista nessa seara (art. 889 da CLT) exige, além da omissão da matéria na CLT, o exame posterior de seu tratamento na Lei de Execução Fiscal para, somente após, recorrer-se ao processo comum.

Conforme vimos, a Lei n. 6.830/80 trata da possibilidade de substituição da penhora no seu art. 15:

> Em qualquer fase do processo, será deferida pelo juiz: I — ao executado, a substituição da penhora por depósito em dinheiro ou fiança bancária; e II — à Fazenda Pública, a substituição dos bens penhorados por outros, independentemente da ordem enumerada no art. 11, bem como o reforço da penhora insuficiente.

Assim, podemos concluir que as hipóteses de substituição da penhora previstas no arts. 656 e 668 do Código de Processo Civil não se aplicam à execução trabalhista, muito menos à execução fiscal. Aliás, tendo em vista a inovação, em sua época, de acrescentar às formas de garantia a fiança bancária e a penhora de bens de terceiro, pode-se

---

(182) Art. 656 do CPC: "A parte poderá requerer a substituição da penhora: I — se não obedecer à ordem legal; II — se não incidir sobre os bens designados em lei, contrato ou ato judicial para o pagamento; III — se, havendo bens no foro da execução, outros houverem sido penhorados; IV — se, havendo bens livres, a penhora houver recaído sobre bens já penhorados ou objeto de gravame; V — se incidir sobre bens de baixa liquidez; VI — se fracassar a tentativa de alienação judicial do bem; ou VII — se o devedor não indicar o valor dos bens ou omitir qualquer das indicações a que se referem os incisos I a IV do parágrafo único do art. 668 desta Lei."
(183) Art. 668 do CPC: "O executado pode, no prazo de 10 (dez) dias após intimado da penhora, requerer a substituição do bem penhorado, desde que comprove cabalmente que a substituição do bem penhorado, desde que comprove cabalmente que a substituição não trará prejuízo algum ao exeqüente e será menos onerosa para ele devedor (art. 17, incisos IV e VI, e art. 620)."

dizer que a Lei n. 6.830/80 influenciou a nova disciplina da execução comum nessa matéria.

Na execução fiscal, pois, a substituição pode ser requerida pela Fazenda Pública em qualquer hipótese e pelo executado somente por depósito em dinheiro ou fiança bancária. Os pedidos de substituição da Fazenda Pública, entretanto, devem respeitar o princípio da dignidade da pessoa humana e o dogma de que a execução deve ser realizada da forma menos gravosa ao devedor. Nesse sentido é a jurisprudência do Superior Tribunal de Justiça:

> RECURSO ESPECIAL — ALÍNEA "A" — EXECUÇÃO FISCAL — SUBSTITUIÇÃO DA PENHORA — EXEGESE DO ART. 15, INCISO II, DA LEF. O art. 15 da lei n. 6.830/80 que permite a Fazenda Pública, em qualquer fase do processo, postular a substituição do bem penhorado, deve ser interpretada com temperamento, tendo em conta o princípio contido no art. 620 do Código de Processo Civil, segundo o qual "quando por vários meios o credor promover a execução, o juiz mandará que se faça pelo modo menos gravoso", não convivendo com exigências caprichosas, nem com justificativas impertinentes. (REsp 53.652/SP, Rel. Min. Humberto Gomes de Barros, Rel. Min. Cesar Asfor Rocha, *DJU* 13.3.1995)

No tocante ainda à substituição da penhora, infelizmente tanto o executado na seara trabalhista como na fiscal não poderá se beneficiar de uma das grandes novidades trazidas pela Lei n. 11.382/06, consistente no seguro garantia judicial[184], por meio do qual qualquer objeto de constrição poderá ser substituído pelo instituto, desde que o valor do débito seja acrescido de 30%. Falamos infelizmente, pois, conforme já expusemos, tal novidade pode ser vista como um equilíbrio entre a necessidade de efetividade da execução e a menor onerosidade para o executado.

E, pensando o processo sob o prisma dos jurisdicionados, é fortalecida nossa idéia de realizar uma unificação para que estes possam se utilizar das melhores normas de cada sistema.

Por fim, cabe registrar que, da mesma forma que na execução trabalhista, poderá ser aplicado na execução fiscal o § 3º do art. 666 do CPC, o qual estabelece que a prisão civil do depositário judicial infiel não mais exige ajuizamento da ação de depósito, consolidando no texto do Diploma Processual Civil a orientação da Súmula n. 619 do Supremo Tribunal Federal: "A prisão do depositário judicial pode ser decretada no próprio processo em que se constitui o encargo, independentemente da propositura de ação de depósito."

2.4. Avaliação

Conforme o novo § 1º do art. 652 do CPC, a avaliação no processo comum passa a ser ato concomitante à penhora, realizada pelo oficial de justiça.

---

(184) § 2º do art. 656 do CPC: "A penhora pode ser substituída por fiança bancária ou seguro garantia judicial, em valor não inferior ao do débito constante da inicial, mais 30% (trinta por cento)."

Nesse ponto não há novidade para a execução fiscal que já previa tal procedimento no inciso V, art. 7º, da Lei n. 6.830/80[185]. O problema na efetivação de tal procedimento sempre foi, contudo, o despreparo dos oficiais de justiça para a realização de avaliações. Como a Lei n. 11.382/06 acrescentou às atribuições do oficial de justiça a de "efetuar avaliações", aguarda-se que os Tribunais de Justiça tomem providências no sentido de preparar tecnicamente os serventuários para realização de tal tarefa.

Não se pode olvidar, entretanto, assim como ocorre na execução trabalhista, a aplicação subsidiária de alguns dispositivos do processo comum:

a) Arts. 680 e 684, I — nomeação de avaliador nas hipóteses em que a atribuição de valor ao bem penhorado dependa de "conhecimentos especializados", dispensa da realização da avaliação quando ocorrer aceitação pelo credor do valor estimado, ou títulos e mercadorias com cotação na bolsa;

b) Art. 424, II — possibilidade de substituição do avaliador que deixar, sem motivo legítimo, de entregar o laudo no prazo legal;

c) Art. 683 — admissão de nova avaliação quando qualquer das partes argüir, fundamentadamente, a ocorrência de erro na avaliação ou dolo do avaliador; verificar-se, posteriormente à avaliação, que houve majoração ou diminuição no valor do bem ou fundada dúvida sobre o valor atribuído ao bem.

Aqui, portanto, não surge polêmica em relação à aplicação subsidiária do processo comum. A avaliação é realizada pelo oficial de justiça, conforme previsão da própria Lei n. 6.830/80. Tratando-se da necessidade de uma avaliação pericial, aplicam-se subsidiariamente as normas do CPC.

2.5. Parcelamento da dívida

Uma interessante novidade na seara do processo comum introduzido pelas reformas do Código de Processo Civil, consiste na possibilidade de parcelamento da dívida, conforme previsão do art. 745-A do CPC. O executado pode, desde que o faça no prazo para os embargos, reconhecer a dívida, depositar 30% do valor da execução, incluídos honorários advocatícios e custas e, assim, parcelar o restante em até seis vezes, acrescidos de juros de um por cento ao mês e correção monetária.

O devedor pode se valer de tal benefício na execução fiscal? A resposta é negativa. O parcelamento na seara da execução de créditos tributários deve seguir regras específicas, o qual, realizado dentro dos parâmetros legais, tem o condão de suspender a exigibilidade do referido crédito, ensejando a suspensão da execução fiscal.

Não há possibilidade, pois, de concessão de parcelamento tributário pelo órgão jurisdicional. Este é deferido pela autoridade administrativa, de modo vinculado à lei

---

(185) Art. 7º, inc. V, da Lei n. 6.830/80: "O despacho do Juiz que deferir a inicial importa em ordem para: avaliação dos bens penhorados ou arrestados."

que o prevê. O art. 155-A do Código Tributário Nacional dispõe que "o parcelamento será concedido na forma e condição estabelecidas em lei específica". Nada obsta, lógico, que a Administração autorize o parcelamento de créditos já em fase de execução.

Diante das peculiaridades e regramento específico do parcelamento de tributos, não se aplica à execução fiscal o art. 745-A do CPC. O executado terá que se valer dos burocráticos sistemas estabelecidos em leis específicas e submeter-se aos entraves da administração pública, para poder parcelar e pagar a sua dívida, com exigência, na maioria das vezes, da prestação de alguma garantia real ou pessoal.

Em nossa opinião, tal realidade prejudica tanto o executado como a Fazenda Pública, o que poderá ser corrigido por meio de nossa proposta de unificação dos sistemas de execução.

2.6. Expropriação de bens

A Lei de execuções fiscais é bastante econômica no tratamento da fase expropriatória de bens, o que de logo denota a necessária aplicação subsidiária das normas do processo comum. Na verdade apenas trata do tema nos arts. 22[186], 23[187] e 24[188] de seu texto. Vejamos, pois, a aplicação subsidiária com o foco nas reformas do diploma processual.

Da análise do art. 647 do CPC, podemos de logo concluir que a alienação em hasta pública que era destaque no sistema revogado passou a ocupar posição menos privilegiada, tendo em vista a possibilidade de o exeqüente proceder anteriormente à adjudicação do bem.

Tal direito, pois, não mais se exercerá apenas depois de finda a praça sem lançador, como determinava o antigo art. 714 revogado, mas é a opção que hoje inaugura a fase de expropriação na execução civil.

É digno de registro que o art. 24 da Lei n. 6.830/80 sempre permitiu à Fazenda Pública adjudicar os bens penhorados, antes do leilão, "pelo preço da avaliação, se a execução não for embargada ou os embargos serem rejeitados antes do leilão". Ou seja, na verdade, a Lei de Execução Fiscal antecipou-se ao CPC nessa importante alteração de procedimento.

De acordo com o novo art. 685-A, outrossim, a adjudicação passou a ser direito não somente do exeqüente, mas igualmente do credor com garantia real sobre o bem

---

(186) Art. 22 da Lei n. 6.830/80: "A arrematação será precedida de edital, afixado no local de costume, na sede do juízo, e publicado, em resumo, uma só vez, gratuitamente, como expediente judiciário, no órgão oficial."
(187) Art. 23 da Lei n. 6.830/80: "A alienação de quaisquer bens penhorados será feita em leilão público, no lugar designado pelo juiz."
(188) Art. 24 da Lei n. 6.830/80: "A Fazenda Pública poderá adjudicar os bens penhorados: I — antes do leilão, pelo preço da avaliação, se a execução não for embargada ou se rejeitados os embargos; II — findo o leilão: a) se não houver licitante, pelo preço da avaliação; b) havendo licitantes, com preferência, em igualdade de condições com a melhor oferta, no prazo de 30 (trinta) dias."

penhorado, do credor que penhorou o mesmo bem em outra execução, do cônjuge, descendentes ou ascendentes do executado (tal alargamento do instituto ocorreu em função da remição, disciplinada nos arts. 787 a 790 do CPC, ter sido revogada).

Tal disciplina não se aplica à execução fiscal, tendo em vista o tratamento da matéria, conforme já dito, no art. 24 da Lei n. 6.830/80. Aliás, além da adjudicação antes da hasta pública, o inciso II desse artigo estabelece a possibilidade de a Fazenda Pública exercer o direito de adjudicação em momento posterior a ela, "se não houver licitante, pelo preço da avaliação" e "havendo licitantes, com preferência, em igualdade de condições com a melhor oferta, no prazo de 30 (trinta) dias".

O art. 647, II, e o novo art. 685-C do Código de Processo Civil trazem para o ordenamento jurídico processual a novidade da alienação por iniciativa particular, modalidade de expropriação que, inclusive, antecede a hasta pública. Conforme doutrinam *Luiz Guilherme Marinoni* e *Sérgio Cruz Arenhart*, "constitui forma de alienação que, ao contrário do procedimento da alienação em hasta pública, é confiada a um particular, cuja atividade é controlada pelo juiz"[189].

Cabe aqui analisarmos sua aplicação à execução fiscal. E, infelizmente, teremos que discordar da maior parte da doutrina[190] e do parecer elaborado pela Procuradoria-Geral da Fazenda Nacional, pois, não concebemos sua aplicação à execução fiscal, pelo simples fato de a Lei n. 6.830/80 tratar explicitamente da matéria. O art. 23 da Lei especial é claro: "A alienação de quaisquer bens penhorados será feita em leilão público, no lugar designado pelo juiz."

Portanto, não há como aplicar a lei genérica do processo comum, diante do tratamento expresso da matéria pela lei especial, a qual é inclusive enfática no sentido de a alienação de quaisquer bens somente poder ser realizada em hasta pública.

O fato de a novidade do processo civil parecer ser mais benéfica, célere e efetiva não é motivo, como já frisamos anteriormente, para desrespeitar as regras de subsidiariedade previstas em lei, o que sempre ensejará insegurança jurídica.

Mas não é só isso. Também é preciso atinar para o fato de a Fazenda Pública ter que submeter internamente a iniciativa de alienação ou escolha do corretor a procedimento administrativo que resguarde os princípios constitucionais da legalidade, moralidade, eficiência, publicidade e impessoalidade previstos no art. 37 da Constituição Federal e que pautam a atuação do ente público. Em especial os dois últimos princípios.

A possibilidade de ampliação e utilização da alienação por iniciativa particular para as searas da execução trabalhista e fiscal, inclusive respeitando a peculiaridade

---

(189) MARINONI, Luiz Guilherme; ARENHART, Sérgio Cruz. *Execução*. São Paulo: Revista dos Tribunais, 2007. p. 317.
(190) Nesse sentido é a brilhante monografia apresentada pela Procuradora do Estado da Bahia, Flávia Almeida Pita, no XXXIII Congresso Nacional de Procuradores do Estado, dirigida à 4ª Comissão Temária (Direito Processual Civil) e intitulada *A execução fiscal diante da nova disciplina da execução civil*.

acima mencionada, também pode ser obtida por meio da unificação dos sistemas de execução aqui proposta.

Enquanto tal não ocorre, podemos citar as seguintes normas do processo comum que têm aplicação subsidiária na fase de expropriação de bens na execução fiscal: utilização de "meios eletrônicos de divulgação" na publicidade do edital do leilão (art. 687, § 2º); intimação para hasta pública não somente do senhorio direto e credor hipotecário, mas também do "credor com garantia real" e do "credor com penhora anteriormente averbada" (art. 698), o que facilita e reforça o exercício do privilégio do crédito tributário, na fase do concurso especial de credores (art. 711); possibilidade de utilização da *internet*, a rede mundial de computadores, para realização da alienação de bens por meio de páginas virtuais criadas pelos Tribunais (art. 689-A); autorização de pagamento parcelado do preço de arrematação do bem (art. 690); lavratura imediata do auto de arrematação (art. 693); e punição do arrematante ou fiador remisso com a perda da caução, desfazimento da transmissão e imediata designação de nova hasta pública (art. 695).

2.7. Embargos à execução

Os embargos à execução consistem no principal meio de defesa na execução, uma vez que tanto o Código de Processo Civil como a Lei de Execuções Fiscais o estabelecem como forma de o executado opor resistência aos atos executivos.

Não há divergências doutrinárias acerca de sua natureza, como ação de conhecimento autônoma à execução, cujo objetivo é retirar a eficácia do título executivo, sendo, pois, constitutiva negativa.

Tais definições se aplicam tanto à execução civil como à execução fiscal, ou seja, não há diferenças quanto ao conceito e natureza jurídica do instituto. Entretanto, no que tange ao procedimento, requisitos e conseqüências jurídicas, existem algumas diferenças, principalmente a partir da vigência da Lei n. 11.382/06, que teve o condão de trazer muitas alterações que afastaram o perfil dos embargos à execução civil, daquele tratado nos arts. 16 a 20 da Lei de execuções fiscais[191].

---

(191) Art. 16 da Lei n. 6.830/80: "O executado oferecerá embargos, no prazo de 30 (trinta) dias, contados: I — do depósito; II — da juntada da prova da fiança bancária; III — da intimação da penhora."
Art. 17 da Lei n. 6.830/80: "Recebidos os embargos, o juiz mandará intimar a Fazenda, para impugná-los no prazo de 30 (trinta) dias, designando, em seguida, audiência de instrução e julgamento."
Art. 18 da Lei n. 6.830/80: "Caso não sejam oferecidos os embargos, a Fazenda Pública manifestar-se-á sobre a garantia da execução."
Art. 19 da Lei n. 6.830/80: "Não sendo embargada a execução ou sendo rejeitados os embargos, no caso de garantia prestada por terceiro, será este intimado, sob pena de contra ele prosseguir a execução nos próprios autos, para, no prazo de 15 (quinze) dias: I — remir o bem, se a garantia for real ou II — pagar o valor da dívida, juros e multa de mora e demais encargos, indicados na Certidão de Dívida Ativa, pelos quais se obrigou, se a garantia for fidejussória."
Art. 20 da Lei n. 6.830/80: "Na execução por carta, os embargos do executado serão oferecidos no juízo deprecado, que os remeterá ao juízo deprecante, para instrução e julgamento."

A Lei n. 11.382/06 aumentou o prazo de oposição dos embargos que anteriormente era de 10 para 15 dias, conforme redação do art. 738 e incisos do CPC. Ainda distante do previsto na Lei n. 6.830/80, cujo art. 16 prevê um prazo de 30 dias.

A fundamental distinção entre eles, entretanto, decorre do fato de a nova execução civil de título extrajudicial deixar de condicionar os embargos à prévia penhora. Duas conseqüências lógicas: 1º) o termo inicial para oposição dos embargos é alterado, pois agora o prazo é contado a partir da juntada aos autos do mandado de citação; 2º) como independe da penhora, não mais se exige para sua oposição a garantia do juízo, conforme os termos do art. 736 do CPC.

Tais novidades da execução civil não têm repercussão na execução fiscal, haja vista a existência de normas próprias a tratar o tema. Como se pode observar do art. 16, § 1º, da Lei n. 6.830/80, este continua a afirmar que "não são admissíveis embargos do executado antes de garantida a execução" e, assim, o termo *a quo* da contagem do prazo para embargar continua sendo a intimação da penhora, ou depósito, ou juntada da prova da fiança bancária, se for o caso.

Não há dúvida, pois, quanto à sobrevivência das regras da lei especial, inclusive já sacramentadas na jurisprudência:

> APELAÇÃO CÍVEL — EXECUÇÃO FISCAL — EMBARGOS DE DEVEDOR — EXTINÇÃO DO FEITO SEM JULGAMENTO DO MÉRITO — AUSÊNCIA DE PENHORA — APLICABILIDADE DA LEI N. 6.830/80 — ART. 16, § 1º — LEI ESPECIAL — IMPRESCINDIBILIDADE DA SEGURANÇA DO JUÍZO — ART. 267, IV, DO CPC — MANUTENÇÃO DA SENTENÇA SOB FUNDAMENTO LEGAL DIVERSO. Conquanto o art. 737 do CPC tenha sido revogado com o advento da Lei n. 11.382 de 6 de dezembro de 2006, tal alteração não se estende às execuções fiscais, reguladas pela Lei n. 6.830/80, de caráter especial. Desta forma, a oposição dos embargos permanece condicionada à segurança do juízo pela penhora, na ação de Execução, nos termos do art. 16, § 1º, da aludida Lei. Inexistindo a penhora nos autos de Execução, resta ausente condição de admissibilidade dos embargos do devedor (art. 16, § 1º, da Lei n. 6.830/80), impondo-se a extinção do feito pela falta de pressuposto para o desenvolvimento válido e regular do processo (art. 267, IV, do CPC). (TJMG, 1ª Câmara Cível, AC 1.0395.06.013754-8/001, Comarca de Manhumirim, Rel. Des. Armando Freire, j. 3.7.2007, *DJ* 10.7.2007)

A questão, entretanto, que tem gerado muita polêmica, consiste no efeito que devem ser recebidos os embargos opostos na execução fiscal, haja vista a alteração do processo comum. É que a Lei n. 11.382/06 acrescentou o art. 739-A ao Código de Processo Civil, o qual expressamente retirou o efeito suspensivo dos embargos: "os embargos do executado não terão efeito suspensivo".

Como os arts. 16 a 20 da Lei de Execução Fiscal não tratam do assunto e, portanto, a lei é omissa, deve-se recorrer subsidiariamente ao Código de Processo Civil que, conforme exposto, retirou o efeito suspensivo dos embargos no art. 739-A.

Tal interpretação, entretanto, está causando grande inconformismo na comunidade jurídica nacional. Conforme matéria veiculada no caderno Legislação e Tributos do Jornal *Valor Econômico*, que circulou no recente dia 29 de novembro de 2007, entre muitos outros causídicos, os advogados *Fernando Facury Scaff* e *Daniel Coutinho da Silveira* a contestam com veemência:

> O noticiário dá conta do surgimento de uma nova tese jurídica concebida pela Procuradoria Geral da Fazenda Nacional (PGFN) e que começa a ganhar os primeiros adeptos do Poder Judiciário: a defesa dos contribuintes em execuções fiscais não mais seria capaz de suspender o curso dos atos executórios sobre o bem dado em garantia. Primeiro se liquidaria o patrimônio do contribuinte para somente depois verificar se suas alegações são procedentes. O argumento central do entendimento é baseado na Lei n. 11.382, de 2006, que alterou o Código de Processo Civil (CPC) quanto às execuções de título extrajudicial para conferir-lhe maior efetividade. Considerando que a Lei de Execuções Fiscais nada regula sobre o assunto, seriam aplicáveis as disposições do CPC ao procedimento de execução fiscal — esta é a tese fazendária. Entretanto acredita-se não ser exata tal tese. O uso da hermenêutica permitirá compreender a especificidade da relação jurídica subjacente e constatar que é superficial o entendimento que faz equiparar as duas situações, extinguindo o efeito suspensivo dos embargos à execução fiscal[192].

No mesmo diapasão o inconformismo de *Fernando Awnsztern Pavlovsky*:

> Seria um enorme contra-senso infligir ao contribuinte, parte passiva no executivo fiscal, um processo de execução mesclado, entre sistema antigo e novo, aumentando significativamente seu ônus, pois, além de apenas poder opor-se à execução após a garantia do juízo (requisito expresso na LEF), os seus embargos não suspenderiam os atos executivos (atual sistemática do CPC)[193].

Apesar de em nosso íntimo e emocional concordarmos com os referidos autores, tecnicamente teremos que discordar destes e aceitar os termos do parecer elaborado pela Procuradoria-Geral da Fazenda Nacional, Parecer/PGFN/CRJ n. 1.732/07, bem como os argumentos dos estudiosos que concebem a ausência de efeito suspensivo aos embargos opostos na execução fiscal, em função da aplicação da alteração perpetrada no CPC pela Lei n. 11.382/06.

É que a regra de subsidiariedade entre a lei especial e a geral é simples. Quando aquela for omissa, aplica-se esta. Como a Lei n. 6.830/80 nada disciplina a respeito do efeito suspensivo dos embargos à execução, aplica-se o art. 739-A do Código de Processo Civil que, conforme vimos, não dota os embargos à execução de efeitos suspensivo. Tal interpretação, inclusive, é a que tem sido adotada pela jurisprudência atual:

> EMBARGOS À EXECUÇÃO. RECEBIMENTO. SUSPENSÃO DA EXECUÇÃO. LEI DE EXECUÇÕES FISCAIS. APLICAÇÃO SUBSIDIÁRIA DO CPC. GARANTIA DO JUÍZO. A Lei n. 11.382, de 6.12.2006, entrou em vigor 45 (quarenta e cinco) dias após a sua pu-

---

(192) SCAFF, Fernando Facury; SILVEIRA, Daniel Coutinho da. A nova lei processual e a execução fiscal. Jornal *Valor Econômico*, Caderno Legislação & Tributos, p. E2, Rio de Janeiro, 29 nov. 2007.
(193) PAVLOVSKY, Fernando Awnsztern. *A suspensividade dos embargo à execução fiscal frente às alterações do Código de Processo Civil*. Disponível em: <http://www.migalhas.com.br> Acesso em: 18 jul. 2007.

blicação (*DOU* de 7.12.2006), devendo ser aplicada aos atos processuais subseqüentes. Por força do princípio de que se aplica a lei geral, em caso de silêncio na lei especial, impõe-se, no recebimento dos embargos (situação não prevista na Lei de Execução Fiscal), a norma contida no CPC que, na forma atual, prevê a não suspensão da execução, em regra. Por outro lado, há exigência expressa no § 1º do art. 16 da LEF de garantia do juízo para a admissão dos embargos. No entanto, mesmo que o valor penhorado não alcance o montante do crédito executado, a jurisprudência tem admitido a oposição de embargos à execução, uma vez que o citado artigo não condiciona o seu oferecimento à garantia integral do débito, mas à penhora, devendo ser assegurado ao devedor a ampla defesa, direito constitucional superior às formalidades processuais. No curso da execução, far-se-á o reforço da penhora. (TRF da 4ª Região, 1ª Turma, AG 2007.04.00.005220-1/SC, Rel. Des. Federal Vilson Darós, j. 13.6.2007, *DJ* 26.6.2007)

A despeito de tecnicamente ser esta a interpretação correta, não concordamos com tal situação e, em nossa proposta *de lege ferenda*, os embargos opostos na execução fiscal terão efeito suspensivo. Optamos por tal posição tendo em vista as peculiaridades inerentes à relação jurídica tributária, que não se afigura uma relação entre partes iguais, como as relações civis, sendo patente o desequilíbrio em favor do Fisco, em função de sua vinculação ao interesse público.

Basta analisar a diferença existente na forma de constituição dos créditos. Enquanto a formação do título executivo extrajudicial que autoriza a execução civil é oriundo de acordo entre partes iguais, em que o próprio devedor chancela a existência do débito e sua exeqüibilidade, o mesmo não ocorre em relação ao título executivo fiscal, que mesmo sendo precedido de um processo administrativo com a participação do devedor, o que prevalece é uma imposição unilateral.

É que o resultado do processo administrativo fiscal decorre de uma interpretação unilateral da legislação por parte do interessado, mesmo tendo o contribuinte direito a uma defesa e participação nos órgãos julgadores (ressalte-se que logicamente minoritária). Tanto o fiscal que lança o tributo como o procurador que atua judicialmente interpretam o direito partindo da mesma premissa: agir em nome do interesse público, interpretando o direito conforme seja mais vantajoso para o Estado.

Ocorre que não se pode ignorar os direitos do contribuinte. Conforme a doutrina chama atenção, não se pode confundir interesse público com interesse do governante para desconsiderar garantias individuais em nome de eventuais interesses do Estado[194]. E, nesse contexto, *James Marins* cita a necessidade de observância do princípio da integridade do contribuinte, na medida em que a Lei de Execuções Fiscais deve, além de célere e eficaz, dar integral guarida aos direitos daquele, constitucionalmente assegurados[195].

É patente que os agentes públicos desempenham suas funções com inegável parcialidade jurídica e, assim, muito diferente são as situações de formação do crédito na

---

(194) MACEI, Demetrius Nichele. Considerações sobre o anteprojeto de Lei de Execuções Fiscais. In: ALVIM, Arruda; ALVIM, Eduardo Arruda. *Atualidades do processo civil.* Curitiba: Juruá, 2007. p. 432.
(195) MARINS, James. *Direito processual tributário brasileiro.* 4. ed. São Paulo: Dialética, 2005.

seara comum e na seara fiscal, tendo em vista o notório desequilíbrio existente na relação entre o fisco e o contribuinte, bem como sua repercussão na formação do título executivo. Não se pode, pois, dar o mesmo tratamento aos embargos que serão opostos nas diferentes situações e, assim, entendemos que a suspensão dos embargos à execução fiscal deve ser a regra e não exceção.

Enquanto tal não ocorre, a fim de não ter o seu patrimônio alienado antes de ser analisada a sua defesa, deve o executado se valer do § 1º do art. 739-A do CPC e, sob o fundamento de serem relevantes os seus argumentos, bem como o prosseguimento da execução poder lhe causar "grave dano de difícil ou incerta reparação", requerer a atribuição de efeito suspensivo aos seus embargos.

E, na hipótese de conseguir o referido efeito suspensivo, também se beneficiar do art. 587 do Código de Processo Civil: "É definitiva a execução fundada em título extrajudicial; é provisória enquanto pendente apelação da sentença de improcedência dos embargos do executado, quando recebidos com efeito suspensivo (art. 739)".

Assim, conforme os termos do parecer elaborado pela própria Procuradoria-Geral "deverá a Fazenda Nacional respeitar os ditames da execução provisória, atualmente disciplinados no art. 475-O do CPC, quando os embargos à execução forem recebidos no efeito suspensivo, enquanto pendente apelação interposta contra a respectiva sentença".

Outra alternativa ao executado é se valer do art. 151, II, do Código Tributário Nacional que inclui, entre as hipóteses de suspensão da exigibilidade do crédito tributário, "o depósito de seu montante integral". Tal depósito, conforme determina a Súmula n. 112 do Superior Tribunal de Justiça, "somente suspende a exigibilidade do crédito tributário se for integral e em dinheiro". Tal suspensão, é mister ressaltar, não decorre de qualquer norma processual, mas, diretamente do direito material tributário.

Enfim, independente de tais alternativas, não há dúvida de que a questão relativa à concessão ou não do efeito suspensivo aos embargos opostos na execução fiscal certamente trará decisões dissonantes na Justiça. E, tal realidade enseja insegurança jurídica a justificar nossa proposta de unificação como melhor solução para os problemas gerados no complicado exercício de heterointegração das normas dos diferentes sistemas.

Quanto ao conteúdo dos embargos à execução é necessário nos posicionarmos sobre a aplicação ou não do art. 475 do Código de Processo Civil que relaciona a matéria que poderá ser alegada pelo executado nos seus embargos:

> I — nulidade da execução, por não ser executivo o título apresentado; II — penhora incorreta ou avaliação errônea; III — excesso de execução ou cumulação indevida de execuções; IV — retenção por benfeitorias necessárias ou úteis, nos casos de título para entrega de coisa certa (art. 621); V — qualquer matéria que lhe seria lícito deduzir como defesa em processo de conhecimento.

Como nos termos do art. 16, § 2º, da Lei n. 6.830, de 22 de setembro de 1980, o executado poderá alegar nos embargos à execução fiscal "toda a matéria útil à defesa, requerer provas e juntar aos autos os documentos e rol de testemunhas"; não vemos empecilho para ele se valer do rol exposto no art. 475 do CPC.

Na hipótese, entretanto, de o executado alegar excesso de execução, deverá especificar qual o montante que entende devido, apresentando memória de cálculo, com o fim de que o executivo fiscal possa prosseguir em relação ao valor incontroverso da dívida, conforme os termos do § 5º do art. 739-A[196], se não for concedido logicamente efeito suspensivo aos embargos.

E, ainda, na hipótese de os embargos serem opostos com finalidade meramente protelatória, além da possibilidade de aplicação do art. 330 do CPC com julgamento antecipado da lide, também poderá o magistrado aplicar multa de até 20% do valor executado, nos termos do parágrafo único do art. 740 desse mesmo diploma legal[197]. Tanto este artigo como o § 5º do art. 739-A podem ser aplicados em função do silêncio da Lei n. 6.830/80.

Após análise dos embargos à execução fiscal, vejamos as formas de extinção desta.

2.8. Extinção da execução

A Lei n. 6.830/80 nada dispõe sobre a extinção da execução. Assim, não resta ao intérprete e operador do direito outra alternativa senão recorrer ao art. 794 do Código de Processo Civil. Tal dispositivo estabelece que "Extingue-se a execução quando: I — o devedor satisfaz a obrigação; II — o devedor obtém, por transação ou por qualquer outro meio, a remissão total da dívida; III — o credor renunciar ao crédito."

As referidas hipóteses acima, com exceção da constante no inc. I que trata da mera satisfação da obrigação pelo devedor, devem ser vistas com algumas restrições na esfera da execução fiscal. Na hipótese de transação, por exemplo, devem ser observadas as regras e princípios que regem a atuação da Administração Pública. Tendo em vista o interesse público tutelado por esta, outrossim, não há que se falar em remissão ou renúncia do crédito, haja vista a indisponibilidade do direito.

É digno de registro que, assim como para a execução trabalhista, as hipóteses de causas de extinção da execução do art. 794 do CPC aplicadas à execução fiscal não são exaustivas. Da mesma forma que ocorre naquela, a decisão exarada numa exceção de pré-executividade que reconheça a ausência de algum pressuposto processual relacionado ao título executivo, como a sua prescrição, por exemplo, também tem o condão de ensejar a extinção da execução. Da mesma forma a sentença que acolhe *in totum* os embargos à execução opostos pelo devedor.

---

(196) § 5º do art. 739-A do CPC: "Quando o excesso de execução for fundamento dos embargos, o embargante deverá declarar na petição inicial o valor que entende correto, apresentando memória de cálculo, sob pena de rejeição liminar dos embargos ou de não conhecimento desse fundamento."
(197) Parágrafo único do art. 740 do CPC: "No caso de embargos manifestamente protelatórios, o juiz imporá, em favor do exeqüente, multa ao embargante em valor não superior a 20% (vinte por cento) do valor em execução."

Após a análise das principais etapas da execução fiscal, diante das controvérsias existentes na aplicação subsidiária do CPC que, da mesma forma ocorrida na execução trabalhista ensejam patente insegurança jurídica, não há dúvida de que a melhor solução é a unificação dos sistemas.

Conforme será visto, chegamos a tal conclusão por ser a melhor forma para se alcançar o acesso à justiça, efetividade e celeridade processual; existir uma unidade de objetivos e princípios nas três espécies de execução estudadas; termos exemplos de unificação no direito comparado, no ordenamento jurídico nacional (execução da contribuição previdenciária na Justiça do Trabalho), além de propostas legislativas de unificação para idênticas situações de "caos processual" como o Código Brasileiro de Direito Coletivo e o Código Modelo de Direito Coletivo a para a Ibero América e, principalmente, o atual foco e preocupação dos estudiosos com o consumidor dos serviços judiciários, razões estas que reforçam e encorajam a nossa posição aqui defendida.

Assim, vejamos detalhadamente essas razões que nos levam a realizar uma proposta de *lege ferenda* para unificação dos principais sistemas de execução, que será elaborada com as melhores normas de cada sistema e exemplos do direito comparado, em prol do consumidor dos serviços judiciários, que poderá ter a melhor e mais segura prestação jurisdicional.

IV

JUSTIFICAÇÃO DA PROPOSTA DE UNIFICAÇÃO DOS PRINCIPAIS SISTEMAS DE EXECUÇÃO

1. Acesso à justiça, efetividade e celeridade processual

Atualmente há uma moderna concepção do processo como objeto de investigação da ciência do direito, consistente na preocupação com o acesso à Justiça, que dentre outros enfoques destacam-se as construções conceituais para obtenção de resultados concretos e efetivos, dentro de um lapso temporal razoável de concessão da prestação jurisdicional.

A Constituição Federal do Brasil, por exemplo, consagra em seu art. 5º, inc. XXXV, o princípio da inafastabilidade, também conhecido por princípio da proteção judiciária, ao dispor que: "A lei não excluirá da apreciação do Poder Judiciário lesão ou ameaça a direito".

Pergunta-se: Tal princípio restringe-se a assegurar aos cidadãos o direito de ação para obter dos órgãos jurisdicionais uma resposta à pretensão de direito material? É lógico que não! Tal interpretação seria por demais limitada.

Atualmente, a opinião praticamente unânime entre os estudiosos do direito processual civil é que de nada adianta a proteção constitucional ao direito de ação se esta não conduzir a uma tutela jurisdicional que seja efetiva, útil e que assegure um acesso à ordem jurídica justa[1].

O acesso à justiça é a idéia central que impulsiona a formulação e positivação de inúmeras garantias e princípios legais e constitucionais como igualdade, contraditório, juiz natural, devido processo legal, inafastabilidade do controle jurisdicional, entre outros. *Luigi Paolo Comoglio* define tais garantias como:

"[...] ogni strumento o presídio tecnico-juridico, il quale sai in grado di far convertire um diritto puramente 'riconosciuto', o 'atributo' in astratto delle norme,

---

[1] Conceito elaborado por Kazuo Watanabe. Ver o texto Acesso à justiça e sociedade moderna. In: WATANABE, Kazuo; GRINOVER, Ada Pellegrini; DINAMARCO, Cândido Rangel. *Participação e processo*. São Paulo: Revista dos Tribunais, 1988. p. 128.

in un diritto effetivamente 'protetto' in concreto, e quindi suscetibile di piena 'attuazione' o 'reintegrazione' ogni qual volta risulti violato"[2].

Destacou-se como um dos precussores dessas preocupações, a incluir o acesso à justiça como um dos principais objetos da ciência do direito, o Professor *Mauro Cappelletti*, da *Università degli Studi di Firenze* e do Instituto Universitário Europeu, cuja obra[3] influenciou inúmeras reformas processuais em diversos países.

Os estudos que desenvolveu junto com *Garth Bryant* impulsionaram as idéias das ondas renovatórias de acesso à justiça na sociedade contemporânea. Conforme destaca *Luciana Camponez Pereira Moralles,* as ondas renovatórias foram divididas em três fases:

> A primeira trata da tomada de consciência da necessidade de prestar-se assistência judiciária aos necessitados com o fim de possibilitar a sua defesa plena e integral em juízo, a segunda caracteriza-se pela representação judicial dos interesses metaindividuais, e a terceira é a chamada onda do acesso à justiça propriamente dita[4].

A terceira onda, a do acesso à justiça propriamente dita, é a que interessa ao nosso trabalho, uma vez que são suas premissas de necessidade de efetividade do processo que tanto têm influenciado as reformas processuais e, conseqüentemente, nossa proposta *de lege ferenda* de unificação dos sistemas de execução.

Efetividade vem do verbo latino *efficere,* que traz a idéia de realizar, produzir e corresponde à qualidade do que é efetivo, estado ativo de fato. Na seara processual o vocábulo enseja a preocupação com a eficácia da lei processual e sua obrigação de gerar os efeitos que dela normalmente se esperam[5].

A ciência processual contemporânea, portanto, desvinculou-se de seu antigo perfil estático e individualista e atualmente está voltada para a efetividade da tutela jurisdicional, que consiste na busca da utilidade prática do processo, isto é, que ele tenha resultados úteis.

A preocupação atual com a efetividade do acesso à justiça foi muito bem ressaltada por *Cândido Rangel Dinamarco* ao concluir que: "agora os tempos são outros e a tônica principal do processo civil instrumentalista é a efetividade do acesso à justiça, para plena consecução da promessa constitucional da tutela jurisdicional efetiva"[6].

---

(2) COMOGLIO, Luigi Paolo. Garanzie constituzionali e "giusto processo" (modelli a confronto). *RePro*, São Paulo, n. 90, abr./jun. 1998. p. 100.
(3) Destacamos as seguintes obras do professor CAPPELLETTI, Mauro. *Processo e ideologie.* Bologna: Il Molino, 1969; *Proceso, ideologías, sociedad.* Tradução de Santiago Sentis Melendo e Tomás A. Banzhaf. Buenos Aires: EJEA, 1974; *Acess to justice and the welfare state.* Alphen aan den Rijn: Bruxelas, Stuttgart, Florença, 1981. E, a mais conhecida, *Acesso à justiça.* Tradução de Ellen Gracie Nortfleet. Porto Alegre: Sérgio Antonio Fabris, 1988.
(4) MORALLES, Luciana Camponez Pereira. *Acesso à justiça e princípio da igualdade.* Porto Alegre: Sérgio Antonio Fabris, 2006. p. 54.
(5) ARAGÃO, E. D. Moniz de. Efetividade do processo de execução: estudos em homenagem ao prof. Alcides de Mendonça Lima. *Revista Forense*, Rio de Janeiro, v. 326, abr./jun. 1994. p. 33.
(6) DINAMARCO, Cândido Rangel. *Execução civil.* 6. ed. São Paulo: Malheiros, 1998. p. 27.

A luta pela efetividade da prestação jurisdicional no direito processual civil, em síntese, pode ser expressa na célebre frase já citada de *Chiovenda*: "Il proceso deve dare per quanto è possible praticamente a chi ha un diritto tutto quello e proprio quello ch'egli ha diritto di conseguire."[7]

Nesse mesmo sentido, *Arruda Alvim* aduz que efetividade dos resultados do processo significa que o direito processual civil deve construir instrumentos que sejam aptos a proporcionar precisamente aquilo que o cumprimento de uma obrigação ou obediência ao dever proporcionaria se não tivesse havido ilícito algum[8].

A obtenção da tão desejada efetividade processual na seara da execução poderá ser alcançada com a unificação dos sistemas de execução civil, fiscal e trabalhista. Isto porque, conforme foi visto, a aplicação subsidiária do primeiro para o segundo e terceiro enseja um complicado exercício de interpretação e integração das normas.

As últimas reformas do Código de Processo Civil, outrossim, têm potencializado esse problema, uma vez que os magistrados que atuam na Justiça do Trabalho e na Justiça Federal não conseguem harmonizar a heterointegração dos sistemas diante das inúmeras novidades que surgiram. Somando-se as três etapas de reforma já são 284 artigos entre os criados e alterados, mais do que todos os dispositivos processuais existentes na Consolidação das Leis do Trabalho para tratar a lide trabalhista (160 artigos).

Além de os jurisdicionados não poderem se beneficiar em inúmeras situações da melhores normas de cada sistema, em face das regras de subsidiariedade e ao fato das normas da CLT e da Lei de Execuções Fiscais não se aplicarem à execução civil, as dúvidas, controvérsias e recursos surgidos no complicado exercício de heterointegração ainda ensejam a indesejada demora processual.

E, não há dúvida de que, para o processo gerar os efeitos que dele se espera, por meio de uma tutela efetiva, é necessário que seja célere. Apesar de um processo célere não ser garantia de uma tutela efetiva, não há como negar que será muito difícil se conceber uma tutela efetiva e o respeito ao devido processo legal numa demanda que se prolongue e arraste por anos, como tem ocorrido no cotidiano forense com as execuções civis, fiscais e trabalhistas.

É pertinente a advertência de *Francesco Carnelutti*[9] quanto à impossibilidade de se garantir de forma absoluta justiça rápida e segura[10]. Porém, tempestividade não pode

---

(7) CHIOVENDA, Giuseppe. *L'azione nel sistema dei diritti. Saggi di diritto processuale civile*. Roma: Foro Italiano, 1930. v. I, p. 110. "O processo deve dar na medida do possível a quem tem um direito, tudo aquilo e exatamente aquilo que ele tem direito de conseguir."
(8) *Op. cit.*, p. 83.
(9) CARNELUTTI, Francesco. *Diritto e processo*. Napole: Morano, 1958. p. 154.
(10) Sobre o conflito entre celeridade e segurança jurídica a ensejar a necessidade de solução harmonizadora, válidos os comentários de ZAVASCKI, Teori Albino. In: *Antecipação da tutela*. 3. ed. São Paulo: Saraiva, 2000. p. 66: "O decurso de tempo, todos o sabem, é inevitável para a garantia plena do direito à segurança jurídica, mas é, muitas vezes, incompatível com a efetividade da jurisdição, notadamente quando o risco do perecimento do direito reclama tutela urgente. Sempre que se estiver presente situação dessa natureza — em que o direito à segurança jurídica não puder conviver, harmônica e simultaneamente, com o direito à efetividade da jurisdição — ter-se-á caracterizada hipótese de colisão de direitos fundamentais dos litigantes, a reclamar solução harmonizadora."

ser tomada como sinônimo de rapidez, conforme ressalta *João Batista Amorim de Vilhena Nunes:*:

> Ademais, a tempestividade não pode ser tomada como sinônimo de rapidez. Tempestivo é algo oportuno, feito em prazo determinado para tanto. Rápido, diferentemente, é apenas algo que faz muito em pouco tempo. A rapidez pela rapidez compromete o processo. A tempestividade, se observada, salva o processo de dilações impertinentes e que causam vários danos[11].

Assim, soluções *de lege ferenda* devem sempre combinar segurança jurídica e efetividade da jurisdição, relativizando seus conteúdos de forma que uma não se sobreponha sobre a outra. Até porque, como já ressaltado, efetividade não é sinônimo de tutela rápida[12].

A excessiva duração dos processos, outrossim, já é objeto de discussão nos tratados internacionais, conforme ressaltada *Roberto Berizonce:*

> "El generalizado clamor por la excesiva duración de los conflictos ha derivado en el reconocimiento de una específica garantía sustentada en los tratados internacionales, tendiente a asegurar el dictado de las decisiones en tiempo razonable, como presupuesto sustantivo de la efectiva prestación de justicia y de las garantías de la defensa"[13].

A Convenção Européia para Proteção dos Direitos Humanos e Liberdades Fundamentais reconhece explicitamente, no art. 6º, § 1º, que a Justiça que não cumpre suas funções dentro de um "prazo razoável" é, para muitas pessoas, uma "justiça inacessível"[14].

A Convenção Americana sobre Direitos Humanos, no mesmo sentido, também assegura em seu art. 8º que "toda pessoa tem direito de ser ouvida com as devidas garantias e dentro de um prazo razoável".

Nos Estados Unidos da América podem ser extraídos do *Bill of Rights* onze conceitos que são básicos e limitadores da atividade governamental. O de número seis consiste no direito a um rápido e público julgamento, por um júri imparcial[15].

No que tange às Constituições, leis supremas dos países da *civil law*, podemos constatar que na Itália o término do processo em tempo razoável é garantia constitu-

---

(11) NUNES, João Batista Amorim de Vilhena. A Emenda Constitucional n. 45/04 e a garantia de efetivo acesso à ordem jurídica justa (da tempestividade da tutela jurisdicional, do respeito ao devido processo legal e o enfrentamento do dano marginal). *Revista Autônoma de Processo*, n. 3, Curitiba, 2007.
(12) Conforme chamam atenção WAMBIER, Luiz Rodrigues; WAMBIER, Teresa Arruda Alvim e MEDINA, José Miguel Garcia. In: *Breves comentários à nova sistemática processual civil 2*. São Paulo: Revista dos Tribunais, 2005. p. 27: "Por efetividade, no entanto, não se deve compreender necessariamente a tutela rápida, mesmo que insegura e instável, da situação submetida ao juiz... a construção de um sistema jurídico-processual racional requer não apenas instrumentos que possibilitem a realização de tutelas de urgência, normalmente fundadas em cognição sumária, mas instrumentos que permitam a realização segura dos direitos, sem instabilidade."
(13) BERIZONCE, Roberto. Recientes tendencias en la posición del juez. *Repro*, São Paulo, n. 96, 1999. p. 141.
(14) SOUZA, Sebastião Pereira de. Acesso ao judiciário — ideal de decisão rápida. *Revista dos Tribunais*, São Paulo, v. 701, ano 83, mar. 1994. p. 250.
(15) SILVEIRA, Paulo Fernando. *Devido processo legal*. 2. ed. Belo Horizonte: Del Rey, 1997. p. 75.

cional esculpida no art. 111 de sua Carta Magna. Além desse dispositivo, há que se consignar ainda o disposto no art. 24, § 1º, que reconhece a cada cidadão, além do direito de ação, o direito à agilidade da justiça.

O mesmo ocorre nos Estados Unidos, cuja 6ª emenda à Constituição cuida da chamada *speedy trial clause* nos seguintes termos, *in verbis*::

> Amendment VI — speedy trial clause (right to a speedy trial): In all criminal prosecutions, the accused shall enjoy the right to a speedy and public trial, by na impartial jury of the state and district wherein the crime shall have been committed, which district shall have been previously ascertained by law, and to be informed of the nature and cause of the accusation; to be confronted with the witnesses against him; to have compulsory process for obtain witnesses in his favor, and to have the assistance of counsel for his defense.

A Espanha, no mesmo diapasão, inseriu o seguinte art. 24.2 em sua Constituição:

> Todos tienen derecho a un juez ordinario previamente determinado per la ley, a la defensa y asistencia de abogado, a ser informado de la imputación contra sí mismo dedujida a un proceso público sin retrasos impropios y con todas las garantías [...].

A Venezuela, seguindo a mesma preocupação dos demais países citados, estabeleceu no art. 26 de sua Carta Magna que:

> Toda persona tiene derecho de acceso a los órganos de administración de justicia para hacer valer sus derechos e intereses, incluso los colectivos o difusos, a la tutela efectiva de los mismos y a obtener con prontitud la decisión correspondiente. El Estado garantizará una justicia gratuita, accesible, imparcial, idónea, transparente, autónoma, independiente, responsable, eqüitativa y expedita, sin dilaciones indebidas, sin formalismos o reposiciones inútiles.

E, nesse contexto, não podemos olvidar a recente alteração de nossa Constituição Federal, cuja Emenda Constitucional n. 45 (Reforma do Judiciário), inseriu a seguinte redação no seu art. 5º, inc. LXXVIII: "[...] a todos, no âmbito judicial e administrativo, são assegurados a razoável duração do processo e os meios que garantam a celeridade de sua tramitação".

Nossa proposta de unificação dos sistemas de execução civil, fiscal e trabalhista, portanto, encontra-se dentro desse contexto mundial de preocupação com o acesso à justiça, a efetividade e a celeridade processual[16]. Aliás, com respaldo, inclusive, constitucional, haja vista os termos acima transcritos do art. 5º, inc. LXXVIII, de nossa Carta Magna.

José Carlos Barbosa Moreira nos apresenta um roteiro para o processo, que ousamos invocar como uma "bula" para aplicação do "remédio da unificação", a fim de curar os males da falta de efetividade e celeridade processual nos sistemas da execução:

---

(16) Quanto à indevida demora do processo, válido registrar a criação por Ítalo Andolina da expressão dano marginal ("danno marginale in senso stretto") em sua obra *Cognizione ed esecuzione forzata nel sistema della tutela giurisdizionale*. Milano: Giuffrè, 1993. p. 20.

O processo deve dispor de instrumentos de tutela adequados, na medida do possível, a todos os direitos (e outras disposições jurídicas de vantagem) contemplados no ordenamento, que resultam de expressa previsão normativa, que se possam inferir no sistema; b) esses instrumentos devem ser praticamente utilizáveis, ao menos em princípio, sejam quais forem os supostos titulares dos direitos (e das outras posições jurídicas de vantagem) de cuja preservação ou reintegração se cogita, inclusive quando indeterminado ou indeterminável o círculo dos eventuais sujeitos; c) impende assegurar condições propícias à exata e completa reconstituição dos fatos relevantes, a fim de que o convencimento do julgador corresponda, tanto quanto puder, à realidade; d) em toda a extensão da possibilidade prática, o resultado do processo há de ser tal que assegure à parte vitoriosa o gozo pleno da específica utilidade a que faz jus segundo o ordenamento; e) cumpre que se possa atingir semelhante resultado com o mínimo dispêndio de tempo e energias[17].

Assim, entre as tantas sugestões para solucionar o problema da falta de efetividade e celeridade processual, a fim de assegurar o acesso justo à ordem jurídica, na seara da execução, a nossa consiste numa simplificação de procedimentos para cumprimento forçado de obrigações, independente da natureza desta, por meio da unificação dos sistemas civil, fiscal e trabalhista.

2. Simplificação dos procedimentos e preocupação com o consumidor dos serviços judiciários

Entre as inúmeras tendências atuais do direito processual como o sincretismo, o aumento dos poderes do magistrado, generalização das tutelas de urgência, racionalização do processo e busca de sua efetividade, podemos destacar como forma de atingir as duas últimas a simplificação dos procedimentos, em que se encaixa a unificação dos principais sistemas de execução.

Nesse diapasão, sempre exatas são as lições de *Barbosa Moreira*, o qual sabiamente doutrinou que as modificações do Código têm um traço comum evidentíssimo: inspiram-se todas no propósito de tornar mais ágil a marcha do feito, eliminando formalidades supérfluas e simplificando a prática de atos processuais. Daí ter relacionado três proposições de relevo: a tendência a uma ampliação da legitimação para propor alguns tipos de ações, a tendência de aumento dos poderes instrutórios do juiz e a tendência à simplificação[18], que é um dos principais fundamentos de nossa tese.

Por que ao invés do exaustivo e complicado exercício de heterointegração dos sistemas de execução, em que os dispositivos do Código de Processo Civil se aplicam subsidiariamente à execução trabalhista e fiscal, quando respectivamente há omissão

---

(17) MOREIRA, José Carlos Barbosa. Notas sobre o problema da "efetividade" do processo. *Temas de direito processual*. 6ª série. São Paulo: Saraiva, 1984. p. 27.
(18) *Op. cit.*, p. 48.

da Consolidação das Leis do Trabalho e da Lei n. 6.830/80, não se cria um sistema único de execução? Além de os jurisdicionados daquela área não poderem se beneficiar das normas destas duas últimas legislações, é patente a insegurança jurídica gerada pela inexistência de uma uniformidade na subsidiariedade aplicada pelos magistrados.

Nesse diapasão discordamos de *Francisco Montenegro Neto* ao afirmar que:

[...] a Lei n. 11.232, ao permitir que a execução do processo civil reproduza contornos da execução trabalhista, representa um passo importante para atender ao clamor geral por maior celeridade na prestação jurisdicional, com redução real do dispêndio de tempo no processo. Muito há que ser feito, mas não necessariamente em termos de *lege ferenda*[19].

Não há como não se propor uma solução *de lege ferenda* diante do quadro apresentado. Discordamos veementemente de sua afirmação por dois motivos: primeiro por não haver qualquer dispositivo da Lei n. 11.232/05, muito menos da Lei n. 11.382/06, permitindo que a execução do processo civil reproduza contornos na execução trabalhista. Aliás, conforme aqui foi visto, a maioria dos dispositivos das referidas leis não se aplicam à execução trabalhista pelo fato de a CLT não ser omissa em relação aos temas tratados. Segundo, porque a solução para esse problema de limitação da aplicação das normas processuais civis não pode ser solucionada de outra forma senão por uma proposta *de lege ferenda*.

Uma proposta *de lege ferenda,* porém, no sentido de desburocratizar a execução, desformalizando-a das regras de subsidiariedade de normas, que forçam os magistrados muitas vezes a ter que analisar três estatutos normativos para dar a prestação jurisdicional na seara da execução. Precisamos facilitar a vida dos operadores do direito e dos consumidores dos serviços judiciários. E tal ideal somente pode ser atingido com a simplificação de procedimentos, seguindo tendência atual do processo civil.

A unificação aqui proposta está amparada, portanto, pela pública e notória necessidade de simplificação de procedimentos. Por que termos três procedimentos distintos para se atingir a mesma finalidade: a satisfação do credor? Repita-se, independentemente do direito material a ser tutelado, para a hipótese de um procedimento comum de obrigação de pagar, de fazer, não fazer ou entregar não há qualquer diferença para o cumprimento da obrigação, seja ela de natureza fiscal, civil ou trabalhista.

Invocamos para fundamentar nosso objetivo a doutrina de *José Roberto dos Santos Bedaque,* segundo o qual:

a técnica processual deve ser adequadamente compreendida, *reduzindo-se os exageros formalistas e a complexidade dos institutos, com vistas a uma facilitada e melhor aplicação das fórmulas processuais, as quais estariam, na atualidade, a consistir em óbices ao normal desenvolvimento da relação processual,* quando deveriam apenas,

---

(19) NETO, Francisco Montenegro. *A nova execução e a influência do processo do trabalho no processo civil*. Disponível em: <http://JusNavigandi.com.br> Acesso em: 1º.11.2006.

na medida precisa, representar fator de garantia do bom progredir do processo e, desta maneira, propiciar uma prestação jurisdicional justa[20].

Conforme visto no capítulo III, o necessário, porém complicado exercício de heterointegração dos três sistemas de execução acaba por criar óbice ao normal desenvolvimento da relação processual, cujos efeitos maléficos à prestação jurisdicional ensejam, conforme ressalta *José Roberto dos Santos Bedaque*, a necessidade de ser repensar a técnica processual "reduzindo-se os exageros formalistas e a complexidade dos institutos, com vistas a uma facilitada e melhor aplicação das fórmulas processuais".

Não há dúvida, pois, que a fórmula na seara da execução para reduzir os exageros formalistas e a complexidade dos institutos, com a finalidade de se atingir a melhor prestação jurisdicional possível, célere e efetiva, é a sua simplificação por meio da criação de um sistema único, com as melhores normas do CPC, CLT e Lei n. 6.830/80. Tal solução *de lege ferenda* deve ser destituída de qualquer formalidade inútil, visando apenas a utilidade da prestação jurisdicional e o respeito ao devido processo legal. Conforme ressalva *José Ignácio Botelho de Mesquita* é:

> [...] justo e necessário que uma reforma processual se preocupe em abolir formalidades inúteis. Não porém porque isso favoreça a celeridade do processo mas porque melhore a utilidade do processo. Suposto que o processo já não contenha formalidades inúteis, só contenha as necessárias, a abolição de qualquer delas implicará restrição ao princípio do devido processo legal[21].

Tal unificação não poderia englobar logicamente a execução dos Juizados Especiais, a execução de alimentos, a execução contra a fazenda pública, a execução contra devedor insolvente e todas as formas de execução que tenham um procedimento cuja extrema especialidade não justifique integrar a unificação aqui proposta, haja vista o princípio da adequação da tutela jurisdicional.

A unificação dos sistemas, portanto, é uma necessidade que não pode ser olvidada. Quem se beneficiará dessa unidade processual que poderá ser elaborada com as melhores normas de cada microssistema? É patente que o jurisdicionado[22]! Aliás, conforme já dito, o ordenamento jurídico deve estar voltado para ele, que utiliza e necessita do sistema.

Essa mudança de paradigma, no sentido de pensar o processo sob a perspectiva dos consumidores da prestação jurisdicional, foi uma das bandeiras levantadas por *Mauro Cappelletti*:

> A análise volta-se, então, para as partes e para os administrados, em lugar dos juízes, legisladores e administradores: não do modo como estes últimos sempre

---

(20) BEDAQUE, José Roberto dos Santos. *Efetividade do processo e técnica processual*. São Paulo: Malheiros, 2006. p. 24-26.
(21) MESQUITA, José Ignácio Botelho de. *Novas tendências do direito processual*. Apostila para os alunos do 4º ano noturno da Faculdade de Direito da USP, 2001. p. 39.
(22) Quanto à proteção dos direitos fundamentais do credor na execução ver a obra de GUERRA, Marcelo Lima. *Direitos fundamentais e proteção do credor na execução civil*. São Paulo: Revista dos Tribunais, 2002.

foram vistos pela ciência do direito, mas sob uma nova luz, relacionada com a demanda dos consumidores. E assim, a partir dos consumidores, são analisadas as necessidades não satisfeitas, o relativo "bargain power", os tipos de relações e de interesses sob litígio e em virtude dos quais se pede a tutela, as garantias constitucionais, os problemas socioeconômico-culturais, os obstáculos, em suma, o acesso[23].

Em outro estudo, o festejado Professor italiano ressalta a necessidade de conceber o jurisdicionado como principal elemento normativo do direito:

O movimento de acesso à justiça, como enfoque teórico, embora certamente enraizado na crítica realista do formalismo e da dogmática jurídica, tende a uma visão mais fiel à feição complexa da sociedade humana. A componente normativa do direito não é negada, mas encarada como um elemento, e com grande freqüência, não o principal, do direito. O elemento primário é o povo, com todos os seus traços culturais, econômicos e psicológicos[24].

Não há dúvida, pois, de que o ordenamento jurídico deve estar voltado para os consumidores da prestação jurisdicional. E, com certeza, o complicado sistema de subsidiariedade existente entre as normas da execução civil, fiscal e trabalhista em nada facilita a vida daqueles. É hora de repensar esse método de integração, que tantos transtornos têm causado aos jurisdicionados e aos operadores do direito. Por que não um único sistema, elaborado com as melhores normas existentes no CPC, CLT e Lei n. 6.830/80?

A nossa proposta de simplificação dos procedimentos, portanto, por meio da unificação dos sistemas da execução civil, fiscal e trabalhista, também encontra respaldo nessa nova maneira de se pensar o processo, sob o prisma do jurisdicionado que utiliza o ordenamento jurídico processual para assegurar os seus direitos.

A unificação, além de tornar a execução mais célere e efetiva, terá o condão de evitar inúmeros inconvenientes para os jurisdicionados, como a maléfica insegurança jurídica, oriunda da falta de uniformidade dos magistrados na aplicação do Código de Processo Civil à execução fiscal e trabalhista, que acaba por violar o princípio da Igualdade. Tal situação, inclusive, foi confirmada *in loco* por meio de pesquisa de campo realizada na Justiça do Trabalho e na Justiça Federal.

3. Insegurança jurídica e princípio da igualdade

Conforme pesquisa a seguir apresentada, não há uniformidade na aplicação subsidiária do CPC tanto à execução trabalhista como à execução fiscal. Cada juiz aplica a

---

[23] CAPPELLETTI, Mauro. L'acesso alla giustizia e la responsabilità del giurista. *Studi in onore di Vittorio Denti*. Pádua: Cedam, 1994. v. 1, p. 265.
[24] CAPPELLETTI, Mauro. Os métodos alternativos de solução dos conflitos no quadro do movimento universal de acesso à justiça. Tradução de José Carlos Barbosa Moreira. *Repro*, São Paulo, n. 74, abr./jun. 1994. p. 82.

regra de subsidiariedade de sua forma, sem qualquer harmonia. Costuma-se ouvir no Fórum Trabalhista que cada juiz do trabalho tem o seu Código de Processo Civil. Tal realidade também ocorre nos foros federais onde tramitam execuções fiscais.

Tal realidade foi constatada *in loco* por meio de pesquisa de campo realizada tanto na Justiça do Trabalho como na Justiça Federal, onde foram entrevistados os juízes das 1ª, 31ª, 39ª, 44ª, 49ª, 72ª, 82ª, 86ª, 88, e 89ª Varas do Trabalho de São Paulo, bem como magistrados das 2ª, 3ª, 4ª, 5ª, 6ª, 7ª, 8ª, 10ª, 11ª e 12ª Varas da Justiça Federal de São Paulo. E, em segunda instância, os desembargadores das 3ª, 4ª, 5ª, 6ª, 7ª e 8ª Turmas do Tribunal Regional do Trabalho da 2ª Região e das 1ª, 2ª, 3ª, 4ª, 5ª, 6ª e 8ª Turmas do Tribunal Regional Federal da 3ª Região.

As entrevistas consistiram em perguntas sobre a aplicação subsidiária à execução trabalhista e fiscal dos seguintes dispositivos do Código de Processo Civil: §§ 1º e 3º do art. 475-J, § 2º do art. 652, § 3º do art. 686, inc. IV do art. 600, art. 685, o inc. III do art. 475-O, art. 745-A e art. 793-A do CPC, que tratam da intimação da penhora por meio do advogado, multa de 10%, indicação de bens preferencialmente pelo credor, dispensa de editais para praça e leilão, multa na omissão da indicação de bens, alienação particular de bens, atos de alienação em execução provisória, parcelamento do débito e ausência de efeito suspensivo aos embargos. As respostas foram dadas em tabelas elaboradas com respostas simples de "SIM" ou "NÃO", ou seja, se aplica ou não a norma do CPC indicada.

Os resultados das respostas, como já imaginávamos, foram totalmente dissonantes tanto em 1ª instância como no âmbito dos Tribunais. Vejamos os percentuais, sem revelar, por questão de respeito à privacidade, as respostas de cada juiz. A hipótese omissão representa a ausência de resposta pelo magistrado, que se limitou na ocasião a dizer que "ainda não tinha opinião formada" ou "que não tinha ainda nenhum caso sobre a questão".

* APLICAÇÃO DOS DISPOSITIVOS DO CPC NA EXECUÇÃO TRABALHISTA:
1ª Instância (Juízes do Trabalho)

	SIM	NÃO	OMISSÃO
§ 1º do art. 475-J (Intimação por advogado)	90%	10%	
Art. 475-J (Multa de 10%)	80%	20%	-
§ 3º, 475-J e § 2º, 652 (Indicação de bens pelo credor)	70%	30%	-
§ 3º do art. 686 (Dispensa de Editais de praça)	30%	50%	20%
Inc. IV, art. 600 (Multa omissão indicação bens)	40%	50%	10%

	SIM	NÃO	OMISSÃO
Art. 685 (Alienação Particular de bens)	40%	40%	20%
Inc. III, art. 475-O (Expropriação bens execução Provisória)	50%	50%	-
Art. 745-A (Parcelamento do Débito)	50%	50%	-
Art. 739-A (Efeito suspensivo embargos)	30%	60%	10%

2ª Instância (Tribunal Regional Federal da 3ª Região)

	SIM	NÃO	OMISSÃO
§ 1º do art. 475-J (Intimação por advogado)	30%	70%	-
Art. 475-J (Multa de 10%)	20%	80%	-
§ 3º, art. 475-J e § 2º, 652 (Indicação de bens pelo credor)	60%	40%	-
§ 3º do art. 686 (Dispensa de Editais de praça)	40%	50%	10%
Inc. IV, art. 600 (Multa omissão indicação bens)	10%	80%	10%
Art. 685 (Alienação Particular de bens)	30%	60%	10%
Inc. III, art. 475-O (Expropriação bens execução Provisória)	0%	90%	10%
Art. 745-A (Parcelamento do Débito)	60%	40%	-
Art. 739-A (Efeito suspensivo embargos)	20%	80%	-

* APLICAÇÃO DOS DISPOSITIVOS DO CPC NA EXECUÇÃO FISCAL:

1ª Instância (Juízes Federais)

	SIM	NÃO	OMISSÃO
§ 1º do art. 475-J (Intimação por advogado)	70%	20%	10%
Art. 475-J (Multa de 10%)	70%	20%	10%
§ 3º, 475-J e § 2º, 652 (Indicação de bens pelo credor)	70%	20%	10%

	SIM	NÃO	OMISSÃO
§ 3º do art. 686 (Dispensa de Editais de praça)	20%	70%	10%
Inc. IV, art. 600 (Multa omissão indicação bens)	30%	60%	10%
Art. 685 (Alienação Particular de bens)	20%	70%	10%
Inc. III, art. 475-O (Expropriação bens execução Provisória)	40%	60%	
Art. 745-A (Parcelamento do Débito)	50%	40%	-
Art. 739-A (Efeito suspensivo embargos)	30%	50%	20%

2ª Instância (Tribunal Regional Federal da 3ª Região)

	SIM	NÃO	OMISSÃO
§ 1º do art. 475-J (Intimação por advogado)	50%	50%	-
Art. 475-J (Multa de 10%)	50%	50%	-
§ 3º, 475-J e § 2º, 652 (Dispensa de Editais de praça)	60%	40%	
§ 3º do art. 686 (Dispensa de Editais de praça)	50%	50%	
Inc. IV, art. 600 (Multa omissão indicação bens)	30%	70%	
Art. 685 (Alienação Particular de bens)	60%	40%	
Inc. III, art. 475-O (Expropriação bens execução Provisória)	60%	40%	
Art. 745-A (Parcelamento do Débito)	60%	40%	-
Art. 739-A (Efeito suspensivo embargos)	20%	80%	

Conforme demonstram os números, é patente a falta de uniformidade na aplicação subsidiária do CPC, tanto na execução trabalhista como na execução fiscal, tanto em primeira instância como em segunda instância. Pode-se conviver com tal quadro de insegurança jurídica? Pode o jurisdicionado não saber se quando for citado para a execução e não realizar o pagamento do débito será ou não penalizado com a multa? Se os seus embargos serão ou não recebidos com efeito suspensivo? Se poderá indicar, de logo, os bens que deseja serem penhorados? Se poderá se valer da possibilidade de pagamento parcelado da dívida no prazo dos embargos?

E o pior, como o advogado orientará seu cliente quanto à conveniência ou não do pagamento do débito no momento da citação ou intimação? Imaginemos a situação em que ele sugere o pagamento, a fim de que a dívida não seja majorada em 10%. E, após o pagamento, o cliente descobre que o vizinho na mesma situação não pagou e a conseqüência foi apenas a penhora de seus bens. Como explicar tal situação? "Olha, o direito é uma loteria. Se a sua ação fosse distribuída para as 1ª, 5ª, 8ª ou 10ª Varas do Trabalho, os juízes não aplicam a multa prevista no Código de Processo Civil, nas demais eles aplicam. Então só lhe resta rezar da próxima vez..."

Diante desse quadro de insegurança jurídica e "direito lotérico", não se pode olvidar o desrespeito ao princípio da igualdade, segundo o qual às partes deverão ser conferidos os mesmos meios[25] para que possam desenvolver suas atividades dentro do processo, estando vedado qualquer tipo de discriminação ou privilégio, sob pena de ensejar distorções e desequilíbrios, o que acarreta indiscutivelmente absoluta injustiça.

A constitucionalização do princípio da igualdade teve sua origem nas Constituições americana de 1787 e francesa de 1793, cuja consolidação nos seus textos jurídicos influenciou inúmeros países a incluírem esse princípio nas suas constituições, inclusive como direito fundamental, na busca de se alcançar o ideal de justiça.

No Brasil, por exemplo, a Constituição do Império de 1824, outorgada pelo imperador, absorveu a idéia da igualdade perante a lei, ao prever no art. 179 que "a lei será igual para todos, quer proteja, quer castigue, e recompensará em proporção de merecimento de cada um". A Constituição Republicana, promulgada em 24 de fevereiro de 1891, assim como a imperial, manteve a adoção da concepção de igualdade perante a lei. A Constituição de 1934, no tocante ao princípio da igualdade, inovou no sentido de afirmar uma igualdade social e econômica, além da formal. Já a Constituição Federal de 1988, ao tratar dos direitos e deveres individuais e coletivos no seu art. 5º, estabeleceu que todos são iguais perante a lei, sem distinção de qualquer natureza. Além disso, previu no seu art. 3º, inc. III, como um dos objetivos fundamentais da República Federativa do Brasil, a redução das desigualdades sociais e regionais, que demonstra a busca de uma igualdade material para atingir a justiça social.

Segundo *Norberto Bobbio*, para se verificar o conceito de igualdade é necessário buscar resposta para duas perguntas: 1º) igualdade entre quem; 2º) igualdade em quê. Segundo o festejado jurista, para responder a indagação "igualdade entre quem" é necessário perquirir em quem a isonomia vai incidir, se sobre todos os membros de uma sociedade, classe ou grupo ou sobre apenas parte deles. E em "igualdade em quê" questiona se o critério equalizador irá incidir sobre tudo, isto é, se as pessoas serão iguais

---

(25) É a chamada "igualdade de armas", expressão utilizada por CAPPELLETTI, Mauro e GARTH, Bryant. In: *Acesso à justiça*. Porto Alegre: Sergio Antonio Fabris, 1988. p. 15, ou, "paridade de armas", a que se refere WATANABE, Kazuo. In: *Juizado especial de pequenas causas*. São Paulo: Revista dos Tribunais, 1985. p. 163.

em todos os aspectos físicos, econômicos, políticos e sociais, ou apenas em algum aspecto específico[26].

Uma de nossas premissas para propor a unificação dos sistemas de execução, extraído da insegurança jurídica demonstrada na pesquisa de campo realizada, consiste na violação mais simples, a que ocorre diante de tratamento desigual na aplicação da lei, ou seja, a desigualdade formal.

A doutrina faz distinção entre a igualdade na lei e perante a lei. A primeira é a obrigatoriedade de o legislador aplicar o princípio da isonomia no processo legislativo, e a segunda, que nos interessa, dirige-se ao Poder Judiciário no momento de aplicação da lei, vedando-se o tratamento discriminatório ou privilegiado sem qualquer elemento de justificação aceito pelos valores constitucionais[27].

O Supremo Tribunal Federal também reconhece essa distinção, conforme acórdão de seu órgão Pleno, a seguir transcrito:

> Princípio da Igualdade e Finalidades. STF — O princípio da isonomia, que se reveste de auto-aplicabilidade, não é enquanto postulado fundamental de nossa ordem político-jurídica — suscetível de regulamentação ou de complementação normativa. Esse princípio — cuja observância vincula, incondicionalmente, todas as manifestações do Poder Público — deve ser considerado, em sua precípua função de obstar discriminações e de extinguir privilégios (RDA 55/114), sob duplo aspecto: (a) o da igualdade na lei e (b) o da igualdade perante a lei. A igualdade na lei — que opera numa fase de generalidade puramente abstrata — constitui exigência destinada ao legislador que, no processo de sua formação, nela não poderá incluir fatores de discriminação, responsáveis pela ruptura da ordem isonômica. A igualdade perante a lei, contudo, pressupondo lei já elaborada, traduz imposição destinada aos demais poderes estatais, que, na aplicação da norma legal, não poderão subordiná-la a critérios que ensejem tratamento seletivo ou discriminatório. A eventual inobservância desse postulado pelo legislador imporá ao ato estatal por ele elaborado e produzido a eiva de inconstitucionalidade. (Pleno, MI 58/DF, Rel. Min. Celso de Mello, *DJU* 19.4.1991. p. 4.580)

Em suma, seja pela insegurança jurídica gerada, seja pela violação da isonomia assegurada pela Constituição e tutelada pelo Supremo Tribunal Federal, não há como ignorar o quadro apresentado por meio da pesquisa de campo realizada e, conseqüentemente, não propor soluções para o problema. A nossa consiste na unificação dos sistemas, a fim de evitar o complicado exercício de heterointegração e subsidiariedade de normas civis, fiscais e trabalhistas.

Até porque as reformas legislativas propostas e em trâmite no Congresso Nacional não terão o condão de alterar essa realidade. Vejamos.

---

(26) BOBBIO, Norberto. *Liberalismo e democracia*. Tradução de Marco Aurélio Nogueira. 2. ed. São Paulo: Brasiliense, 1988. p. 11-12.
(27) MORALLES, Luciana Camponez Pereira. *Acesso à justiça e princípio da igualdade*. Porto Alegre: Sergio Antonio Fabris, 2006. p. 96.

4. Insuficiência das reformas propostas

Poder-se-ia argumentar que soluções *de lege ferenda* para solucionar o problema de falta de efetividade da execução já estão sendo tomadas, por meio das reformas já consolidadas do CPC, das que se buscam alterar a Consolidação das Leis do Trabalho e do projeto da nova lei de execuções fiscais.

Data maxima venia, as alterações propostas para alteração da CLT e da Lei n. 6.830/80 são insuficientes para solucionar o problema do complicado exercício de heterointegração das normas aqui estudado, que tantos inconvenientes têm trazido tanto para os operadores do Direito como, principalmente, para os consumidores dos serviços judiciários.

Poder-se-ia propor, outrossim, a extinção desses procedimentos especiais, com a aplicação única da legislação processual civil, sob a alegação de que as recentes reformas nessa seara em tese tornaram a execução civil a mais célere, efetiva e operante.

Ocorre que, além de não se poder aproveitar no âmbito da execução civil as melhores normas da execução trabalhista e fiscal (e elas existem), também inúmeras são as críticas da doutrina às reformas do CPC[28]. O que dizer da substituição da expressão "sentença condenatória" por "sentença proferida no processo civil que reconheça a existência de obrigação"[29]? E a alteração dos embargos por impugnação[30]? E o início do prazo para a aplicação da multa do art. 475-J do CPC[31]? As dúvidas são inúmeras.

---

(28) Maria Elizabeth de Castro Lopes, por exemplo, *Op. cit.*, p. 484, ressalta a insuficiência das reformas processuais para o aprimoramento do sistema:"Assim, apesar de alguns avanços resultantes das reformas parciais, a realidade é que não se conseguiu o aprimoramento do sistema, entendido este como um conjunto orgânico e coerente. Para tanto, impõe-se a realização de pesquisas de âmbito nacional sobre os resultados das inovações já efetuadas na legislação, ou seja, um balanço do que foi feito e do que precisa ser feito para se alcançar maior agilidade na prestação jurisdicional."
(29) É evidente que as sentenças meramente declaratórias continuarão a ser inexeqüíveis. Nesse sentido, muito pertinente a lição de Araken de Assis, no texto Sentença condenatória como título executivo. In: WAMBIER, Teresa Arruda Alvim (coord.). *Aspectos polêmicos da nova execução de títulos judiciais — Lei n. 11.232/05*. São Paulo: Revista dos Tribunais, 2006, p. 19: "Apesar de renegar o adjetivo 'condenatório', o texto sob análise não inovou, substancialmente, na medida em que reconhecer a existência de prestação (obrigação) a cargo do vencido é mais do que declarar a relação jurídica. Dá-se um passo adiante e já se condena o vencido, possibilitando a execução. Na verdade se o órgão judiciário 'declara' que João deve 'x' a Pedro, não se limitou a declarar Pedro responsável perante João, mas condenou (reprovou, ordenou) o réu a prestar ao autor. Por outro lado, continua em vigor o art. 4º, parágrafo único, do CPC, segundo o qual, violado o direito, o interesse do autor pode se limitar à declaração de responsabilidade. Equiparar as duas situações infringe, claramente, esta última posição, subtraindo ao autor pleitear a providência que lhe convém, desinteressado da (impossível) futura execução".
(30) João Batista Lopes ressalta as discussões doutrinárias a respeito dessa alteração procedida no art. 475-L do CPC no trabalho Defesa do Executado na reforma da execução civil. In: HOFFMAN, Paulo; SILVA, Leonardo Ferres da (coords.). *Processo de execução civil, modificações da Lei n. 11.232/05*. São Paulo: Quartier Latin, 2006. p. 86: "Com o 'nomen iuris' *impugnação*, o art.475-L introduziu uma forma de defesa pretensamente nova para substituir os embargos do executado, considerado na Exposição de Motivos como *mero incidente*. Pretendeu-se, às claras, substituir os embargos (ação de conhecimento incidental de caráter constitutivo negativo) por forma de defesa aparentemente singela e ágil. Entretanto, como o legislador não pode mudar a natureza das coisas, verifica-se que a impugnação continuará a desempenhar o papel antes conferido aos embargos. Diante disse, certamente lavrará discussão doutrinária sobre sua natureza (ação, contestação, simples incidente ou contra-ataque?)."
(31) Existem diferentes teorias sobre o tema, que vêm sendo discutidas em inúmeros congressos e trabalhos doutrinários.

Vejamos, então, as reformas propostas no âmbito execução trabalhista e da execução fiscal, tratadas respectivamente na Consolidação das Leis do Trabalho e na Lei n. 6.830/80 que, conforme já assinalado, não são suficientes para solucionar o problema que nos leva a propor a unificação dos sistemas.

4.1. Da Consolidação das Leis do Trabalho

Entre as propostas de reforma do Processo do Trabalho existem seis projetos de lei em tramitação no Congresso Nacional, oriundos do "Pacto de Estado em Favor de um Judiciário mais Rápido e Republicano" firmado pelo Presidente da República e pelos Presidentes do Supremo Tribunal Federal, Senado Federal e Câmara dos Deputados, documento político publicado no *Diário Oficial da União* em 16 de dezembro de 2004. São eles:

1) O projeto de Lei n. 4.730/04, que trata da dispensa de autenticação de documentos no processo do trabalho;

2) O projeto de Lei n. 4.731/04, que altera o processo de execução trabalhista;

3) O projeto de Lei n. 4.732/04, que reduz a possibilidade de interposição de recurso de revista para o Tribunal Superior do Trabalho;

4) O projeto de Lei n. 4.733/04, que reduz o cabimento de embargos no Tribunal Superior do Trabalho;

5) O projeto de Lei n. 4.734/04, que eleva o valor do depósito recursal no processo do trabalho;

6) O projeto de Lei n. 4.735/04, que dispõe sobre a exigência de depósito prévio para fins de ajuizamento de ação rescisória no processo do trabalho.

De todos eles, até o presente momento somente foram sancionados os de ns. 4.733/04 e 4.734/04. Interessa-nos, entretanto, apenas o Projeto de Lei n. 4.731/04, que propõe alterar a execução trabalhista. Tal projeto revoga o art. 882 e altera a redação dos arts. 880 e 884 da Consolidação das Leis do Trabalho.

Pois bem. Aprovado o projeto, o art. 880 da CLT passará a vigorar com a seguinte redação:

Art. 880. Requerida a execução, o juiz mandará expedir mandado de citação ao executado, a fim de que cumpra a decisão ou o acordo no prazo, pelo modo e sob as cominações estabelecidas ou, em se tratando de pagamento em dinheiro, incluídas as contribuições sociais devidas ao INSS, para que pague em quarenta e oito horas ou garanta a execução mediante depósito ou nomeie bens aptos a garanti-la, na ordem estabelecida pelo art. 655 do Código de Processo Civil, ainda que estes sejam insuficientes para o pagamento integral da importância reclamada.

§ 1º No mandado de citação deverá constar a decisão exeqüenda ou o termo de acordo não cumprido, com a advertência de que a não observância pelo executado do disposto no *caput* implicará a preclusão do direito de impugnar a sentença de liquidação ou a execução, ressalvados, quanto a esta, vícios na constrição de bens.

[...]

§ 4º Se o executado nomear bens insuficientes para a garantia da execução e, no curso do processo, for constatada a existência de outros bens, incidirá em multa de dez a vinte por cento do valor atualizado do débito em execução, sem prejuízo de outras sanções de natureza processual ou material, multa essa que reverterá em proveito do credor, exigível na própria execução. (NR)

A alteração é positiva, mas não está imune a críticas. Poder-se-ia, por exemplo, atentar para a técnica, tão esquecida no texto da Consolidação das Leis do Trabalho e falar em notificação ao invés de citação. Conforme vimos, o processo do trabalho já está estruturado de forma sincrética, uma vez que não há execução autônoma, mas continuação do processo de conhecimento, por meio de atos de coação do devedor para cumprimento da obrigação, realizados até mesmo de ofício pelo juiz e na mesma relação processual.

O *caput*, outrossim, ao impor a nomeação de bens ainda que insuficientes para o pagamento integral da importância reclamada poderá, em algumas situações, ensejar a violação do princípio da adequação ou utilidade.

Conforme visto no capítulo II, item 10.3, tal princípio estabelece não ser possível impor ao devedor um dano maior do que o previsto na lei para satisfação do credor. Nesse diapasão é a regra do § 2º do art. 659 do Código de Processo Civil[32]. Assim, basta ter o cuidado para que os bens nomeados não sejam totalmente absorvidos pelo pagamento das custas do processo, que teria o condão de violar o mencionado princípio.

Não podemos conceber a transposição da proteção ao hipossuficiente econômico para a seara processual, com nítida distorção de sua aplicação, o que acaba por desequilibrar demasiadamente em prol do trabalhador o tratamento das partes na relação processual. Não é saudável para o Direito a alienação de bens do devedor apenas para pagamento de custas processuais.

Assim, surge outro problema com a interpretação sistemática do *caput* do artigo com o seu § 1º, uma vez que este impõe a advertência ao executado de que a não observância do estabelecido no *caput* implica a preclusão do direito de impugnar a sentença de liquidação. Ou seja, se os seus bens somente forem suficientes para o pagamento das custas processuais e ele não os indicar, invocando o princípio da utilidade e o § 2º do art. 659 do Código de Processo Civil, correrá o risco de ser privado do direito de impugnar a decisão.

Já o § 4º merece aplausos por coibir a litigância de má-fé e está em sintonia com o inc. IV do art. 600 do Código de Processo Civil: "Considera-se atentatório à dignidade

---

(32) § 2º do art. 659 do CPC: "Não se levará a efeito a penhora, quando evidente que o produto da execução dos bens encontrados será totalmente absorvido pelo pagamento das custas da execução."

da justiça o ato do devedor que: não indica ao juiz onde se encontram os bens sujeitos à execução". A multa está prevista no artigo seguinte do Estatuto Processual Civil:

> Nos casos previstos no artigo anterior, o devedor incidirá em multa fixada pelo juiz em montante não superior a 20% (vinte por cento) do valor atualizado do débito em execução, sem prejuízo de outras sanções de natureza processual ou material, multa essa que reverterá em proveito do credor, exigível na própria execução.

O Projeto de Lei n. 4.731/04 também altera o art. 884 da CLT, cujo dispositivo, se aprovado o projeto, passa a vigorar com a seguinte redação:

> Art. 884. Garantida a execução ou penhorados os bens, em valor suficiente para o pagamento integral da importância reclamada, terá o executado cinco dias para apresentar embargos, cabendo igual prazo ao exeqüente para impugnação.
>
> § 3º-A. Na hipótese de o executado não garantir integralmente a execução, ou penhorados bens em valor insuficientes para o integral pagamento da importância reclamada, é assegurado ao exeqüente impugnar a sentença de liquidação, no prazo de 5 (cinco) dias, a contar da ciência do depósito ou da penhora.
>
> § 3º-B. Se o executado, no curso do processo de execução, que se processou com garantia ou penhora insuficientes ao pagamento integral da importância reclamada, garantir integralmente a execução, mediante depósito em dinheiro ou penhora de bens, a interposição dos embargos não prejudicará os atos já praticados pelo Juízo da execução, inclusive quanto à restituição de valores já levantados pelo reclamante.

Mantendo-se o projeto de reforma nesses termos, perde-se uma oportunidade de avançar mais um pouco, pois, poderia o legislador desvincular a oposição dos embargos à garantia do juízo como o fez o legislador processual civil. Não há dúvida de que se ganha tempo e se busca atingir o mandamento constitucional de realização do processo num prazo razoável.

Quanto à revogação do art. 882, tal é necessário haja vista que os seus termos passam a integrar o art. 880 e, assim, evita-se a repetição de termos legais. Portanto, nada a acrescentar.

Na verdade, o que mais tem animado os operadores do direito do trabalho é um Projeto de Lei mais atual, apresentado pelo Deputado *Luiz Antonio Fleury*, de n. 7.152/06. Este propõe o acréscimo de um parágrafo único ao art. 769 da CLT com a seguinte redação:

> O direito processual comum também poderá ser utilizado no processo do trabalho, inclusive na fase recursal ou de execução, naquilo em que permitir maior celeridade ou efetividade de jurisdição, ainda que existente norma previamente estabelecida em sentido contrário.

A primeira vista a alteração legislativa aparenta ser um remédio para a solução de inúmeras questões de heterointegração de normas, pois, todas as vezes que a norma processual civil for mais célere e efetiva que a norma processual trabalhista, aplicar-se-ia aquela e o problema estaria resolvido.

Na hipótese da multa do art. 475-J do Código de Processo Civil, por exemplo, em que temos a certeza de ser mais célere e efetivo que a norma do art. 880 da Consolidação das Leis do Trabalho, uma vez que esta prevê apenas a penhora para a hipótese de não pagamento da dívida, *a priori* estaria solucionado o problema.

Ocorre que nem sempre será tão simples a aplicação da novidade, uma vez que os termos celeridade e efetividade são conceitos abertos, que podem ensejar diferentes interpretações. A liquidação por cálculos, por exemplo, em que no processo civil é realizada pelo exeqüente e sujeita ao controle jurisdicional (art. 475-B), parece-nos mais célere e efetiva que o critério adotado no processo do trabalho, que permite um contraditório prévio em torno do crédito exeqüível (art. 879, § 2º) com possibilidade de reiteração da mesma discussão em sede de embargos à execução (art. 884, § 4º), uma vez que este sistema, conforme já frisamos, representa desnecessária e inútil repetição de atos. Porém, nem todos os estudiosos do processo do trabalho pensam assim, principalmente aqueles que entendem não ser obrigatório o contraditório nessa fase.

Assim, infelizmente, a proposta de reforma legislativa do texto da Consolidação das Leis do Trabalho não é suficiente para evitar a insegurança jurídica apontada no item anterior. Além, é claro, de não possibilitar que as normas da execução trabalhista e da execução fiscal mais efetivas também possam ser aplicadas ao processo civil.

Em suma, as alterações propostas para reforma da CLT não terão o condão de solucionar os problemas aqui demonstrados na heterointegração dos sistemas estudados, ou seja, na aplicação subsidiária do Código de Processo Civil à execução trabalhista. O mesmo se diga em relação à execução fiscal, conforme análise do anteprojeto da lei que busca alterá-la a seguir analisado:

4.2. Da lei de execução fiscal

Não há dúvida de que o sistema de execução fiscal hoje vigente é bastante inoperante, uma vez que, sob o prisma da dívida ativa, não permite arrecadação satisfatória de seus créditos. As estimativas já apresentadas calculam em apenas 1% o montante da dívida ativa recuperada judicialmente[33].

Esse quadro de inoperância é decorrente da excessiva demora do procedimento de cobrança. Paradoxalmente, o volume de débitos inscritos na dívida ativa não para de crescer e, assim, a quantidade de execuções fiscais é assustadoramente alta em comparação com outras demandas.

Sob a perspectiva do contribuinte, a comunidade jurídica também ressalta a necessidade de implementação de uma nova Lei de Execução Fiscal, haja vista as inúmeras

---

(33) A Procuradoria da Fazenda Nacional apresentou tal estimativa no evento sobre a nova lei de execução fiscal promovido pela Associação Brasileira de Direito Financeiro em São Paulo no dia 4 de junho de 2007.

cobranças ilegítimas que recaem sobre tributos já pagos, suspensos ou objeto de compensação. *Luis Henrique da Costa Pires* destaca as razões dessa situação:

> Essa situação decorre não apenas da desorganização da Administração, como também da falta de coordenação entre Receita Federal e Procuradoria da Fazenda Nacional, que permite à primeira enviar à segunda, para inscrição em dívida ativa, valores que já foram pagos, mas cuja liquidação não foi acusada pelos sistemas de órgão arrecadador por pura falha ou, às vezes, por ter o contribuinte cometido meros erros de preenchimento em guias de pagamento ou declarações, como as DCTF's — um simples equívoco no preenchimento do número do CNPJ ou a diferença de um centavo entre o montante pago e o declarado podem acarretar a inscrição do débito em dívida ativa. O mesmo sucede em relação aos tributos suspensos por alguma das hipóteses previstas no art. 151, do CTN. Por vezes, a suspensão é ignorada pela autoridade administrativa e a ação fiscal prossegue com inscrição do montante em dívida ativa[34].

O órgão responsável pelo controle da inscrição é a Procuradoria da Fazenda Nacional, a qual tem poderes até para recusá-la, porém, não tem condições de exercer esse mister em função de suas inúmeras tarefas. O Pedido de Revisão de Débito Inscrito em Dívida Ativa da União, outrossim, por não suspender o curso da cobrança e geralmente demorar bastante tempo, não surte os efeitos desejados, pois, o contribuinte acaba sendo executado e, assim, não pode obter certidão negativa do débito.

Diante desse contexto, a Secretaria de Reforma do Judiciário, em conjunto com Institutos Públicos e Privados, no mesmo contexto das profundas inovações trazidas à execução civil, submeteu à Procuradoria-Geral da Fazenda Nacional o Projeto de Lei Ordinária Federal n. 4.497/04, visando alterar a sistemática de cobrança judicial dos créditos da Fazenda Pública, ou seja, a substituição da execução fiscal tratada pela Lei n. 6.830/80.

Analisaremos aqui as principais modificações propostas no referido projeto com a única finalidade de demonstrar que são insuficientes para alterar o quadro apresentado no capítulo III de nosso trabalho, no qual realizamos o estudo heterointegrativo da execução fiscal e civil, a fim de corroborar nossa tese da unificação.

A principal alteração introduzida pela proposta de modificação legislativa consiste no deslocamento da execução fiscal do âmbito judicial para a esfera administrativa. Os atos de apuração do crédito tributário já eram de competência da autoridade administrativa. Pelo projeto, além delas, a própria cobrança executiva desses créditos será realizada na seara administrativa, dispensando-se a atuação do Estado-Juiz.

Apesar de se reservar ao Poder Judiciário o controle sobre eventuais ilegalidades cometidas pela Procuradoria, pois, os embargos à execução continuam submetidos à sua apreciação e, também, alegar-se a desoneração deste Poder e o seu descongestio-

---

(34) PIRES, Luís Henrique da Costa Pires. O projeto de nova lei de execuções fiscais e a execução administrativa. *Revista do Advogado*, ano XXVII, n. 94, São Paulo, nov. 2007. p. 88.

namento, a proposta legislativa de execução administrativa torna a execução fiscal ainda mais caótica, além de não atinar para alguns direitos constitucionais assegurados aos cidadãos.

A execução administrativa torna a execução fiscal ainda mais caótica, pois a estrutura da Administração Pública é inadequada e insuficiente para suportá-la. É público e notório que ela não consegue atender ao menos os pedidos administrativos de compensação de tributos, expedição de certidões e julgamento de recursos interpostos em sede administrativa, quem dirá uma execução fiscal.

A realização da execução na seara administrativa pela própria Administração Pública, por meio da qual se transfere a esta a prerrogativa de determinar a direta constrição de bens do devedor tem o condão de desequilibrar a igualdade que deve estar presente entre as partes no processo, assegurada pela Constituição Federal. Como já visto, o interesse público não pode ser motivo para excessivo fortalecimento do Governante em contraposição aos contribuintes.

Além do princípio da isonomia (art. 5º da CF), deve-se refletir também sobre a possível violação dos princípios constitucionais da inafastabilidade do controle jurisdicional (art. 5º, XXXV), do devido processo legal (art. 5º, LIV) e da ampla defesa e contraditório (art. 5º, LV).

Celso Bastos, por exemplo, rejeita a possibilidade de criação de qualquer instância decisória fora do Poder Judiciário:

> [...] o que se poderia perguntar é se há respaldo no momento atual para criação de instâncias administrativas de curso forçado. A resposta é, sem dúvida, negativa. Qualquer que seja a lesão ou mesmo a sua ameaça, surge imediatamente o direito subjetivo público de ter, o prejudicado, a sua questão examinada por um dos órgãos do Poder Judiciário[35].

Nem se diga que a aprovação da proposta contribuiria para o descongestionamento do Poder Judiciário, com a redução da litigiosidade proporcionada pela execução fiscal administrativa. Imagine-se a pulverização dos diversos incidentes processuais como os relacionados ao oferecimento de defesa direta, defesa indireta de mérito, avaliação de bens penhorados, prescrição, decadência, pagamento, compensação, que antes eram decididos em um único processo, dando ensejo à impetração de inúmeros mandados de segurança e outros processos incidentes. Não há como aceitar essa propaganda enganosa de redução de litígios.

A Associação dos Juízes Federais do Brasil (Ajufe), inclusive, é contrária ao referido anteprojeto que altera a Lei da Execução Fiscal e, assim, defende a manutenção da penhora dos bens dos devedores nos processos de execução fiscal, sob a tutela da Justiça, de acordo com proposta alternativa elaborada pela entidade e enviada por seu

---

(35) BASTOS, Celso. *Curso de direito constitucional positivo*. 14. ed. São Paulo: Saraiva, 1992. p. 198.

presidente à Ordem dos Advogados do Brasil e ao Superior Tribunal de Justiça, conforme recente matéria veiculada no Jornal *Valor Econômico*[36].

O quadro apresentado, em especial a patente inconstitucionalidade do projeto de lei para alteração da execução fiscal, já é suficiente para a premissa que buscamos, qual seja, a impossibilidade de a reforma proposta resolver o problema do complicado quadro da heterointegração das normas que apresentamos. De qualquer sorte, a fim de corroborar ainda mais esta constatação, vejamos alguns controvertidos dispositivos do criticado projeto.

O § 3º do art. 6º, por exemplo, estabelece que o não-pagamento, o parcelamento ou a falta de apresentação de garantia constitui "infração à lei" a que faz referência o art. 135, III, do Código Tributário Nacional. É uma nova tentativa de atribuir à pessoa física responsabilidade cuja sujeição passiva é da pessoa jurídica, uma vez que conforme jurisprudência pacífica do Superior Tribunal de Justiça a mera falta de pagamento do tributo não pode se enquadrar no conceito de "ato, doloso ou culposo, com excesso de poderes ou infração de lei, contrato social ou estatuto" para deslocamento de responsabilidade para o sócio ou gerente da empresa devedora.

O § 5º do art. 6º, outrossim, dispõe que a fiança bancária e o seguro-garantia poderão ser executados após a sentença de improcedência dos embargos. A execução de tais garantias, antes do trânsito em julgado e até mesmo do julgamento em segunda instância da matéria *sub judice*, poderá causar prejuízos incomensuráveis ao contribuinte que, na hipótese de procedência dos embargos à execução, terá que se valer da demorada via da restituição administrativa para recebimento daqueles valores.

O § 1º do art. 16 autoriza a Fazenda Pública a requisitar informações à autoridade supervisora do sistema bancário, com a finalidade de permitir a penhora de dinheiro por via eletrônica, que, em consonância com o inciso III do mesmo artigo, é realizado independente de autorização ou intermediação judicial. Tal absurdo não é compatível com os princípios da proporcionalidade e razoabilidade, além de violar o sigilo bancário (art. 5º, inc. X, da CF/88).

Outro enorme absurdo surge com o § 3º desse mesmo art. 16, uma vez que, segundo este dispositivo, se a instituição financeira responsável pelas informações bancárias "omitir, retardar ou prestar falsamente" o quanto requisitado, pasmem, passará a ser responsável subsidiariamente pela dívida! Cria-se, assim, uma nova modalidade de responsabilidade em total desrespeito ao Código Tributário Nacional e convenhamos totalmente desarrazoada.

Onde poderia ter avançado a proposta, outrossim, não o fez. Por exemplo, o art. 27, § 1º, mantém o impedimento da Lei n. 6.830/80 (art. 16, § 3º) de o contribuinte alegar a existência de compensação nos embargos à execução, vedação que já é afastada pela jurisprudência do Superior Tribunal de Justiça.

---

(36) Jornal *Valor Econômico*, Rio de Janeiro, 30.01.2008. p. 1. Caderno Legislação & Tributos.

Em síntese, o projeto deveria atinar para o fato de que o principal problema relacionado à cobrança da dívida tributária está na sua fase de pré-inscrição, consistente na identificação, apuração da exigibilidade e *quantum* do crédito, realizado nas repartições competentes da Receita Federal[37].

Nesse diapasão, muito pertinentes as colocações de *Mairan Gonçalves Maia Júnior*:

Deve-se, no entanto, questionar: "seria a morosidade do Poder Judiciário a causa da ineficiência do atual processo executivo fiscal, ou a propositura das centenas de milhares de execuções fiscais não seria uma das concausas dessa morosidade. Explica-se. Usualmente, a Fazenda Pública, a fim de evitar a prescrição da pretensão executiva, propõe, ao mesmo tempo, sem proceder a prévia seleção do crédito tributário, dezenas de milhares de execuções fiscais, as quais, na maior parte dos casos, não se encontram suficientemente instruídas. Como seria natural, as secretarias das Varas não têm condições de atender a essas demandas não previstas e, concomitantemente, processar todos os demais feitos em andamento, pois a estrutura e os recursos materiais disponíveis pelo Judiciário são escassos e determinados dentro dos parâmetros normais de demandas"[38].

Assim, diante do exposto, não vemos empecilho para nossa proposta de unificação englobar a execução fiscal, uma vez que o que esta precisa é ser simplificada para que se agilize o seu procedimento de cobrança.

Aliás, os próprios estudiosos da execução fiscal falam da necessária aproximação desta com a execução comum, conforme aduz *Mairan Gonçalves Maia Júnior* ao comentar o projeto de alteração:

Com efeito, a mera previsão normativa não é suficiente para que os objetivos almejados sejam atingidos. Mais viável e prática mostra-se a adoção de normas que aproximem a execução fiscal da execução comum, bem como a introdução de procedimentos que permitam a satisfação do crédito com mais rapidez, como a alienação antecipada ou venda direta do bem dado em garantia pelo preço da avaliação, o fortalecimento da posição de arrematante, etc.[39]

Em nosso entendimento não basta a aproximação com a execução comum. Vamos um pouco mais longe, uma vez que pensamos que a melhor forma para atingir os

---

(37) Conforme destaca Mairan Gonçalves Maia Júnior, no artigo Considerações críticas sobre o anteprojeto da lei de execução fiscal administrativa. *Revista do Advogado*, São Paulo, ano XXVII, n. 94, nov. 2007. p. 97: "Com efeito, inúmeras medidas que a Administração Pública poderia adotar, com baixo custo, e que poderiam agilizar significativamente o processo executivo fiscal, são desconsideradas, como, por exemplo, o registro atualizado dos devedores e dos respectivos endereços e patrimônio, a seleção dos critérios, tanto pelo valor, como pela natureza da atividade desenvolvida pelo devedor, o melhor controle dos prazos prescricionais, e o intercâmbio de informações entre as Fazendas, por meio de convênio. Na verdade, os objetivos pretendidos com o Anteprojeto de Execução Administrativa podem ser alcançados, em grande parte, com o aprimoramento dos atos e procedimentos administrativos fazendários, para os quais não se faz necessária grande modificação legislativa, tampouco vultosos investimentos financeiros."
(38) MAIA JÚNIOR, Mairan Gonçalves. *Op. cit.*, p. 99.
(39) MAIA JÚNIOR, Mairan Gonçalves. Considerações críticas sobre o anteprojeto da lei de execução fiscal administrativa, *Revista do Advogado*, São Paulo, ano XXVII, n. 94, nov. 2007. p. 100.

objetivos de um processo simples e eficaz é a própria unificação dos sistemas de execução, por meio de nossa proposta *de lege ferenda*.

5. Unidade de princípios, identidade de objetivos e tipicidade

Além da efetividade, celeridade, acesso à justiça, simplificação de procedimentos, preocupação com o consumidor dos serviços judiciários, combate à insegurança jurídica e imposição do princípio da igualdade, como motivos justificadores de nossa proposta de unificação dos sistemas de execução civil, fiscal e trabalhista, não podemos olvidar a existência de princípios comuns a regerem essas demandas executivas.

Tal unidade é decorrente de um simples fato. O objetivo de qualquer execução, independente do ramo do direito material que originou a formação do título executivo, é sempre a mesma: entregar o bem da vida. Seja numa execução de pagar, de fazer, não fazer ou entregar, a forma para atingir esse objetivo também deverá ser o mesmo: forçar o devedor, por meio de atos de coerção direta e indireta, a cumprir a sua obrigação.

Nesse diapasão, os princípios da execução civil, fiscal e trabalhista, com algumas poucas peculiaridades que não obstam o nosso objetivo, são os mesmos. E tal pôde ser constatado com a leitura do item 10, capítulo II, de nosso trabalho.

Conforme foi visto, os princípios da responsabilidade patrimonial ou real, do título, da adequação ou da utilidade, primazia da tutela específica, do respeito à dignidade da pessoa humana, da proporcionalidade, da disponibilidade e do contraditório têm incidência nas diferentes execuções aqui estudadas. E, o que é mais importante, incidência de forma harmônica.

Existe motivo mais forte a autorizar uma unificação de sistemas do que a existência de aplicação uniforme e harmônica de princípios? Tal realidade nos deixa confortáveis para sustentar a tese aqui proposta de unificação dos sistemas de execução, civil, fiscal e trabalhista.

No processo de conhecimento, por suas peculiaridades, o processo terá diferentes caminhos. Porém, após o reconhecimento do direito e formação do título executivo, ou que tal formação seja até mesmo extrajudicialmente, não vemos razão para a existência de diferentes procedimentos na execução, a exigir complicadas regras de subsidiariedade.

E aqui podemos invocar as lições de *Flávio Luiz Yarshell* sobre a existência de regras de tipicidade dos meios executivos para justificar nossa proposta de unificação dos principais sistemas de execução:

Em suma, tratando-se da tutela executiva, vigora uma regra de tipicidade no estabelecimento dos meios executivos, porque a lei estabelece um *modelo* para tanto.

Todavia, essa regra, em algumas hipóteses, é considerada relativizada, quer pela diversidade desses meios, quer pela amplitude dos poderes conferidos ao juiz para compelir o devedor ao adimplemento[40].

Entendemos que essa relativização das regras de tipicidade dos meios executivos em algumas hipóteses, destacada por *Flávio Luiz Yarshell*, não se aplicaria para os sistemas de execução civil, fiscal e trabalhista que propomos unificar, mas apenas para as espécies de execução com acentuada especialidade, como a dos Juizados Especiais, de alimentos, contra a Fazenda Pública ou devedores insolventes.

Como o objetivo da execução nos sistemas aqui estudados é idêntico, regido pelos mesmos princípios e presente a tipicidade nos meios executivos, não há por que contestar a proposta de unificação, a menos que se pretenda combater a simplificação de procedimentos, a busca de segurança jurídica e continuar a estimular a rivalidade entre os operadores dos diferentes ramos do Direito[41].

6. Direito comparado

O Direito Comparado consiste, como o próprio nome revela, numa comparação jurídica entre diferentes sistemas. A análise comparativa de sistemas estrangeiros certamente contribui para o melhor conhecimento e aprimoramento do direito nacional.

O ensino universitário desta seara teve sua primeira expressão institucional por meio da criação de uma cátedra de Legislação Comparada na Universidade de Madrid no ano de 1851. Posteriormente, no ano de 1869, *Henry Maine* lecionou na Universidade de Oxford a cadeira de "*Historical and Comparative Jurisprudence*". Mais tarde, foram instituídas na Faculdade de Direito de Paris as disciplinas de Direito Marítimo e legislação comercial comparada (1892) e Direito Constitucional Comparado (1896), bem como os cursos de Legislação Civil Comparada e Legislação Comercial Comparada na Escola Livre de Ciências Sociais e Políticas. Na Inglaterra, Gutteridge iniciou em 1930 o seu ensino na Universidade de Cambridge, que resultou na publicação da obra *Comparative Law*, publicada em 1946[42].

Nos Estados Unidos, o ensino universitário do direito comparado começou a ser implantado a partir da criação, em 1931, da *Parker School of Foreign and Corporative Law*, na Universidade de Columbia em Nova Iorque e seguiu com a implantação de uma cátedra de Direito Comparado na Universidade de Chicago[43][44].

---

(40) YARSHELL, Flávio. *Tutela jurisdicional*. São Paulo: Atlas, 1998. p. 160.
(41) É pública e notória a discriminação dos civilistas e estudiosos do processo civil em relação ao Direito e Processo do Trabalho, que costumam pejorativamente o chamar de "direito menor", o que não se coaduna com a sua acentuada importância social.
(42) ALMEIDA, Carlos Ferreira de. *Direito comparado ensino e método*. Lisboa: Cosmos, 2000. p. 19.
(43) ALMEIDA, Carlos Ferreira de. *Op. cit.*, p. 21.
(44) Válido ressaltar que no Brasil, até os dias de hoje, não há qualquer Faculdade de Direito que tenha incluído em seu programa uma disciplina de Direito Comparado.

A importância do estudo comparativo de sistemas jurídicos é enaltecida por *Arruda Alvim* ao afirmar que:

[...] a função teórica do Direito Comparado tem a virtude de propiciar o conhecimento das constantes e das variações das regras de Direito e, pois, dos institutos jurídicos dos diversos sistemas [...] Fornece elementos para o conhecimento do próprio Direito Pátrio, naqueles aspectos em que se revelam insuficientes, ainda, as formulações teóricas nacionais[45].

O objeto do direito comparado é formado pela comparação sincrônica e atual entre diferentes ordens jurídicas, podendo estas serem consideradas quer na sua globalidade quer em relação a algum instituto, conjunto de institutos ou normas[46].

Assim, em qualquer trabalho acadêmico, em especial uma tese de doutorado, é necessário analisar o direito estrangeiro como forma de comparação dos institutos estudados, mesmo que de forma perfunctória como será realizado aqui.

Em nosso caso, interessa-nos, por suas particularidades no que tange ao processo de execução, o direito europeu. Este tem exemplos que vão desde a execução jurisdicionalizada como ocorre de forma similar ao nosso sistema, na Espanha e Itália (cabe ao juiz a direção de todo o processo executivo) até a execução administrativa existente na Suécia (o processo executivo corre perante organismo administrativo e o juiz somente intervém se houver litígio). Além, é claro, de sistemas intermediários como o da França, Bélgica, Luxemburgo, Holanda, Grécia e Portugal (há nomeação de um profissional liberal como agente da execução, que tem o dever perante o Estado de exercer o cargo quando solicitado e pode ser destituído pelo juiz) ou Alemanha e Áustria (o agente da execução é um funcionário público do Poder Judiciário, pago pelo erário público, agindo de acordo com uma fórmula executiva elaborada pelo juiz na hipótese

---

(45) ALVIM, José Manoel Arruda. *Tratado de direito processual civil.* 2. ed. São Paulo: Revista dos Tribunais, 1990. v. 1, p. 37.
(46) ALMEIDA, Carlos Ferreira de. *Direito comparado ensino e método, op. cit.*, p. 68, traz a seguinte interessante distinção entre as funções culturais e práticas do Direito Comparado: "As funções culturais têm sido encaradas sob várias perspectivas que podem ser assim ordenadas: 1) melhor compreensão que do direito nacional quer dos direitos estrangeiros envolvidos na comparação; 2) contributo para a construção da dogmática jurídica e da teoria geral do direito; 3) utilização como ciência auxiliar dos diferentes ramos do direito e de outras disciplinas que têm o direito por objeto, com especial relevância para a história do direito, a filosofia do direito e a sociologia do direito; 4) demonstração das relações entre direito e sociedade, pondo em evidência a dimensão (ou função) social do direito; e, por tudo isso e pelas aplicações práticas que a seguir se descrevem; 5) formação geral dos juristas, incluindo tanto aqueles que se destinam à investigação como os que tencionam dedicar-se às profissões forenses e outras de índole prática. Entre as funções práticas do direito comparado têm sido relacionadas as seguintes: 1) em relação ao direito nacional: a) interpretação de normas jurídicas, *maxime* quando tenham sido inspiradas em estudos comparativos; b) aplicação de regras de direito, com destaque para as de direito internacional privado; c) integração de lacunas; instrumento de política legislativa; 2) em relação aos direitos estrangeiros: a) alegação e prova; b) interpretação e aplicação; c) desenvolvimento de ações de cooperação, em especial as relativas à produção legislativa; 3) em relação ao direito internacional: a) preparação de tratados internacionais, em geral, e de tratados internacionais de direito uniforme, em especial; b) interpretação de tratados internacionais, em geral, e de tratados internacionais de direito uniforme, em especial; c) determinação de princípios gerais de direito para a resolução de litígios internacionais; 4) em relação ao direito comunitário: a) preparação de diretivas e outros atos de direito comunitário; b) interpretação dos tratados e de outros atos de direito comunitário; c) determinação de princípios gerais comuns aos direitos dos Estados membros, em especial (mas não exclusivamente) para efeito do aplicação do art. 215 do Tratado de Roma."

de execução de título extrajudicial ou livremente no caso de execução de título judicial, porém sujeito a controle jurisdicional na hipótese de litígio)[47].

Dentre esses sistemas, merece destaque as recentes alterações impostas ao processo de execução em Portugal pelo Decreto-lei n. 38/03, que resultou na desjurisdicionalização de grande parte do processo executivo, com a criação da figura chamada "solicitador de execução", que liberou o juiz das funções de penhora e venda de bens. Apesar de vermos com ressalvas essa chamada desjurisdicionalização, as reformas foram bem acolhidas pela doutrina portuguesa[48]. E, conforme vimos, já há possibilidade de alienação particular em nosso ordenamento jurídico, trazida pela Lei n. 11.382/06, a qual não deixa de ser uma desjurisdicionalização.

O solicitador português, de forma similar à figura do *huissier* do direito francês, tem natureza privada, mas desempenha função pública: faz penhoras, vende bens, recebe e distribui o preço das vendas, faz pagamentos e adjudicações de bens aos credores, ou seja, exerce poderes que tradicionalmente pertencem aos magistrados. É possível no sistema português que a execução se inicie, desenvolva e termine sem qualquer intervenção judicial, apenas com os registros dos atos na secretaria do cartório.

Aliás, esse impulso oficial, inclusive sem a participação do juiz não é exclusividade do direito português. Na Itália, na Alemanha e na França, a execução se inicia com o ato do oficial de justiça (*ufficiale, giudiziario, Gerichtsvollziher, huisseier*). O juiz pode intervir depois de consumada a agressão ao patrimônio do executado, ou se houver algum incidente. É apenas na execução de obrigações de fazer que ele atua de forma direta[49]. Nos EUA, a execução principia por ordem do juiz, mas os atos executórios são todos praticados por um funcionário com total autonomia, denominado de *sheriff*. Este não apenas efetua a penhora, como aliena os bens penhorados em leilão público[50].

O que mais interessa, entretanto, no ordenamento jurídico português é a simplificação dos procedimentos, como se pode constatar da existência de um modelo único para o processo comum de execução. É o que estabelece o art. 465 do Código de Processo Civil Português: "O processo comum de execução segue forma única".

A Itália talvez seja um exemplo ainda melhor que o português. E isso porque lá não existe uma Justiça do trabalho e uma legislação especial do trabalho. As lides entre empregados e empregadores são solucionadas por meio da legislação processual co-

---

(47) FREITAS, José Lebre de. *A reforma da acção executiva*. Disponível em: <http://www.janusonline.pt> Acesso em: 8 fev. 2008.
(48) FREITAS, José Lebre de. *Op. cit.*, p. 1, aduz que "O grande salto em frente, susceptível de permitir ao processo de execução, liberto de muitas outras peias e amarras, desenvolver-se eficazmente e em tempo útil, foi dado com o Decreto-lei n. 38/03, de 8 de março, fruto da iniciativa voluntariosa do ex-Ministro da Justiça António Costa e do desejo de aperfeiçoamento da actual Ministra da Justiça, Celeste Cardona."
(49) TARZIA, Giuseppe. Problemas atuais da execução forçada. *Revista de Processo*, ano 23, n. 90, abr./jun. 1998. p. 68 e ss.
(50) FRIEDENTHAL, Jack H.; KANE, Mary Kay; MILLER, Arthut R. *Civil procedure*. 2. ed. St. Paul: West Publishing, 1993. p. 709 e ss.

mum. Lá, portanto, não há uma unificação somente no sistema de execução, mas até mesmo no processo de conhecimento.

Tal realidade pode ser constatada por meio da obra de um dos mais respeitados estudiosos do direito processual italiano, *Giuseppe Tarzia*. No livro "Manuale del Processo del Lavoro"[51] o exemplo de execução de antecipação de tutela dado pelo Professor da Universidade de Milão é justamente o de reintegração de um empregado com estabilidade demitido do emprego!

Em outra valiosa obra de *Giuseppe Tarzia*, "L'oggetto del Processo di Espropriazione", no capítulo intitulado *L'unità del processo esecutivo e l'azione: posizione del problema*, o professor italiano demonstra sua preocupação com a unidade do processo de execução:

> "Senonchè una esatta valutazione del ruolo, che l'azione gioca nel fenomeno esecutivo, richiede, da un lato, una contemplazione di questo fenomeno esecutivo, richiede, da un lato, una contemplazione di questo fenomeno nella sua interezza e, d'altro lato, più concrete determinazioni riguardo alla struttura del processo. Non è irrilevante, cioè, stabilire se l'azione sia una figura riscontrabile soltanto nell'esecuzione forzata civile, regolata nel terzo libro del codice di procedura civile e, per materie particolari, in alcune leggi speciali, è interessante accertare se l'azione, dove è presente, sia un potere sempre identico a se stesso, idoneo a reggere il processo in tutto il suo svolgimento; idoneo, dunque, a fondarne l'unità, rappresentando il termine di riferimento di tutti gli atti processuali, la fonte, immetiata o mediata, della loro giustificazione"[52].

Mas não é somente na doutrina de *Giuseppe Tarzia* que é possível constatar a unicidade entre o processo civil e processo do trabalho. *Adolfo di Majo*, na obra "La Tutela Civile dei Diritti", inicialmente distingue as execuções de pagar, por meio da expropriação de bens, e a execução de fazer, como forma de tutela específica para esse tipo de obrigação:

> "Al primo genere di rimedi appartengono quelle misure di esecuzione forzata che si definiscono per espropriazione e che autorizzano, com'è noto, il creditore, per conseguire quanto gli è dovuto, a far espropriare i beni del debitore, secondo le regole stabilite dal codice di procedura civile (art. 2910 c.c.). Tali misure, definite anche di esecuzione forzata diretta, per una diffusa opinione sono a servizio di forme di tutela satisfattiva di crediti in danaro (sia che si tratti di crediti originari di danaro o di crediti risultanti da conversione di crediti insoddisfatti.
>
> Al secondo genere appartengono misure che autorizzano i creditori a ottenere, tramite gli organi giudiziari, l'esecuzione coattiva di obblighi (rimasti) inadempiuti

---

(51) TARZIA, Giuseppe. *Manuale del processo del lavoro*. 4. ed. Milano: Giuffrè, 1999.
(52) TARZIA, Giuseppe. *L'oggetto del processo di espropriazione*. Milano: Giuffrè, 1961. p. 7-8. Tanto esse como o último livro citado de Giuseppe Tarzia, entre outros da doutrina italiana, foram gentilmente emprestados pelo colega de escritório Paulo Lucon, que teve a oportunidade de ser aluno do referido Professor durante sua especialização na Universidade de Milão.

e cioè la consegna o il rilascio forzati, a spese dell'obbligato, di cose determinate (art. 2930 c.c.) o il risultato di comportamenti di facere (art. 2931 c.c.) o gli effetti di un contratto non concluso (art. 2932 c.c.) o la distruzione, a spese dell'obbligato, di ciò che è stato fatto in violazione dell'obbligo (art. 2933 c.c.). L'espressione adoperata dai codici è quella di esecuzione forzata in forma especifica"[53].

E, posteriormente, vejamos o exemplo que o autor italiano apresenta em seu livro para essa última espécie de tutela:

"Sotto l'imperio delle leggi vigenti si possono richiamare disposizioni, come quelle dello Statuto dei lavoratori (art. 18 4º co.), che impongono al datore, che non intende ottemperare all'ordine del giudice di reintegrare nel posto di lavoro il lavoratore illegittimamente licenziato, di risarcire il danno a quest'ultimo sino alla data della reintegrazione o come quella della legge sui brevetti (art. 86 legge sui brevetti) che autorizza il giudice a fissare, sin da ora, una somma dovuta per ogni violazione o inosservanza successivamente constatata e per ogni ritardo nella esecuzione di provvendimenti contenuti nella sentenza stessa"[54].

As normas da execução forçada, outrossim, conforme destaca o Professor da Universidade de *Bolonha Angelo Bonsignori*, na clássica obra "L'esecuzione Forzata", estão dispostas no terceiro livro do Código de Processo Civil e sexto do Código Civil e os principais atos executivos se resumem ao *pignoramento, vendita forzata e assegnazione*:

"Le norme in tema di esecuzione forzata, come del resto quelle relative al processo di cognizione e alla tutela cautelare, sono ripartite fra il terzo libro del códice di procedura civile e il sesto libro del codice civile, secondo il criterio di massima di inserire nel primo testo di legge le disposizione relative al procedimento, e nell'altro quelle disciplinanti gli effetti dei tre piú significativi atti esecutivi (pignoramento, vendita forzata e assegnazione) nel mondo dei rapporti di diritto sostanziale"[55].

Ainda na seara da doutrina italiana, a definição de título executivo é dada independente da origem e natureza do direito, o que também denota a possibilidade de unificação a ser seguido. Basta analisar a definição dada por *Francesco Bucolo*:

"È lo strumento che consente al suo titolare o al suo possessore di esperire l'azione esecutiva (cioè di aggredire esecutivamente i beni dell'obbligato) senza necessità di giustificare l'attualità del proprio diritto o ancor meno la sussistenza originaria de tale diritto"[56].

Quanto à suspensão da execução, interessante algumas peculiaridades do direito italiano, que condiciona esse efeito ao tipo de bem penhorado, ao prazo que é apresentada a oposição à execução e ao arbítrio discricional do juiz:

---

(53) MAJO, Adolfo di. *La tutela civile dei diritti*. Milano: Giuffrè, 1993. p. 50-51.
(54) MAJO, Adolfo di. *La tutela civile dei diritti*. Milano: Giuffrè, 1993. p. 51.
(55) BONSIGNORI, Avv. Angelo. *l'esecuzione forzata*. 3. ed. Torino: G. Giappichelli, 1996. p. 1.
(56) BUCOLO, Francesco. *L'opposizione all'esecuzione*. Padova: Cedam, 1982. p. 206.

"In sintesi, il regime della sospensione veniva cosí delineato dal Mortara: la opposizione al precetto non sospende di diritto l'esecuzione sui beni mobili e neppure quella sugli immobili, salvo che l'opposizione contro il precetto sui beni immobili sia proposta nei trenta giorni dalla sua notificazione; ma la sospensione può sempre essere disposta con arbitrio discrezionale dall'autorità giudiziara competente a decidire intorno alla opposizione"[57].

Por que, então, mantermos em nosso ordenamento jurídico um tratamento diferenciado entre a execução civil e a execução trabalhista? Aplicando-se ainda subsidiariamente a esta última além do processo comum a Lei de Execução Fiscal? Não é mais simples seguirmos o modelo italiano de unificação e simplificação do que o complicado exercício de heterointegração existente em nosso sistema?

Na seara do Direito Comparado, ainda podemos importar alguns produtivos institutos para nossa execução. Somos favoráveis à realização de audiências, como ocorre em alguns países para se debater, por exemplo, as medidas a serem tomadas durante o curso da execução, como penhoras, arrestos e arrematações, ou até mesmo possibilitar uma tentativa de acordo. Na Itália, conforme o art. 485 do Estatuto Processual é possível ouvir as partes em qualquer momento da execução. Na Alemanha, a execução provisória somente é iniciada após debate oral em audiência. E, nos Estados Unidos, a sanção do *contempt of court* também somente é deferida após a audiência oral[58].

De volta ao objetivo de nosso trabalho, outro exemplo existente no Direito Comparado para comprovar a possibilidade de unificação de nossos principais sistemas de execução consiste no Regulamento n. 44/01 da União Européia, que se aplica aos países membros dessa comunidade e entrou em vigor em 1º de julho de 2007.

Tal regulamento impõe que qualquer decisão proferida num Estado-Membro deverá ser reconhecida nos outros Estados-Membros sem a necessidade de nenhum procedimento especial. As decisões podem ser executadas depois de serem consideradas executórias a requerimento de qualquer parte interessada. Tal requerimento deve ser apresentado ao Tribunal ou às autoridades competentes indicadas no anexo II do referido regulamento.

Essa situação demonstra claramente que não há qualquer motivo que justifique a existência de diferentes formas de execução, uma vez que o objetivo de tal espécie de tutela é idêntico, indiferente do direito material a ser tutelado: realizar o cumprimento forçado da obrigação de forma que satisfaça o credor.

Pois bem. Se for possível que uma obrigação, que tenha o seu objeto reconhecido num país da União Européia possa ser executada em qualquer outro país-membro da comunidade, que, como vimos, têm diferentes formas de processá-la, mais fácil ainda

---

(57) FURNO, Carlo. *La sospensione del processo esecutivo*. Milano: Giuffrè, 1956. p. 22.
(58) GRECO, Leonardo. *O processo de execução*. Rio de Janeiro: Renovar, 1999. p. 146.

será criar uma forma única para execução de um direito reconhecido dentro do próprio ordenamento jurídico.

Concluímos, assim, que, diante da natureza instrumental do processo, a forma é o que menos importa, mas sim o alcance do objetivo final de tutela efetiva do direito material que, pregamos, seja realizado de uma forma única e simplificada.

7. Ampliação da competência da Justiça do Trabalho

Outro argumento que vislumbramos como pertinente a justificar nossa proposta de unificação dos sistemas da execução civil, fiscal e trabalhista, consiste na ampliação da competência da Justiça do Trabalho.

Competência é uma demarcação da jurisdição, delimitando sua atuação a determinadas searas do direito, no que exprime a relação da parte com o todo[59]. Nesse sentido é a definição de *Chiovenda*: "significa, numa primeira acepção, por "competência" de um tribunal, o conjunto das causas nas quais pode ele exercer, segunda a lei, sua jurisdição; e, num segundo sentido, entende-se por competência essa faculdade do tribunal considerada nos limites em que lhe é atribuída[60]".

Pois bem. Optamos por incluir a ampliação da competência da Justiça do trabalho como um dos motivos a justificar nossa proposta de unificação, tendo em vista que, por certo, muitos alegariam a especialidade dessa Justiça, como fator impeditivo aos nossos propósitos.

Pretendemos demonstrar aqui que, a partir da reforma do Poder Judiciário, perpetrada pela Emenda Constitucional n. 45, a Justiça do Trabalho não é mais uma justiça de empregados e empregadores ou, como falam alguns, uma justiça da CLT.

Com o advento da Reforma do Judiciário, a competência dessa justiça especializada sofreu grande ampliação, pois passou a abranger os dissídios decorrentes da relação de trabalho[61], o que enseja uma esfera de atuação bem maior que a anterior, que era limitada às relações de emprego.

Grijalbo Fernandes Coutinho, ex-Presidente da Associação Nacional dos Magistrados Trabalhistas, sintetizou a nova competência da Justiça do Trabalho:

> Como conseqüência, a Justiça do Trabalho passa a ser o segmento do Poder Judiciário, responsável pela análise de todos os conflitos decorrentes da relação de trabalho, à exceção dos servidores públicos estatutários e dos ocupantes de cargo em comissão. Os trabalhadores autônomos de um modo geral, bem como os

---

(59) COUTURE, Eduardo J. *Fundamentos del derecho procesal civil*. Buenos Aires: Depalma, 1958. p. 27.
(60) CHIOVENDA, Giuseppe. *Instituições de direito processual civil*. Tradução de Paolo Capitanio. São Paulo: Bookseller, 1998. v. 2, p. 183.
(61) A nova redação do art. 114 da Constituição Federal é o seguinte: "Compete à Justiça do Trabalho processar e julgar: I — as ações oriundas da relação de trabalho, abrangidos os entes de direito público externo e da administração pública direta e indireta da União, dos Estados, do Distrito Federal e dos Municípios."

respectivos tomadores de serviço, terão as suas controvérsias conciliadas e julgadas pela Justiça do Trabalho. Empreiteiros, corretores, representantes comerciais, vendedores-viajantes, representantes de laboratório, médicos conveniados, estagiários, free-lance, contratados do poder público por tempo certo ou por tarefa, consultores, contadores, economistas, arquitetos, engenheiros, dentre tantos outros profissionais, ainda que não empregados, assim como também as pessoas que locaram a respectiva mão-de-obra, havendo descumprimento do contrato civil firmado para a prestação de serviços, podem procurar a Justiça do Trabalho para solucionar os conflitos que tenha origem em tal ajuste, escrito ou verbal[62].

A base legal que deverá ser utilizada para dirimir os conflitos pelos serviços prestados por profissionais liberais, como advogados, dentistas, médicos e engenheiros, deve ser a legislação civil comum, não obstante serem tais demandas julgadas pela Justiça do Trabalho. O mesmo se diga em relação às ações de indenização por dano moral ou patrimonial, decorrentes da relação de trabalho.

Tal quadro demonstra que a Justiça do Trabalho, conforme já dito alhures, não é mais uma Justiça exclusiva de empregados e empregadores, cuja relação é caracterizada pelo requisito da subordinação. Tal realidade é mais um fato a demonstrar que a especialidade da Justiça do Trabalho não é empecilho à unificação dos sistemas de execução.

Os diferentes e novos procedimentos que passaram a ser vistos pelos magistrados trabalhistas, certamente são motivos para maiores dificuldades e retardamento na prestação jurisdicional. Nesse contexto, a simplificação de procedimentos, por meio de uniformização, sempre será motivo para se alcançar racionalidade, celeridade e efetividade na prestação jurisdicional.

O Ministro do Trabalho aposentado e ex-Presidente do Tribunal Superior do Trabalho, *Almir Pazzianotto Pinto,* ao comentar a ampliação da competência da Justiça do Trabalho, ratifica nossa posição:

> Encerro, com sugestão dirigida aos legisladores e processualistas. Proponho que se adote uma única codificação processual. Ao invés da dicotomia Código de Processo Civil e Processo Judiciário do Trabalho, a unidade da legislação, com a simplificação das tarefas dos juízes, advogados e procuradores. Ao perder a representação classista, por força da Emenda Constitucional n. 24, e com a eliminação do poder normativo, graças à Emenda Constitucional n. 45, a justiça do Trabalho tornou-se idêntica à Justiça Comum e, hoje, ambas encontram-se empenhadas na busca da racionalização, da informatização e da celeridade do processo. Distribuição imediata e total dos feitos, interiorização dos tribunais de justiça

---

(62) COUTINHO, Grijalbo Fernandes. Reforma do judiciário: análise. In: AGRA, Walber de Moura (coord.). *Comentários à reforma do poder judiciário.* Rio de Janeiro: Forense, 2005. p. 266.

estaduais e unificação dos códigos de processo são providências que contribuirão para a modernização do Poder Judiciário[63].

Essa realidade e a tendência de simplificação de procedimentos nas situações de "emaranhado" de normas ensejam, inclusive, propostas de unificação em outros ramos do direito processual, que servem como parâmetro para nossas pretensões. Vejamos.

8. Exemplos de propostas de unificação

8.1. Código brasileiro de processos coletivos

Na análise dos argumentos necessários para justificar a criação de um sistema único de execução para obrigação de pagar, de fazer, não fazer ou entregar, independente do direito material a ser tutelado na via executiva, se trabalhista, fiscal ou civil, é importante ressaltar como parâmetro o exemplo do Anteprojeto de Código Brasileiro de Processos Coletivos.

O Instituto Brasileiro de Direito Processual, na verdade a sua Presidente *Ada Pellegrini Grinover*, elaborou anteprojeto para unificação do tratamento legislativo aos processos coletivos, por meio de um único Código.

Não há dúvida de que a Lei n. 7.347/85 revolucionou o direito processual brasileiro, no que tange à evolução de um processo individualista, como edificado no Código de Processo Civil, para um processo social, voltado à tutela dos direitos difusos, coletivos e individuais homogêneos.

Ocorre que, após mais de vinte anos de vigência, a quantidade de leis a tratar a ação civil pública, em dispositivos esparsos e muitas vezes colidentes, ensejou um problema de insegurança jurídica semelhante ao ocorrido na execução trabalhista e fiscal, com a aplicação subsidiária dos inúmeros dispositivos trazidos pelas reformas do Código de Processo Civil.

Entre tantas leis a tratar o tema da ação civil pública podemos citar as Leis ns. 7.853/89 (arts. 3º, 4º, 5º, 6º e 7º), 7.913/89 (art. 3º), 8.069/90 (arts. 210, 211, 212, 213, 215, 217, 218, 219, 222, 223 e 224), 8.429/92 (art. 17), 9.494/97 (art. 2º), 10.741/03 (arts. 80, 81, 82, 83, 85, 91, 92 e 93), além, é claro, do Código de Defesa do Consumidor.

Diante desse complexo emaranhado de leis, o capixaba *Rodrigo Mazzei* chega a criar interessante conceito de aplicação residual do Código de Processo Civil, para o complicado exercício de interpretação e integração das normas na seara coletiva:

> Interpretação cuidadosa demonstra, no entanto, que o Código de Processo Civil — como norma de índole individual — somente será aplicado nos diplomas de

---

(63) PINTO, Almir Pazzianotto. A Emenda n. 45 e a Reforma do Judiciário. *Revista Jurídica Consulex*, São Paulo, n. 214, ano IX, dez. 2005.

caráter coletivo de forma residual, ou seja, se houver omissão específica a determinada norma, não se adentrará — de imediato — nas soluções legais previstas no Código de Processo Civil, uma vez que o intérprete deverá, antecedentemente, aferir se há paradigma legal dentro do conjunto de normas processuais do microssistema coletivo. Com outras palavras, somente se aplicará o Código de Processo Civil em ações coletivas quando a norma específica para o caso concreto for omissa e, em seguida, verificar-se que não há dispositivo nos demais diplomas que compõem o microssistema coletivo capaz de preencher o vácuo[64].

Outro problema a ensejar a necessidade de codificação da matéria, diagnosticada por *Ada Pellegrini Grinover* na exposição de motivos do anteprojeto, é a tutela de direitos ou interesses difusos e coletivos pela Ação Civil Pública e pela Ação Popular Constitucional, que tem o condão de acarretar problemas práticos em relação à conexão, continência e prevenção. Mesmo entre diversas ações públicas são constantes os problemas de multiplicidade de liminares, inclusive em sentido oposto, provocando, conforme os termos utilizados por *Ada*, um verdadeiro "caos processual".

Esse "caos processual", oriundo da aplicação do complicado sistema de normas brasileiras sobre processo coletivo, ainda enseja outros problemas, conforme ressalta *Ada Pellegrini Grinover:*

> E ainda: a aplicação prática das normas brasileiras sobre processos coletivos (ação civil pública, ação popular, mandado de segurança coletivo) tem apontado para dificuldades práticas decorrentes da atual legislação: assim, por exemplo, dúvidas surgem quanto à natureza da competência territorial (absoluta ou relativa), a litispendência (quando é diverso o legitimado ativo), a conexão (que rigidamente interpretada, leva à proliferação de ações coletivas e à multiplicação de decisões contraditórias), o controle difuso da constitucionalidade, a possibilidade de se repetir a demanda em face de prova superveniente e a de se intentar ação em que o grupo, categoria ou classe figure no pólo passivo da demanda[65].

Ada Pellegrini Grinover invoca ainda, como argumento a justificar a unificação processual das ações coletivas a evolução doutrinária sobre a matéria e, da mesma forma que fizemos em relação à nossa proposta de unificação da execução, identidade de princípios e regras:

> Por outro lado, a evolução doutrinária a respeito dos processos coletivos autoriza a elaboração de um verdadeiro Direito Processual Coletivo, como ramo do direito processual, que tem seus próprios princípios e regras, diversos dos do Direito Processual Individual[66].

---

(64) MAZZEI, Rodrigo. *A ação popular e o microssistema da tutela coletiva.* Texto gentilmente cedido pelo autor e amigo.
(65) GRINOVER, Ada Pellegrini. Rumo a um código brasileiro de processos coletivos. In: MAZZEI, Rodrigo; NOLASCO, Rita Dias (coord.). *Processo civil coletivo.* São Paulo: Quartier Latin, 2005. p. 722-723.
(66) *Op. cit.*, p. 723.

Ousamos invocar, portanto, essa tentativa de unificação processual do direito coletivo brasileiro como um paradigma ou parâmetro para a nossa proposta aqui elaborada, tendo em vista as semelhanças de objetivos e *animus* a caminhar nessa trilha da simplificação. Aliás, ainda podemos ir um pouco mais longe. Vejamos.

8.2. Código modelo de processos coletivos para a ibero-américa

Além do projeto do Código Brasileiro de Processos Coletivos, também podemos buscar inspiração para unificação processual de sistemas no Anteprojeto de Código Modelo de Processos Coletivos para Ibero-América.

O Instituto Ibero-americano de Direito Processual, fundado em Montevidéu no ano de 1957, dentro de sua função institucional de criar Códigos Modelos e do cenário internacional de preocupação com a tutela metaindividual, elaborou em maio de 2002 um Código modelo de Processos Coletivos para a Ibero-América, o qual foi aprovado nas jornadas realizadas em Caracas, na Venezuela, em outubro de 2004.

Tal Código demonstra a preocupação mundial com a unificação e harmonização de normas, mesmo objetivo de nosso trabalho. Vejam-se, por exemplo, os escopos da Unificação do Processo Coletivo na referida legislação comentada por *Aluisio Gonçalves de Castro Mendes* em comparação com as nossas justificativas de unificação processual da execução civil, fiscal e trabalhista:

> a) a *amplicação do acesso à Justiça*, de modo que os interesses da coletividade, como o meio ambiente, não fiquem relegados ao esquecimento; ou que causas de valor individual menos significantes, mas que reunidas representam vultosas quantias, como os direitos dos consumidores, possam ser apreciadas pelo Judiciário; b) que as ações coletivas representem, de fato, **economia judicial e processual**, diminuindo, assim, o número de demandas ajuizadas, originárias de fatos comuns e que acabam provocando acúmulo de processos, demora na tramitação e perda na qualidade da prestação jurisdicional: ao invés de milhões ou milhares de ações, sonhamos com o tempo em que conflitos multitudinários, como o ocorrido em torno dos expurgos do Fundo de Garantia por Tempo de Serviço (FGTS), **possam ser resolvidos mediante uma única demanda e um único processo**; c) com isso, as ações coletivas poderão oferecer, também, **maior segurança para a sociedade**, na medida em que estaremos **evitando a prolação de decisões contraditórias em processos individuais, em benefício da preservação do próprio princípio da igualdade**: o processo, sendo coletivo, servirá como instrumento de garantia da isonomia e não como fonte de desigualdades; e (d) que as ações coletivas possam ser **instrumento efetivo para o equilíbrio das partes no processo, atenuando as desigualdades e combatendo as injustiças praticadas** em todos os nossos países ibero-americanos[67].

---

(67) MENDES, Aluisio Gonçalves de Castro. O código modelo de processos coletivos. In: LUCON, Paulo Henrique dos Santos (coord.). *Tutela coletiva — 20 anos da lei da ação civil pública e do fundo de defesa de direitos difusos — 15 anos do Código de Defesa do Consumidor.* São Paulo: Atlas, 2006. p. 46-47.

É patente, pois, a similitude de argumentos das propostas. Em suma, os precedentes, paradigmas e parâmetros de unificação do processo coletivo, tanto o brasileiro como o ibero-americano, deixam-nos à vontade para propor a unificação da execução, pelos mesmos motivos, ou seja: o acesso à justiça, economia judicial e processual, segurança para a sociedade evitando decisões contraditórias e preservando o princípio da igualdade, além de instrumento efetivo de equilíbrio entre as partes no processo.

Além dessas propostas de unificação de normas para o processo coletivo, não podemos olvidar que na seara da execução já houve época em que os sistemas eram unificados em nosso ordenamento jurídico. Vejamos o exemplo histórico, partindo, entretanto, do direito romano.

9. Exemplos históricos de unificação das execuções

O direito romano primou por um sistema simplificado de execução. Independentemente da natureza da dívida, proferida sentença condenatória e decorrido o *tempus iudicati* de trinta dias, concedido ao devedor para pagar a sua dívida, o credor promovia a chamada *actio iudicati*, que não diferia substancialmente das outras ações do processo formulário.

As partes litigantes compareciam perante o pretor e o autor, com fundamento na condenação e na falta de pagamento, pedia que lhe fosse entregue a pessoa do devedor ou o seu patrimônio. Na hipótese de o devedor reconhecer a falta de pagamento e a validade da condenação, o pretor autorizava a execução e o processo terminava. Se este resistia e contestava, ensejando a *litiscontestatio* e o *iudicium*, poderia ser executado posteriormente pelo dobro da quantia originalmente devida, por meio de nova *actio iudicati*[68].

Tal contexto foi alterado com a invasão da Europa ocidental no começo da Idade Média pelos povos germânicos. A falta de cumprimento da obrigação era considerada ofensa à pessoa do credor, o qual era autorizado a reagir e reparar o seu direito com o emprego da força, sem a intervenção de qualquer autoridade.

Após o ano 1000, com o ressurgimento do estudo do direito romano, entrou em choque essa mentalidade de respeito ao direito e o pensamento germânico, mais violento, que permitia a realização de atos executivos com apenas exame parcial das razões dos litigantes.

Os juristas da Idade Média realizaram então uma conciliação entre essas duas correntes e criaram o instituto da *executio parata* (execução aparelhada) de comprovada eficiência. Proferida a condenação com o respeito a prévia cognição, a propositura de um novo processo, a *actio iudicati*, foi relegada para casos excepcionais. Bastava simples requerimento ao juiz para, sem a audiência do devedor, serem praticados os atos necessários ao cumprimento da decisão proferida. Denominou-se esse procedimento

---

(68) LIEBMAN, Enrico Tullio. *Processo de execução*. São Paulo: Saraiva, 1963. p. 8.

execução *per officium judicis*, considerando-a simples prosseguimento e complemento do ato de prolação da sentença[69]. A Lei n. 11.232/05, portanto, ao instituir o denominado cumprimento de sentença, não trouxe uma grande novidade...

O modelo de execução *per officium iudicis* também pode ser encontrado no Direito Português, no livro III, títulos 86 e seguintes das Ordenações Filipinas, que também relegou a *actio iudicati* a situações excepcionais, ao qual somente deveria se recorrer "se quer pedir coisa em que ainda não há condenação".

É mister ressaltar que grande parte das normas processuais das Ordenações Filipinas vigorou no Brasil mesmo durante o século XX, e o processo de execução acabou por ser uma reprodução de tais normas, até que surgissem os Códigos Estaduais.

Os códigos estaduais disciplinaram a sistemática da ação executiva de modo uniforme, independentemente da natureza do direito material, e cada um indicou a seu modo os títulos que poderiam fundamentá-la. O Código do Distrito Federal, editado em 1924, por exemplo, dispunha em seu art. 337 que a ação executiva poderia abranger créditos da Fazenda Municipal, honorários de advogados, médicos, engenheiros, custas e diversas outras despesas; créditos garantidos por hipoteca, penhor, caução ou fiança judicial, letras hipotecárias, aluguéis, pensão alimentícia, entre outros[70].

Interessante também o art. 926 do Código do Distrito Federal que, inspirado no Código Mineiro, estabelecia que transitada em julgado a condenação em quantia certa, não sendo promovida a execução em dois meses, o devedor poderia citar o credor para instaurá-la em dez dias, sob pena de não correrem juros. Muito parecida com tal dispositivo, a norma do art. 947 do Código Paulista, o qual previa que caso o vencedor não desse início à execução em dois meses, o devedor poderia consignar em juízo a importância ou coisa devida, oferecendo embargos[71].

Somente o Código de 1939 institui a especialidade das execuções, inclusive a regra do art. 1.006 relativa à execução de sentença condenatória da emissão de declaração de vontade, utilizando como modelo o Código Alemão. Para a execução fiscal, ao lado do procedimento para execução de títulos extrajudiciais tratada entre os arts. 298 e 300 desse diploma legal, vigiam as disposições do Decreto-Lei n. 960, de 17 de dezembro de 1938, que disciplinavam distintamente o então chamado "executivo fiscal".

O Código de Processo Civil de 1973, então, que entrou em vigor no dia 1º de janeiro de 1974, unificou o procedimento da tutela executiva, independentemente da natureza extrajudicial ou judicial do título executivo, e tal unificação teve o condão de revogar o Decreto-Lei n. 960/38 com o fim do "processo executivo fiscal".

Diante da predisposição política e jurídica para a especialização do procedimento da tutela executiva, já em 1976 os Ministros da Fazenda e da Justiça instituíram

---

(69) LIEBMAN, Enrico Tullio. *Processo de execução*. São Paulo: Saraiva, 1963. p. 10-11.
(70) GUSMÃO, Helvécio. *Código de processo civil e comercial para o Distrito Federal*. Rio de Janeiro: Jacyntho Ribeiro dos Santos, 1931. p. 227-233.
(71) MARQUES, José Frederico. *Instituições de direito processual civil*. 2. ed. Rio de Janeiro: Forense, 1963. v. 2, p. 177.

conjuntamente grupo de trabalho para a elaboração de nova lei especial, que veio a resultar na Lei n. 6.830/80, que rege atualmente as execuções fiscais.

Há exemplos históricos, portanto, de vigência de unidade procedimental entre a execução civil comum e a execução fiscal, seja no período dos Códigos Estaduais, seja da promulgação do Código de Processo Civil de 1973 até a entrada em vigor da Lei n. 6.830/80, nesse caso mesmo que por apenas sete anos.

Os trabalhos da comissão interministerial optaram pela elaboração de uma lei especial no lugar do Código de Processo Civil, pois, "a par de não revogar as linhas gerais e a filosofia do Código, disciplinaria a matéria no essencial, para assegurar não só os privilégios e garantias da Fazenda Pública, como também a agilização e racionalização da cobrança da dívida ativa"[72].

Ocorre que conforme visto no decorrer de todo o trabalho, diante das reformas por que passou o Código de Processo Civil, o processo comum mostra-se atualmente mais vanguardista, atual, efetivo e racional do que a Lei n. 6.830/80 e a Consolidação das Leis do Trabalho. Assim, a especialidade desses dois diplomas legais não pode ser empecilho para a concretização de nossa proposta de unificação dos sistemas.

Quanto à execução trabalhista, em nosso ordenamento jurídico já houve períodos em que vigeu não somente sistema simplificado, mas unificado de tutela executiva. Não se pode olvidar que a Justiça do Trabalho somente foi instalada por Getúlio Vargas em 1º de maio de 1941 e a Consolidação das Leis do Trabalho, aprovada pelo Decreto-Lei n. 5.452, de 1º de maio de 1943, somente entrou em vigor no dia 10 de novembro de 1943. Portanto, antes desse período se aplicava às lides trabalhistas o processo comum.

Além dos exemplos históricos de unificação, é mister ressaltar que existe em nosso ordenamento jurídico um exemplo atual de unificação na seara da execução. Vejamos.

10. Exemplo atual de unificação: execução da contribuição previdenciária na Justiça do Trabalho

Entre os principais argumentos que podemos invocar para justificar nossa tese, destaca-se o exemplo atual de unificação que temos em nosso ordenamento jurídico, consistente na execução da contribuição previdenciária na Justiça do Trabalho.

Inicialmente, cumpre destacar a natureza tributária de tal contribuição para, posteriormente, analisarmos essa forma de unificação que poderá ser utilizada como parâmetro ao objetivo que visamos alcançar.

Entre as tantas teorias que buscam identificar a natureza jurídica dessa contribuição[73], sobressai a que concebe a contribuição social como tributo, por se tratar de uma

---

(72) SILVA, Antonio Carlos Costa e. *Teoria e prática do processo executivo fiscal*. Rio de Janeiro: Aide, 1985. p. 17.
(73) Entre as existentes na doutrina nacional podemos destacar a teoria do prêmio de seguro, da natureza retributiva da prestação, da exação *sui generis* e a tributária, à qual nos filiamos.

prestação pecuniária, que não constitui sanção de ato ilícito, imposta por lei para o custeio de um serviço público[74].

Os tributos podem ser divididos em impostos, taxas, contribuição de melhoria, empréstimo compulsório e contribuições especiais, entre estas as sociais, em que se enquadra a de seguridade social.

Com o advento da Constituição de 1988 não resta dúvida sobre a inclusão das contribuições sociais dentro do Sistema Tributário Nacional e, conseqüentemente, a patente natureza tributária da contribuição previdenciária. O art. 149 da Carta Magna eliminou a polêmica ao submeter as exações ali previstas ao regime jurídico tributário.

Assim, conforme doutrina especializada na matéria, justifica-se a natureza tributária das contribuições de seguridade social pois: "(a) correspondem ao conceito constitucionalmente implícito de tributo; (b) estão inseridas no Sistema Tributário Nacional, em razão da combinação dos arts. 149 e 195 da CF/98; (c) observam o regime constitucional tributário, no que tem de essencial"[75].

Pois bem. Em 30 de março de 1989, foi editada a Lei n. 7.787 que introduziu o recolhimento da contribuição previdenciária na Justiça do Trabalho. Tal recolhimento seria feito de imediato quando da extinção do processo trabalhista, mesmo que decorrente de acordo entre as partes. A idéia era ter fiscais do trabalho nas extintas juntas de conciliação e julgamento, o que não ocorreu de forma satisfatória.

Após quatro anos, aproximadamente, foi promulgada a Lei n. 8.212/91, que impôs aos juízes trabalhistas a determinação dos recolhimentos previdenciários nas ações que resultassem em pagamento de direitos sujeitos à referida contribuição, sob pena de responsabilidade funcional.

Nesse contexto de aliança entre o Poder Judiciário Trabalhista e o Instituto Nacional de Seguridade Social para combater a sonegação fiscal, a reforma de mais repercussão ocorreu com a Emenda Constitucional n. 20/98 que, por meio do art. 114 da Carta Magna, conferiu competência à Justiça do Trabalho para executar, de ofício, as contribuições sociais decorrentes das sentenças que proferisse. Competência esta que foi mantida na Reforma do Judiciário (Emenda Constitucional n. 45).

Questão interessante que surgiu com a nova competência da Justiça do Trabalho[76] e que interessa aos nossos propósitos se refere ao procedimento a ser adotado na referida execução. A discussão doutrinária se ateve à forma de efetivação do novo dispositivo. Seriam aplicados na execução das contribuições previdenciárias as normas

---

(74) Geraldo Ataliba (*Hipótese de incidência tributária*. 5. ed. São Paulo: Malheiros, 1996. p. 32) traz a seguinte definição de tributo: "Juridicamente, define-se tributo como obrigação jurídica pecuniária, *ex lege*, que não se constitui em sanção de ato ilícito, cujo sujeito ativo é uma pessoa pública (ou delegado por lei desta), e cujo sujeito passivo é alguém nessa situação posto por vontade da lei, obedecidos os desígnios constitucionais (explícitos ou implícitos)."
(75) GONÇALVES, Ionas Deda. A natureza jurídica das contribuições de seguridade social. *Revista da Escola Paulista de Direito*, Direito Previdenciário, São Paulo, n. 2, ano II, mar./abr. 2006. p. 384.
(76) A hipótese de incidência fiscal que será objeto de execução na Justiça do Trabalho está positivada no art. 195 da Constituição Federal: "A Seguridade Social será financiada por toda a sociedade, de forma direta e indireta, nos termos da lei, mediante recursos provenientes dos orçamentos da União, dos Estados, do Distrito Federal e dos

da Consolidação das Leis do Trabalho, a Lei de Execução Fiscal n. 6.830/80 ou o Código de Processo Civil?

Os defensores da aplicação da Lei n. 6.830/80 às cobranças das contribuições sociais no âmbito da Justiça do Trabalho afirmavam que a competência e a lei aplicável eram determinadas pela matéria e pelo objeto da execução e, no caso de as contribuições previdenciárias serem tributos, seriam regidos pela legislação fiscal própria.

Já aqueles que defendiam a aplicação da Consolidação das Leis do Trabalho, argumentavam que a execução nesse caso especial não era promovida com apoio em Certidões da Dívida Ativa, mas em sentenças (títulos judiciais), não havendo que se falar em execução de dívida ativa de autarquia federal e, conseqüentemente, em Lei de Execução Fiscal.

Essa instigante dúvida que poderia ensejar insegurança jurídica foi superada com a edição da Lei n. 10.035/2000, a qual trouxe alterações à CLT com o objetivo de adaptá-la à execução das contribuições previdenciárias. Optou-se, pois, pela aplicação da Lei trabalhista, porém adaptada, e a processual civil de forma subsidiária[77].

Tal realidade, ou seja, a execução de um débito tributário por meio de normas processuais trabalhistas adaptadas denota a possibilidade de unificação aqui proposta. Trata-se, apenas, como ocorrido no contexto da referida uniformização de procedimentos, de se realizar uma adaptação das normas.

E que tal adaptação seja plena a englobar todos os atos processuais necessários ao sucesso da unificação. Conforme muito bem ressaltou *Geraldo Magela* e *Silva Menezes* a execução:

> [...] engloba os atos de quantificação da dívida, citação, para pagar no prazo, constrição (arresto, penhora), expropriação (hasta pública) e satisfação do exeqüente. Verifica-se que as atribuições da Justiça do Trabalho — que antes se adstringia tão-somente ao mero procedimento de cientificar o INSS — foram grandemente ampliadas. Agora, compete aos juízos trabalhistas a prática de todos os atos tendentes a satisfazer os créditos daquela entidade autárquica federal[78].

O sucesso da unificação aqui analisada, resultante da pública e notória majoração de recolhimento de tributos a beneficiar a autarquia previdenciária, serve de exemplo aos estudiosos do direito.

Diante do sucesso desse precedente atual, em que se uniformizaram normas processuais para satisfação de diferentes créditos, fiscais e trabalhistas, por meio de um único procedimento, leva-nos a ter a certeza de que a unificação é o melhor caminho para a solução dos problemas aqui abordados. Assim, vejamos os termos de nossa proposta de unificação dos principais sistemas de execução.

Municípios, e das seguintes contribuições sociais: I — do empregador, da empresa e da entidade a ela equiparada na forma da lei, incidente sobre: a) a folha de salários e demais rendimentos do trabalho pagos ou creditados, a qualquer título, à pessoa física que lhe preste serviço, mesmo sem vínculo empregatício."
(77) Marcos André Couto Santos trata a questão em excelente monografia intitulada *Execução de contribuições previdenciárias na Justiça do Trabalho:* aspectos polêmicos do art. 114, § 3º, da CF/88 e da Lei n. 10.035/00. Disponível em: <http://www.jusnavigandi.com.br> Acesso em: 23 jan. 2006.
(78) MENESES, Geraldo Magela e Silva. Competência da Justiça do Trabalho ampliada em face da EC n. 20/98. *Revista LTr*, São Paulo, n. 63-02/170, fev. 1999. p. 173.

V

PROPOSTA DE UNIFICAÇÃO DOS PRINCIPAIS SISTEMAS DE EXECUÇÃO

Conforme nosso objetivo, formularemos neste capítulo a proposta de unificação dos principais sistemas de execução, a fim de simplificar o procedimento executivo. A proposta será elaborada levando em consideração as melhores normas de cada sistema, como forma de prestigiar o consumidor dos serviços judiciários, além de alguns procedimentos importados do direito comparado.

A execução de sentença condenatória deverá ser sempre realizada no âmbito do mesmo processo de conhecimento e deverá ser instaurada de ofício pelo juiz, como ocorre na execução trabalhista. O feito continuará nos mesmos autos, sem necessidade de requerimento da parte ou instauração de nova relação processual, como passou a ser a regra na execução civil após a Lei n. 11.232/05.

Quando a condenação for por ato ilícito e incluir prestação de alimentos, o juiz poderá ordenar ao devedor a constituição de capital para assegurar o pagamento do valor mensal da pensão, a inclusão do beneficiário em folha de pagamento em empresa privada ou entidade de direito público, ou ainda fiança bancária ou garantia real, de forma que assegure por uma dessas modalidades a efetividade da execução.

A competência para a execução será a do juízo que processou a causa no primeiro grau de jurisdição. A parte exeqüente, entretanto, poderá requerer a remessa dos autos para o juízo onde se encontram bens do executado sujeitos à expropriação ou novo domicílio deste ou, no caso da execução extrajudicial, já propor a ação nesse foro.

A parte executada será intimada para cumprimento da obrigação, que poderá ter dois caminhos, conforme seja (I) obrigação de pagar ou (II) obrigação de fazer, não fazer ou entregar coisa.

Na obrigação de pagar pode ser necessária a anterior liquidação da sentença para apuração do *quantum debeatur*. E tal procedimento também deverá ser iniciado pelo magistrado de ofício. A liquidação poderá ser por simples cálculo (consistente na realização de contas aritméticas pelas partes e pelo juiz), por arbitramento (quando o juiz não tenha subsídios e aptidão técnica para tanto e o exigir o objeto da liquidação) e por artigos (quando houver necessidade de se provar fato novo). Nesta última hipótese, incidirão as regras do processo do conhecimento quanto ao contraditório, ônus da prova e desenvolvimento dos demais atos processuais.

O magistrado poderá se valer de seu poder de polícia e determinar a exibição de qualquer documento que seja necessário à realização da liquidação, sob pena de apreensão judicial, inclusive, com utilização de força policial se necessário.

Na hipótese de ser possível a eliminação da fase de quantificação, deverá o juiz proferir sentença líquida. No caso de sentença ilíquida, contudo, sendo interposto recurso, poderá a parte requerer o início da liquidação ainda na pendência de julgamento daquele. E, quando houver uma parte líquida e outra ilíquida, também poderá a parte exeqüente promover simultaneamente a execução daquela e a liquidação desta.

Todas as regras sobre liquidação são importadas do Código de Processo Civil, uma vez que tanto a Consolidação das Leis do Trabalho como a Lei de Execução Fiscal são omissas sobre a matéria.

Se a execução for de título extrajudicial, jamais haverá necessidade de liquidação de sentença, muito menos de intimação, tendo em vista que, por ser uma relação processual nova, o ato processual para o seu início será a citação do devedor e o título deverá já ser obrigatoriamente líquido.

Pois bem. Na execução judicial de pagar, o executado será intimado a quitar a obrigação, no prazo de 5 (cinco) dias, sob pena de multa de 5% do débito exeqüendo ou a comparecer perante uma audiência prévia perante o Juízo. Na extrajudicial, com exceção da fiscal, poderá o magistrado fixar tal multa de acordo com a situação fático-probatória dos autos e após a análise dos embargos, mas no limite daquela.

O mesmo procedimento deve ser estendido às execuções de fazer, não fazer e entregar coisa, porém, ao invés da multa, a penalidade será a imposição de *astreintes*, multas diárias para coagir o devedor a cumprir sua obrigação. O valor desta, outrossim, não se confunde com eventual condenação a perdas e danos e, assim, poderão ser cumuladas.

Em todos os casos, pois, será designada uma audiência prévia com as partes, a fim de se tentar uma composição, demonstrando-se os riscos e desvantagens econômicas do prosseguimento da demanda, bem como para previamente se definir questões relativas à penhora, arresto e a delimitação da matéria de embargos.

Nessa audiência também se alertará o executado de que o não cumprimento da obrigação no prazo de 24 horas após a audiência ensejará nova multa de 5%, além da constrição de bens. E que com a quitação da dívida se poderá auferir uma redução da verba honorária pela metade, valendo-se nossa proposta de unificação da forma da execução indireta inserida no sistema processual civil pelas reformas do CPC.

Não sendo cumprida a obrigação nesse prazo, o exeqüente poderá requerer que a obrigação de fazer seja realizada por ele ou por terceiros, porém à custa do executado, lógico que na hipótese de a execução ser fungível. E, sendo a obrigação de entregar, requerer a expedição de mandado de busca e apreensão ou imissão na posse, caso se trate respectivamente de bem móvel ou imóvel. Na execução de pagar, as multas de 5% serão aplicadas respectivamente após intimação e audiência, independente da interposição de recurso da decisão executada.

Em qualquer espécie de execução, o exeqüente poderá obter certidão do ajuizamento da ação para averbação nos cartórios de registros de imóveis e outros bens e, assim, dar publicidade aos terceiros e evitar eventual fraude à execução. No que tange à execução de crédito tributário, a certidão da inscrição do débito na dívida ativa já é suficiente para a averbação da dívida e proteção contra fraude. Trata-se, assim, da utilização e adaptação das novidades do processo civil à realidade da execução fiscal.

As regras de inscrição do débito tributário na dívida ativa, aliás, são importadas da Lei n. 6.830/80 e incorporadas *ipsi literis* ao texto unificado, sem que se apliquem, logicamente, à execução cível e de crédito trabalhista. Regulamentar-se-ão apenas os pedidos administrativos de compensação de tributos, expedição de certidões e julgamento de recursos interpostos na esfera administrativa, com o fim de torná-los mais céleres e menos burocráticos.

O executado, em qualquer situação, responderá para cumprimento forçado de sua obrigação com todos os seus bens, salvo as restrições estabelecidas em lei, que devem levar em consideração a preservação da dignidade do devedor. Manteremos o rol de bens impenhoráveis do art. 649 do CPC, com exceção daqueles bens que tenham sido declarados impenhoráveis ou inalienáveis por ato de voluntário das partes. Também devem ser respeitadas todas as leis que estipulem impenhorabilidade de bens, a exemplo da Lei n. 8.009/90, que trata do bem de família.

A ordem de gradação legal, outrossim, será criada com a fusão do art. 655 do CPC e o art. 11 da Lei n. 6.830/80. Esta não será obrigatória, mas expressamente preferencial. Assim, por exemplo, desde que o devedor tenha bens de fácil liquidez, não poderá ter o seu dinheiro penhorado, na hipótese de se tratar de capital de giro necessário às suas atividades, tanto empresariais como de sustento da família, no caso de pessoa física, situações estas que deverão ser provadas pelo executado a fim de evitar a referida constrição na audiência prévia.

O exeqüente poderá indicar já na sua petição inicial os bens que pretende sejam penhorados. Porém, a análise da conveniência ou não da constrição dos apontados bens, ou os que eventualmente sejam indicados pelo executado, restará sempre ao exame criterioso do juiz, que deverá decidir pautado nos princípios da razoabilidade e proporcionalidade, ou seja, levando-se em consideração a relação custo x benefício da medida.

No exame e deferimento de um pedido de penhora eletrônica de dinheiro, por exemplo, não se pode tratar o pequeno comerciante "da esquina" da mesma forma que uma poderosa multinacional. A atenção aos princípios da proporcionalidade e razoabilidade será imprescindível e estará expressamente prevista na lei unificada.

Em atenção ao princípio de que a execução deve ser processada da forma menos gravosa ao executado, o Banco Central deverá proceder ao desbloqueio de numerários, quando solicitados pelo juiz, no mesmo prazo despendido para efetuar o bloqueio, sob pena de ser responsabilizado por eventuais danos que o executado vier a sofrer.

Na hipótese de o executado devidamente intimado para indicação de bens à penhora se omitir quanto à localização destes, ser-lhe-á aplicada multa diária de 1% sobre o valor do débito. Se justificar a inexistência de bens, o procedimento ordinário unificado de execução de pagar será convertido numa execução contra devedor insolvente, de procedimento especial tratado no CPC. Também será aplicada multa de 10% para a hipótese de o executado não exibir a prova da propriedade do bem indicado ou dificultar qualquer forma da concretização da penhora.

Não sendo localizado o devedor ou seus bens, passíveis de penhora, os autos serão enviados ao arquivo e o feito estará sujeito à prescrição intercorrente. O exeqüente deverá se manifestar para prosseguimento da execução, a fim de interromper os prazos prescricionais previstos em lei.

O oficial de justiça, quando da realização do ato de penhora, deverá de forma concomitante já realizar a avaliação do bem, como ocorre nas execuções fiscais e trabalhistas e passou, após a reforma, a ocorrer na execução civil. Os Tribunais de Justiça de todos os Estados da Federação deverão viabilizar cursos para preparar os oficiais de justiça a desempenhar esse importante mister. Além da penhora e avaliação do bem, o oficial de justiça deverá proceder à averbação da respectiva constrição, por via eletrônica, no cartório de registro competente.

Na hipótese de o oficial de justiça não ter condições de avaliar o bem, certificará o ocorrido com fundamentada justificativa e o magistrado deverá nomear um perito avaliador para o caso.

A avaliação poderá ser dispensada quando o exeqüente aceitar o valor estimado pelo executado, ou se tratar de título ou mercadoria com cotação em bolsa, comprovada por certidão ou publicação oficial. Quando ocorrer erro na avaliação, dolo do avaliador ou dúvida sobre o valor atribuído ao bem, poderá ser admitida nova avaliação. Da mesma forma quando o avaliador deixar de entregar o laudo no prazo estipulado pelo magistrado ou ocorrer majoração ou diminuição no valor do bem pelo transcurso do tempo.

Todas essas normas são importadas do Código de Processo Civil, uma vez que tanto a CLT como a Lei n. 6.830/80 são bastante omissas sobre o tema. Manteremos também a norma do Código de Processo Civil que dispõe sobre a possibilidade de decretação da prisão do depositário judicial infiel, independente do ajuizamento de ação de depósito, uma vez que realmente evita percalços que podem atravancar a execução.

Todos esses atos poderão ser realizados no cumprimento de sentença ainda pendente de recurso, por meio do instituto da execução provisória, ou seja, desde que o recurso interposto da decisão não tenha efeito suspensivo. A responsabilidade por qualquer eventual dano que seja causado ao executado, em face da posterior alteração da decisão exeqüenda, é objetiva e do exeqüente. Eventuais prejuízos serão liquidados e executados nos próprios autos da demanda.

Os atos de levantamento de depósito em dinheiro e prática de atos que importem alienação de bens em hasta pública poderão ser concretizados em execução provisória, desde que mediante o oferecimento de caução idônea. Será tratada da mesma forma que a execução provisória a execução de título extrajudicial embargada pelo executado.

A hasta pública para venda dos bens penhorados compreenderá praça e leilão. Aquela será realizada por serventuário da justiça, respeitado o valor mínimo de avaliação. Na hipótese de não haver licitante, ocorrerá o leilão, por meio de leiloeiro nomeado pelo juiz e o bem poderá ser arrematado por qualquer lanço, desde que não seja considerado vil. Considerar-se-á vil o lanço abaixo de 60% do valor do bem.

A hasta pública somente poderá ocorrer sendo publicada a data de sua realização no jornal local e afixado na sede do Fórum, com uma antecedência mínima de trinta dias. Em nenhuma hipótese e, independente do valor dos bens penhorados, será dispensado o referido edital. Não aproveitaremos, nesse diapasão, a novidade trazida pela Lei n. 11.382/06, que dispensa o edital quando o valor dos bens não exceder 60 (sessenta) salários, pois poderá ensejar um comparecimento à hasta pública de pequeno número de pessoas, além de a imposição de a arrematação não ser inferior ao valor da avaliação desestimular os interessados a lançar. Assim, buscamos evitar a realização de outras tentativas de expropriação que, certamente, trarão mais custos ao Poder Judiciário.

Concordamos, outrossim, em relacionar a adjudicação como forma primordial de expropriação de bens na execução, a qual poderá ser realizada antes da hasta pública e, assim, evitar os possíveis incidentes ocorridos nessa que obstam a efetividade e celeridade da execução. Nesse caso, a adjudicação somente será possível mediante o oferecimento de preço não inferior ao da avaliação. Caso o valor do crédito seja inferior ao bem, será devolvida a diferença ao executado e, na hipótese contrária, ou seja, em que o valor do bem é inferior ao da execução, esta deverá prosseguir pela diferença.

Como somente o exeqüente poderá remir a execução, os cônjuges, ascendentes e descendentes também estarão legitimados a realizar a adjudicação, da mesma forma que o credor com garantia real sobre o bem e o exeqüente que tenha penhorado este em outra execução, inclusive com preferência sobre aqueles. Em qualquer hipótese de licitação, a Fazenda Pública somente poderá exercer o seu direito de preferência em momento posterior (justificado pelo interesse público), se oferecer melhor oferta no prazo de dez dias da arrematação ou adjudicação.

A adjudicação ou arrematação pelo maior lanço deverá ser homologada pelo Juízo, mediante lavratura do respectivo auto. Na hipótese de licitação, deverá ser objeto de sentença resolutiva da mesma. Em qualquer hipótese será considerada perfeita, acabada e irretratável, ainda que venham a ser julgados procedentes os embargos do executado, a fim de que se possa transmitir segurança para as pessoas interessadas na aquisição dos bens.

Eventuais perdas e danos pela expropriação na hipótese de procedência dos embargos à execução poderão ser executados pelo embargante vitorioso nos mesmos autos da execução.

A arrematação ou adjudicação deverá ser concretizada mediante pagamento imediato ou, no prazo de dez dias, com o oferecimento de caução, que será revertida em favor do exeqüente na hipótese de o pagamento não se concretizar no prazo. Eventual proposta de parcelamento deverá ser submetida à concordância do exeqüente e autorização do juiz, também sendo exigida caução com as mesmas conseqüências aqui expostas para o inadimplemento do arrematante.

A alienação por iniciativa particular, novidade da execução civil que não pode ser aplicada na execução trabalhista ou fiscal, haja vista os textos da CLT e da Lei n. 6.830/80, poderá ser admitida em nossa unificação para qualquer espécie de crédito, seja civil, trabalhista ou fiscal. Neste último, o procedimento deverá ser objeto de aprovação interna no ente público, por meio de processo administrativo que aprove o corretor, a fim de serem respeitados os princípios da legalidade, moralidade, eficiência, publicidade e impessoalidade positivados no art. 37 da Constituição Federal.

A prática de atos de expropriação de bens também será admitida por meios eletrônicos, especialmente o uso da internet, com a possibilidade de criação de páginas eletrônicas pelos tribunais com tal fim, respeitada a peculiaridade acima para o caso de a execução ser de crédito tributário.

Todos esses atos de expropriação poderão ocorrer antes do julgamento dos embargos à execução, os quais, com exceção da execução de crédito tributário, não terão efeito suspensivo. A exceção ao crédito tributário é justificada em função da forma unilateral como ele é constituído.

O prazo para a oposição dos embargos, que será de quinze dias, contar-se-á da juntada do mandado de citação, no caso da execução de título extrajudicial, ou da intimação para cumprimento da sentença, no caso da fase de execução desta. Em ambos os casos, a defesa será oposta em forma de embargos, cuja limitação da matéria será diferente em cada caso, podendo ter efeito suspensivo, desde que presente motivo relevante e, nessa hipótese, sempre condicionado à garantia do juízo por meio da penhora.

A matéria que poderá ser alegada nos embargos opostos ao cumprimento da sentença, utilizando-se do art. 745-L do CPC e do § 1º do art. 884 da CLT, consistirá no cumprimento da decisão, quitação ou prescrição da dívida, inexigibilidade do título, falta ou nulidade da citação se o processo correu à revelia, nulidade ou excesso de execução ou qualquer causa impeditiva ou extintiva da obrigação, como novação, compensação ou transação.

No caso dos embargos opostos na execução de título extrajudicial, além do exposto acima, valendo-se do texto do § 2º, art. 16, da Lei n. 6.830/80, o executado poderá alegar toda a matéria que possa ser útil à sua defesa, haja vista a ausência de um prévio contraditório, como ocorre no cumprimento de sentença.

Na hipótese de o executado alegar excesso de execução, deverá especificar qual o montante que entende devido e apresentar memória de cálculo, a fim de que a execução possa prosseguir de forma definitiva em relação ao valor incontroverso da dívida, se lhe for concedido efeito suspensivo.

Em qualquer hipótese de os embargos serem opostos com a finalidade meramente protelatória, seja no cumprimento de sentença, seja na execução de título extrajudicial, além de serem rejeitados liminarmente, o magistrado deverá aplicar multa de 20% do valor executado em benefício do exeqüente.

Qualquer incidente relacionado à penhora ou avaliação incorretas, adjudicação ou arrematação realizada por preço vil, entre outros, será objeto de novos embargos, que poderão ser opostos em complementação ao anterior, de forma que sejam julgados numa mesma decisão.

O executado poderá optar por não embargar a execução e se valer da possibilidade de pagar a dívida de forma parcelada, seja ela civil, fiscal ou trabalhista, desde que o faça no prazo de oposição dos embargos, o que ensejará a desistência tácita destes. Aqui importamos *ipsi literis* os termos do art. 745-A do CPC e, assim, o executado deverá depositar 30% do valor da execução, incluídos honorários advocatícios e custas, e o restante será parcelado em até seis vezes, acrescidas de juros e correção monetária. A única diferença é que será exigida do executado uma caução que, na hipótese de inadimplência de qualquer parcela, será perdida em benefício do exeqüente.

Além do parcelamento da dívida, serão consideradas formas de extinção da execução o cumprimento da obrigação, a remição total da dívida, a transação e a renúncia pelo exeqüente de seu direito. Esta última hipótese não se aplica à execução de crédito tributário e, para o trabalhista, será exigida a participação do sindicato da respectiva categoria do empregado.

Em síntese, essa é, em linhas gerais, a nossa proposta que, diante de uma simplificação e unificação de procedimentos, poderá evitar os inúmeros problemas gerados pela heterointegração dos três sistemas aqui estudados: o civil, o fiscal e o trabalhista.

CONCLUSÃO

A tutela executiva enseja um processo ou fase procedimental que visa coagir o devedor a cumprir uma obrigação reconhecida num título judicial ou extrajudicial a que a lei tenha dado os mesmos efeitos, que pode ser de pagar, de fazer, de não fazer ou de entregar coisa.

A forma para atingir a satisfação do credor, em qualquer dessas situações, varia de acordo com o direito material violado que será objeto da tutela executiva. Existem três sistemas principais: a execução fiscal, tratada na Lei n. 6.830/80, a execução civil, tratada no Código de Processo Civil, que recebeu novos contornos com o advento das Leis ns. 11.232/05 e 11.382/06, e a execução trabalhista, regulada na Consolidação das Leis do Trabalho.

A despeito dos diferentes procedimentos existentes nesses três sistemas de execução, não há qualquer dúvida de que o objetivo de todos eles é comum: alcançar a satisfação do credor com a entrega do bem da vida e cumprimento da obrigação inadimplida pelo devedor.

Diante dessa identidade de objetivos, é possível construir uma teoria geral da execução que englobe os aspectos dos três sistemas: civil, trabalhista e fiscal, a despeito da especialidade dos dois últimos.

Na construção dessa teoria geral constatamos que, a despeito da especialidade da execução fiscal e trabalhista, a definição, os elementos, condições, pressupostos processuais, cognição exercida na atividade, mérito, coisa julgada, espécies e, principalmente, os princípios que regem as execuções são os mesmos, o que possibilita uma simplificação e unificação de procedimentos.

Na análise do estudo heterointegrativo dos sistemas de execução civil, trabalhista e fiscal, por meio das regras de aplicação subsidiária de normas, detectamos uma total falta de harmonia entre os doutrinadores e operadores do Direito a ensejar uma preocupante insegurança jurídica, acentuada pelas inúmeras reformas que passou recentemente o processo comum.

Tal realidade foi comprovada, inclusive, por meio de uma pesquisa de campo, realizada na Justiça Federal e na Justiça do Trabalho, cujas entrevistas concedidas pelos magistrados demonstraram uma total falta de unidade de critérios na aplicação subsidiária das normas do Código de Processo Civil à execução fiscal e trabalhista, o que enseja tratamento diferenciado para casos iguais, tão nocivo à estabilidade das relações jurídicas.

Em outras situações, outrossim, forçadas interpretações de aplicação de normas do processo comum nas hipóteses em que a lei especial não é omissa, mesmo aquelas sendo mais efetivas, constituem alteração do sistema, procedimento e estrutura tanto da execução trabalhista como fiscal, violação dos arts. 769, 889 da CLT e 1º da Lei n. 6.830/80 e, conseqüentemente, desrespeito aos princípios da legalidade e devido processo legal, positivados nos incisos II e LIV do art. 5º da Constituição Federal.

Essa realidade encorajou-nos a realizar uma proposta *de lege ferenda* para unificação desses principais sistemas de execução, como forma de solucionar o sério problema da insegurança jurídica vivido atualmente pelos jurisdicionados.

Os projetos de reforma da Consolidação das Leis do Trabalho e de uma nova Lei de Execução Fiscal não terão o condão de alterar a insegurança jurídica demonstrada que viola o princípio constitucional da igualdade, haja vista que em idênticas situações os jurisdicionados têm recebido tratamento diferenciado, a exemplo da aplicação da multa de 10% do art. 475-J do CPC à execução trabalhista.

Uma simplificação de procedimento, outrossim, por meio da unificação dos principais sistemas de execução, está dentro do contexto atual da ciência processual de racionalização do processo, como forma de atingir a efetividade, celeridade processual e o acesso à ordem jurídica justa, conceito criado por *Kazuo Watanabe* sob influência das ondas renovatórias de acesso à justiça propostas por *Mauro Cappelletti*.

Falamos sempre nos principais sistemas de execução, pois nossa proposta não engloba a execução dos Juizados Especiais, a execução de alimentos, a execução contra a Fazenda Pública, a execução contra devedor insolvente e todas aquelas que tenham um procedimento cuja extrema especialidade não justifique integrar a proposta de unificação, em respeito ao princípio da adequação da tutela jurisdicional.

A nossa tese da necessidade de unificação restringe-se, portanto, ao procedimento ordinário comum de execução, nas obrigações de pagar, fazer, não fazer e entregar coisa, dos sistemas civil, fiscal e trabalhista, tratados respectivamente no CPC, na Lei n. 6.830/80 e na CLT.

A ampliação da competência da Justiça do Trabalho por meio da Reforma do Judiciário (Emenda Constitucional n. 45), em que esta deixou de ser uma justiça exclusiva de empregados e empregadores, além dos inúmeros feitos que lhe foram remetidos da Justiça comum por tal ampliação e cujo procedimento a ser observado não será o da CLT, é mais uma prova de que a unificação não somente é possível como se trata da melhor solução.

As propostas de unificação de sistemas normativos, em idênticas situações de insegurança jurídica a que se vive na seara da execução, como o do Código Brasileiro de Processos Coletivos e o Código Modelo de Processos Coletivos para a Ibero-América, servem de parâmetro e certeza de que a uniformização é o melhor caminho.

Da mesma forma os exemplos de unificação de outros ordenamentos jurídicos, como o italiano, que têm dado certo e funcionado de forma que o jurisdicionado possa ter a melhor prestação jurisdicional possível. O exemplo da Comunidade Européia, de possibilidade de execução de decisões em qualquer país-membro, também denota o fato de a execução ser única e possível de uniformização até mesmo entre diferentes países com distintos ordenamentos jurídicos. Com muito mais razão dentro de um mesmo ordenamento jurídico.

Não se pode olvidar, outrossim, que há, no próprio ordenamento jurídico nacional, um exemplo de unificação de procedimentos consistente na execução da contribuição previdenciária na Justiça do Trabalho, cujo sucesso de arrecadação para a autarquia previdenciária é inquestionável. Os exemplos históricos nesse sentido também não podem ser olvidados.

Em suma, diante de todos esses argumentos e, principalmente, da identidade de objetivos e princípios das execuções civil, fiscal e trabalhista, não vemos qualquer empecilho à unificação de seus procedimentos.

Assim, tendo como referência o consumidor dos serviços judiciários, que poderá ser beneficiado com a utilização da melhores normas de cada sistema, propomos uma alteração legislativa tendo em vista unificar os sistemas da execução civil, fiscal e trabalhista.

REFERÊNCIAS BIBLIOGRÁFICAS

AGRA, Walber de Moura. *Comentários à reforma do poder judiciário*. Rio de Janeiro: Forense, 2005.

ALMEIDA, Carlos Ferreira de. *Direito comparado ensino e método*. Lisboa: Cosmos, 2000.

ALVIM, Eduardo Arruda; NEVES, Fernando C. Queiroz. A competência da justiça do trabalho e as ações indenizatórias por acidente de trabalho, à luz da Emenda Constitucional n. 45/04. In: SILVA, Bruno Freire; MAZZEI, Rodrigo Reis (coord.). *Reforma do Judiciário — análise estrutural e interdisciplinar do 1º ano de vigência*. Curitiba: Juruá, 2006.

ALVIM, José Manoel Arruda. *Tratado de direito processual civil*. 2. ed. São Paulo: Revista dos Tribunais, 1990. v. 1.

AMORIM, José Roberto Neves. Divergências de interpretação do art. 475-J do CPC. *Revista do Instituto dos Advogados de São Paulo*, São Paulo, ano 10, n. 20, jul./dez. 2007.

ANDOLINA, Italo. *Cognizione ed esecuzione forzata nel sistema della tutela giurisdizionale*. Milano: Giuffrè, 1993.

ARAGÃO, E. D. Moniz de. Efetividade do processo de execução: estudos em homenagem ao prof. Alcides de Mendonça Lima. *Revista Forense*, Rio de Janeiro, v. 326, abr./jun. 1994.

ARAÚJO, Francisco Fernandes de. Princípio da proporcionalidade na execução civil. In: LOPES, João Batista; CUNHA, Leonardo José Carneiro da (coords.). *Execução civil (aspectos polêmicos)*. São Paulo: Dialética, 2005.

ASSIS, Araken de. *Cumprimento de sentença*. Rio de Janeiro: Forense, 2006.

_____. Sentença condenatória como título executivo. In: WAMBIER, Teresa Arruda Alvim. *Aspectos polêmicos da nova execução de títulos judiciais — Lei n. 11.232/05*. São Paulo: Revista dos Tribunais, 2006.

_____. *Manual da execução*. 11. ed. São Paulo: Revista dos Tribunais, 2007.

ATALIBA, Geraldo. *Hipótese de incidência tributária*. 5. ed. São Paulo: Malheiros, 1996.

AZEVEDO, Luiz Carlos de. *Da penhora*. São Paulo: Resenha Tributária/FIEO —Fundação Instituto de Ensino para Osasco, 1994.

BARROSO, Luís Roberto. *Interpretação e aplicação da Constituição*. São Paulo: Saraiva, 1999.

BEDAQUE, José Roberto dos Santos. Algumas considerações sobre o cumprimento da sentença condenatória. *Revista do Advogado da AASP,* São Paulo, n. 85, ano XXVI, maio 2006.

_____ . *Efetividade do processo e técnica processual.* São Paulo: Malheiros, 2006.

BERIZONCE, Roberto. Recientes tendencias en la posición del juez. *Repro,* São Paulo, n. 96, 1999.

BOBBIO, Norberto. *Liberalismo e democracia.* Tradução de Marco Aurélio Nogueira. 2. ed. São Paulo: Brasiliense, 1988.

BONSIGNORI, Avv. Angelo. *L'esecuzione forzata.* 3. ed. Torino: G. Giappichelli, 1996.

BUCOLO, Francesco. *L'opposizione all'esecuzione.* Padova: Cedam, 1982.

BÜLOW, Oskar von. *Die lebre von den prozesseinreden und die prozessvoraussetzungen.* Aalen: Scientia, 1968.

CABANELLAS, Guillermo. *Compendio de derecbo laboral.* 4. ed. Buenos Aires: Heliasta, 2001. Tomo II.

CANOTILHO, José Joaquim Gomes. 4. ed. Coimbra: Almedina, 2000.

CAPPELLETTI, Mauro. *Processo e ideologie.* Bologna: Il Molino, 1969.

_____ . *Proceso, ideologías, sociedad.* Tradução de Santiago Sentis Melendo e Tomás A. Banzhaf. Buenos Aires: Ejea, 1974.

_____ . *Acesso à justiça.* Tradução de Ellen Gracie Nortfleet. Porto Alegre: Sergio Antonio Fabris, 1988.

_____ . *L'acesso alla giustizia e Ia responsabilità del giurista. Studi in onore di Vittorio Denti.* Pádua: Cedam, 1994. v. 1.

_____ . Os métodos alternativos de solução dos conflitos no quadro do movimento universal de acesso à justiça. Tradução de José Carlos Barbosa Moreira. *Repro,* São Paulo, n. 74, abr./jun. 1994.

CARNELUTTI, Francesco. *Istituzioni del processo civile italiano.* 5. ed. Roma: Il Foro Italiano, 1956.

_____ . *Diritto e processo.* Napole: Morano, 1958.

CERQUEIRA, Luís Otávio Sequeira de; HOFFMAN, Paulo; PALHARINI JUNIOR, Sidney *et al. Nova execução de título extrajudicial — Lei n. 11.382/06.* São Paulo: Método, 2007.

CHAVES, Luciano Athayde. *A recente reforma no processo comum — reflexos no direito judiciário do trabalho.* São Paulo: LTr, 2006.

_____ . As lacunas no direito processual do trabalho. In: (org.). Direito processual do trabalho: reforma e efetividade. São Paulo: LTr, 2007.

CHIOVENDA, Giuseppe. *L'azione nel sistema dei diritti. Saggi di diritto processuale civile.* Roma: Foro Italiano, 1930. v. I.

_____. *Instituições de direito processual civil.* Tradução de Paolo Capitanio. São Paulo: Bookseller, 1998. v. 2.

CINTRA, A. C. de Araújo;. GRINOVER, Ada P.; DINAMARCO, Cândido. *Teoria geral do processo.* São Paulo: Revista dos Tribunais, 1994.

COMOGLIO, Luigi Paolo. Garanzie constituzionali e "giusto processo" (modelli a confronto). *Repro,* São Paulo, n. 90, abr./jun. 1998.

CORDEIRO, Volney de Macedo. Limites da cognição dos embargos do devedor no âmbito da execução atípica do processo do trabalho. *Revista LTr,* São Paulo, v. 3, ano 70, mar. 2006.

COSTA, Daniel Carnio. *Execução no processo civil brasileiro.* Curitiba: Juruá, 2007.

COSTA, Milena Cardoso; PIRES, Adriana. *Acesso à jurisdição e suas limitações. Elementos para uma nova teoria do processo.* Porto Alegre: Livraria do Advogado, 1997.

COUTURE, Eduardo J. *Fundamentos del derecho procesal civil.* Buenos Aires: Depalma, 1958.

DELGADO, José Augusto. A reforma do processo civil (2005 a 2007) e sua repercussão no processo judicial tributário. In: *III Congresso Internacional de Direito Tributário do Paraná,* 30.3.2007.

DIDIER JUNIOR, Fredie. Esboço de uma teoria da execução civil. *Repro,* São Paulo, n. 118, ano 29, nov./dez. 2004.

_____. O título executivo é uma condição da ação executiva? In: *Execução civil — estudos em homenagem ao professor Paulo Furtado.* Rio de Janeiro: Lumen Juris, 2006.

DINAMARCO, Cândido Rangel. *Execução civil.* 6. ed. São Paulo: Malheiros, 1999.

_____. *Instituições de direito processual civil.* São Paulo: Malheiros, 2004.

FIORENZE, Ricardo. O processo do trabalho e as alterações do processo civil. *Jornada trabalhista.* São Paulo, n. 1128, ano XXIII, 17.7.2006. p. 23-1128/14.

FREITAS, Juarez. *A interpretação sistemática do direito.* São Paulo: Malheiros, 1995.

FRIEDENTHAL, Jack H.; KANE, Mary Kay; MILLER, Arthut R. *Civil procedure.* 2. ed. St. Paul: West Publishing, 1993.

FURNO, Carlo. *La sospensione dei processo esecutivo.* Milano: Giuffrè, 1956.

GOLDSCHMIDT, James. *Derecho procesal civil.* Barcelona: Labor, 1936.

GOMES, Lineu Miguel. Penhora *on line. Suplemento Trabalhista,* São Paulo, n. 30, 2004.

GONÇALVES, Ionas Deda. A natureza jurídica das contribuições de seguridade social. *Revista da Escola Paulista de Direito,* Direito Previdenciário, ano II, n. 2, mar./abr. 2006.

GRECO, Leonardo. *Processo de execução.* Rio de Janeiro: Renovar, 1999.

GRINOVER, Ada Pellegrini. Rumo a um Código Brasileiro de Processos Coletivos. In: MAZZEI, Rodrigo; NOLASCO, Rita Dias (coords.). *Processo civil coletivo.* São Paulo: Quartier Latin, 2005.

GRINOVER, Ada Pellegrini; DINAMARCO, Cândido Rangel; WATANABE, Kazuo. *Participação e processo.* São Paulo: Revista dos Tribunais, 1988.

GUERRA, Marcelo Lima. *Direitos fundamentais e proteção do credor na execução civil.* São Paulo: Revista dos Tribunais, 2002.

GUERRA FILHO, Willis Santiago. *Ensaios de teoria constitucional.* Fortaleza: UFC, 1989.

_____ . *Processo constitucional e direitos fundamentais.* São Paulo: RCS, 2005.

JORGE, Flávio Cheim. Relação processual e contraditório nas diversas espécies de execução. *Repro,* São Paulo, n. 114, ano 29, mar./abr. 2004.

LEITE, Carlos Henrique Bezerra. *Curso de direito processual do trabalho.* 4. ed. São Paulo: LTr, 2006.

LIEBMAN, Enrico Tullio. *Processo de execução.* 4. ed. São Paulo: Saraiva, 1980.

_____ . *Manual de direito processual civil.* Rio de Janeiro: Forense, 1984.

LIMA, Alcides de Mendonça. *Comentários ao código de processo civil.* Rio de Janeiro: Forense, 1990.

LOPES, João Batista. Reforma do Judiciário e efetividade do processo civil. In: WAMBIER, Teresa Arruda Alvim; WAMBIER, Luiz Rodrigues; GOMES JR., Luiz Manoel *et al* (coords.). *Reforma do Judiciário — primeiras reflexões sobre a Emenda Constitucional n. 45/04.* São Paulo: Revista dos Tribunais, 2005.

_____ . Defesa do executado na reforma da execução civil. In: HOFFMAN, Paulo; RIBEIRO, Leonardo Ferres da Silva (coords.). *Processo de execução civil:* modificações da Lei n. 11.232/05. São Paulo: Quartier Latin, 2006.

_____ . Reforma da execução civil e efetividade do processo. *Revista do Advogado,* São Paulo, n. 92, ano XXVII, jul. 2007.

LOPES, Maria Elizabeth de Castro. Execução civil e harmonia do sistema processual. In: CIANCI, Mirna; QUARTIERI, Rita (coord.). *Temas atuais da execução civil — estudos em homenagem ao professor Donaldo Armelin.* São Paulo: Saraiva, 2007.

LUCON, Paulo Henrique dos Santos. *Sentença e liquidação no CPC. Estudos em homenagem ao Professor Barbosa Moreira.* São Paulo: Revista dos Tribunais, 2005.

_____ . *Tutela coletiva — 20 anos da lei da ação civil pública e do fundo de defesa de direitos difusos — 15 anos do Código de Defesa do Consumidor.* São Paulo: Atlas, 2006.

_____ . Nova execução de títulos judiciais. In: GRINOVER, Ada Pellegrini; CALMON, Petrônio (orgs.). *Direito processual comparado.* Rio de Janeiro: Forense, 2007.

MACEI, Demetrius Nichele. Considerações sobre o anteprojeto de Lei de Execuções Fiscais. In: ALVIM, Arruda; ALVIM, Eduardo Arruda (coords.). *Atualidades do processo civil.* Curitiba: Juruá, 2007.

MACHADO, Antônio Cláudio da Costa (org.); ZAINAGHI, Domingos Sávio (coord.). *CLT interpretada artigo por artigo, parágrafo por parágrafo.* Barueri: Manole, 2007.

MACHADO, Hugo de Brito. *Curso de direito tributário*. São Paulo: Malheiros, 2002.

MAGANO, Octavio Bueno. *Manual de direito do trabalho — parte geral*. São Paulo: LTr, 1990.

MAIA JUNIOR, Mairan Gonçalves. Considerações críticas sobre o anteprojeto da Lei de Execução Fiscal Administrativa. *Revista do Advogado*, ano XXVII, n. 94, São Paulo, nov. 2007, publicação da Associação dos Advogados de São Paulo.

MAJO, Adolfo di. *La tutela civile dei diritti*. Milano: Giuffrè, 1993.

MALLET, Estêvão. Anotações sobre o bloqueio eletrônico de valores no processo do trabalho: penhora *on line*. *Revista do TST*, Brasília, n. 1, 2004.

_____ . O processo do trabalho e as recentes modificações do código de processo civil. *Revista do Advogado*, São Paulo, n. 85, ano XXVI, maio 2006.

MALTA, Christovão Piragibe Tostes. *Prática do processo trabalhista*. São Paulo: LTr, 1999.

MANUS, Pedro Paulo Teixeira. *Execução de sentença no processo do trabalho*. 2. ed. São Paulo: Atlas, 2005.

MARINONI, Luiz Guilherme. Efetividade do processo e tutela antecipatória. *Revista dos Tribunais*, São Paulo, v. 706, ano 83, ago. 1994.

MARINONI, Luiz Guilherme; ARENHART, Sérgio Cruz. *Manual do processo de conhecimento*. São Paulo: Revista dos Tribunais, 2006.

_____ . *Execução*. São Paulo: Revista dos Tribunais, 2007.

MARINS, James. *Direito processual tributário brasileiro*. 4. ed. São Paulo: Dialética, 2005.

MARQUES, José Frederico. *Instituições de direito processual civil*. Campinas: Millenium, 2000. v. 5.

MARTINS, Sergio Pinto. *Direito processual do trabalho*. São Paulo: Atlas, 2000.

MAXIMILIANO, Carlos. *Hermenêutica e aplicação do direito*. Rio de Janeiro: Forense, 2003.

MEIRELES, Edilton; BORGES, Leonardo Dias. A nova execução cível e seus impactos no processo do trabalho. *Revista do Tribunal Superior do Trabalho*, Brasília, v. 72, n. 1, jan./abr. 2006.

_____ . *A nova reforma processual e seu impacto no processo do trabalho*. São Paulo: LTr, 2007.MELLO, Rogério Licastro Torres de. *O responsável executivo secundário*. São Paulo: Quartier Latin, 2006.

MENDES, Aluisio Gonçalves de Castro. O código modelo de processos coletivos. In: LUCON, Paulo Henrique dos Santos (coord.). *Tutela coletiva — 20 anos da lei da ação civil pública e do fundo de defesa de direitos difusos — 15 anos do Código de Defesa do Consumidor*. São Paulo: Atlas, 2006.

MENESES, Geraldo Magela e Silva. Competência da Justiça do Trabalho ampliada em face da EC n. 20/98. *Revista LTr*, São Paulo, n. 63, fev. 1999.

MENEZES, Cláudio Armando Couce de. *Teoria geral do processo e a execução trabalhista*. São Paulo: LTr, 2003.

MIRANDA, Francisco Cavalcanti Pontes de. *Comentários ao Código de Processo Civil*. Rio de Janeiro: Forense, 1949.

MONTENEGRO NETO, Francisco. *A nova execução e a influência do processo do trabalho no processo civil*. Disponível em: <http//JusNavigandi.com.br> Acesso em: 1º nov. 2006.

MORALLES, Luciana Camponez Pereira. *Acesso à justiça e princípio da igualdade*. Porto Alegre: Sergio Antonio Fabris, 2006.

MOREIRA, José Carlos Barbosa. *Notas sobre o problema da "efetividade" do processo. Temas de direito processual*. 6ª série. São Paulo: Saraiva, 1984.

_____. Observações sobre a estrutura e a terminologia do CPC após as reformas das Leis ns. 11.232/205 e 11.382/06. *Repro*, São Paulo, n. 154, ano 32, dez. 2007.

NERY JUNIOR, Nelson; NERY, Rosa Maria de Andrade. *Código de Processo Civil comentado e legislação extravagante*. 8. ed. São Paulo: Revista dos Tribunais, 2005.

NETO, Abílio. *Código de Processo do Trabalho anotado*. 3. ed. Lisboa: Ediforum, 2002.

NEVES, Daniel Amorim Assumpção; RAMOS, Glauco Gumerato; FREIRE, Rodrigo da Cunha Lima; MAZZEI, Rodrigo Reis. *Reforma do CPC— Leis ns. 11.187/05, 11.232/ 05, 11.276/06, 11.277/06 e 11.280/06*. São Paulo: Revista dos Tribunais, 2006.

NUNES, João Batista Amorim de Vilhena. A Emenda Constitucional n. 45/04 e a garantia de efetivo acesso à ordem jurídica justa (da tempestividade da tutela jurisdicional, do respeito ao devido processo legal e o enfrentamento do dano marginal). *Revista Autônoma de Processo*, Curitiba, n. 3, 2007.

OLIVEIRA, Francisco Antonio de. *Execução na justiça do trabalho*. São Paulo: Revista dos Tribunais, 2006.

_____. A nova reforma processual — reflexos sobre o processo do trabalho — Leis ns. 11.232/05 e 11.280/06. *Revista LTr*, São Paulo, n. 12, ano 70, dez. 2006.

OLIVEIRA NETO, Olavo de. *A defesa do executado e dos terceiros na execução forçada*. São Paulo: Revista dos Tribunais, 2000.

_____. O novo perfil da liquidação de sentença. In: HOFFMAN, Paulo; RIBEIRO, Leonardo Ferres da Silva (coords.). *Processo de execução civil*: modificações da Lei n. 11.232/05. São Paulo: Quartier Latin, 2006.

PAMPLONA FILHO, Rodolfo. A nova competência da justiça do trabalho (uma contribuição para a compreensão dos limites do novo art. 114 da Constituição Federal). In: SILVA, Bruno Freire e; MAZZEI, Rodrigo Reis (coords.). *Reforma do Judiciário — análise estrutural e interdisciplinar do 1º ano de vigência*. Curitiba: Juruá, 2006.

PAVLOVSKY, Fernando Awnsztem. *A suspensividade dos embargos à execução fiscal frente às alterações do código de processo civil*. Disponível em: <http://www.migalhas.com.br> Acesso em: 18 jul. 2007.

PESSOA, Valton. *Manual de processo do trabalho*. Salvador: JusPodivm, 2007.

PINTO, Almir Pazzianotto. A Emenda n. 45 e a reforma do judiciário. *Revista Jurídica Consulex*, São Paulo, n. 214, ano IX, dez. 2005.

PINTO, José Augusto Rodrigues. *Execução trabalhista*. São Paulo: LTr, 1998.

_____. Compreensão didática da Lei n. 11.232, de 22.12.2005. *Revista LTr*, São Paulo, v. 70, mar. 2006.

PIRES, Luís Henrique da Costa. O projeto de nova lei de execuções fiscais e a execução administrativa. *Revista do Advogado*, São Paulo, ano XXVII, n. 94, São Paulo, nov. 2007.

PIROLO, Miguel Angel et al. *Manual de derecho procesal del trabajo*. Buenos Aires: Astrea, 2006.

PISANI, Proto. *Lezioni di diritto processuale civile*. Napoli: Jovene, 1999.

PITA, Flávia Almeida. A execução fiscal diante da nova disciplina da execução civil. In: *XXXIII Congresso Nacional de Procuradores do Estado*, 2007.

PONTES, Helenilson Cunha. *Os princípios da razoabilidade e proporcionalidade das normas e sua repercussão no processo civil brasileiro*. Rio de Janeiro: Lumen Juris, 2000.

SAAD, Eduardo Gabriel. *CLT comentada*. Atualizada por Eduardo Duarte Saad e Ana Maria Saad C. Branco. 39. ed. São Paulo: LTr, 2006.

SACCO NETO, Fernando; RIBEIRO, Leonardo Ferres da Silva; CERQUEIRA, Luís Otávio Sequeira de et al. *Nova execução de título extrajudicial — Lei n. 11.382/06*. São Paulo: Método, 2007.

SALOMÃO, Leonardo Rizo. *Elementos do processo de execução fiscal*. Disponível em: <http://www.uol.br> Acesso em: 24 jul. 2007.

SANTOS, Evaristo Aragão. Breves notas sobre o "novo" regime de cumprimento da sentença. In: HOFFMAN, Paulo; RIBEIRO, Leonardo Ferres da Silva (coords.). *Processo de execução civil*: modificações da Lei n. 11.232/05. São Paulo: Quartier Latin, 2006.

SANTOS, Marcos André Couto. *Execução de contribuições previdenciárias na Justiça do Trabalho*: aspectos polêmicos do art. 114, § 3º, da CF/88 e da Lei n. 10.035/00. Disponível em: <http://www.jusnavigandi.com.br> Acesso em: 23 jan. 2006.

SCAFF, Fernando Facury; SILVEIRA, Daniel Coutinho da. A nova lei processual e a execução fiscal. *Jornal Valor Econômico*, Rio de Janeiro, 29 nov. 2007. Caderno Legislação & Tributos, p. E2.

SHIMURA, Sérgio. *Título executivo*. São Paulo: Saraiva, 1997.

SILVA, Américo Luís Martins da. *A execução da dívida ativa da Fazenda Pública*. São Paulo: Revista dos Tribunais, 2001.

SILVA, Antonio Carlos Costa e. *Teoria e prática do processo executivo fiscal*. Rio de Janeiro: Aide, 1985.

SILVA, Bruno Freire e. Breve notícia e reflexão sobre as últimas reformas do Código de Processo Civil. *Revista Fórum Cesa*, Belo Horizonte, n. 2, ano 2, jan./mar. 2007. p. 48-56.

_____. O bloqueio *on line* e a necessária aplicação dos princípios da proporcionalidade e razoabilidade. In: BRAMANTE, Ivani; CALVA, Adriana (coords.). *Aspectos polêmicos e atuais do direito do trabalho:* estudos em homenagem ao professor Renato Rua. São Paulo: LTr, 2007.

_____. *Ação rescisória — possibilidade e forma de suspensão da execução da decisão rescindenda.* 2. ed. Curitiba: Juruá, 2007.

_____. O novo sistema de substituição da penhora no Código de Processo Civil reformado. In: BRUSCHI, Gilberto; SHIMURA, Sérgio (coords.). *Execução civil e cumprimento de sentença.* São Paulo: Método, 2007.

_____. A busca de um modelo de prestação jurisdicional efetiva: tendências do processo civil contemporâneo. In: ASSIS, Araken de; ALVIM, Eduardo Arruda; NERY JUNIOR, Nelson *et al* (coords.). *Direito civil e processo estudos em homenagem ao professor Arruda Alvim.* São Paulo: Revista dos Tribunais, 2008.

SILVA, José Antônio R. de Oliveira. As recentes alterações do CPC e sua aplicação no processo do trabalho. *Revista LTr, São* Paulo, v. 70, mar. 2006.

SILVA, Ovídio Baptista da. *Curso de processo civil.* São Paulo: Revista dos Tribunais, 2000. v. l.

SILVEIRA, Paulo Fernando. *Devido processo legal.* 2. ed. Belo Horizonte: Del Rey, 1997.

SOUZA, Sebastião Pereira de. Acesso ao judiciário — ideal de decisão rápida. *Revista dos Tribunais,* São Paulo, v. 701, ano 83, mar. 1994.

SÜSSEKIND, Arnaldo. *Instituições de direito do trabalho.* São Paulo: LTr, 1995.

TARZIA, Giuseppe. *L'oggetto deI processo di espropriazione.* Milano: Giuffrè, 1961.

_____. *Manuale del processo del lavoro.* 4. ed. Milano: Giuffrè, 1999.

_____. Problemas atuais da execução forçada. *Repro,* ano 23, n. 90, abr./jun. 1998.

TEIXEIRA FILHO, Manoel Antonio. *Execução no processo do trabalho.* São Paulo: LTr, 2004.

_____. *Execução de título extrajudicial — breves apontamentos à Lei n. 11.382/06, sob a perspectiva do processo do trabalho.* São Paulo: LTr, 2007.

THEODORO JÚNIOR, Humberto. *Comentários ao código de processo civil.* 3. ed. São Paulo: Saraiva, 2000. v. IV.

_____. *Lei de execução fiscal.* 6. ed. São Paulo: Saraiva, 1999.

_____. *Processo de execução e cumprimento de sentença.* 24. ed. São Paulo: Universitária de Direito, 2007.

TUCCI, José Rogério Cruz e. *Desistência da ação.* São Paulo: Saraiva, 1987.

VERDE, Giovanni. *II pignoramento studio sulla natura e sugli effetti.* Napoli: Jovene, 1964.

WAMBIER, Luiz Rodrigues. *Sentença civil:* liquidação e cumprimento. São Paulo: Revista dos Tribunais, 2005.

WAMBIER, Luiz Rodrigues; WAMBIER, Teresa Arruda Alvim; MEDINA, José Miguel Garcia. *Breves comentários à nova sistemática processual civil.* São Paulo: Revista dos Tribunais, 2005.

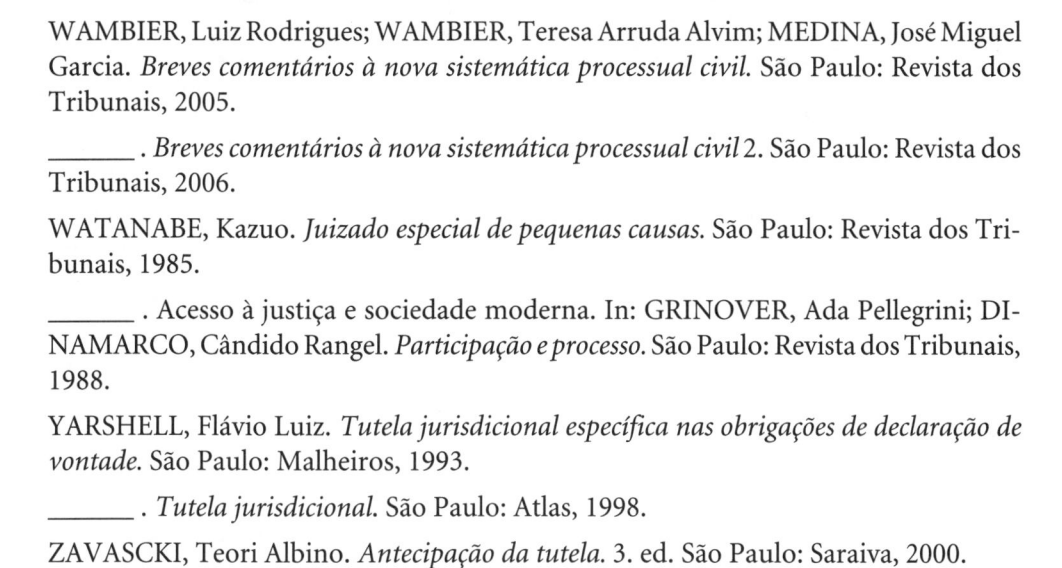

_____ . *Breves comentários à nova sistemática processual civil 2.* São Paulo: Revista dos Tribunais, 2006.

WATANABE, Kazuo. *Juizado especial de pequenas causas.* São Paulo: Revista dos Tribunais, 1985.

_____ . Acesso à justiça e sociedade moderna. In: GRINOVER, Ada Pellegrini; DINAMARCO, Cândido Rangel. *Participação e processo.* São Paulo: Revista dos Tribunais, 1988.

YARSHELL, Flávio Luiz. *Tutela jurisdicional específica nas obrigações de declaração de vontade.* São Paulo: Malheiros, 1993.

_____ . *Tutela jurisdicional.* São Paulo: Atlas, 1998.

ZAVASCKI, Teori Albino. *Antecipação da tutela.* 3. ed. São Paulo: Saraiva, 2000.

Produção Gráfica e Editoração Eletrônica: **R. P. TIEZZI**
Capa: **FÁBIO GIGLIO**
Impressão: **COMETA GRÁFICA E EDITORA**